现代家政服务与管理专业创新型系列教材

家政服务公司经营与管理

主　编　张永清　赵炳富
副主编　邵春婷　张云锋
参　编　（按姓氏笔画）
　　　　王霜娅　邢　娜
　　　　张家宁　钟正伟

北京理工大学出版社
BEIJING INSTITUTE OF TECHNOLOGY PRESS

内容简介

本书为现代家政服务与管理专业系列专业教材之一。主要内容支撑该专业人才培养目标中有关家政服务公司经营与管理的基本知识、基本素养和公司基层管理岗位上所需的公司经营与管理能力。以家政服务公司基层管理岗位能力为出发点,以企业基层管理岗位的实际任务为教材内容组织的依据,把每一个任务所需的知识、实践技术与实践训练项目放在一起。将若干相互联系构成一个公司经营管理侧重的任务组构为一个项目。本书共分三个模块,模块一是公司与公司制度的认知,模块二是公司经营与管理,模块三是家政服务公司经营与管理。

版权专有　侵权必究

图书在版编目（CIP）数据

家政服务公司经营与管理/张永清,赵炳富主编
. --北京:北京理工大学出版社,2021.11（2022.7重印）
　ISBN 978-7-5763-0530-2

Ⅰ.①家… Ⅱ.①张… ②赵… Ⅲ.①家政服务-公司-经营管理-教材 Ⅳ.①F719.9

中国版本图书馆 CIP 数据核字（2021）第 215260 号

出版发行 / 北京理工大学出版社有限责任公司
社　　址 / 北京市海淀区中关村南大街 5 号
邮　　编 / 100081
电　　话 /（010）68914775（总编室）
　　　　　（010）82562903（教材售后服务热线）
　　　　　（010）68944723（其他图书服务热线）
网　　址 / http://www.bitpress.com.cn
经　　销 / 全国各地新华书店
印　　刷 / 涿州市新华印刷有限公司
开　　本 / 787 毫米×1092 毫米　1/16
印　　张 / 16.75　　　　　　　　　　　　　责任编辑 / 高雪梅
字　　数 / 333 千字　　　　　　　　　　　　文案编辑 / 高雪梅
版　　次 / 2021 年 11 月第 1 版　2022 年 7 月第 3 次印刷　　责任校对 / 周瑞红
定　　价 / 48.00 元　　　　　　　　　　　　责任印制 / 施胜娟

图书出现印装质量问题,请拨打售后服务热线,本社负责调换

现代家政服务与管理专业创新型系列教材建设委员会名单

顾问：

宁波卫生职业技术学院　朱晓卓教授

中国家庭服务业协会理事

中国劳动学会理事

中国老教授协会家政学与家政产业专委会副主任委员

全国电子商务职业教育教学指导委员会委员

宁波卫生职业技术学院健康服务与管理学院院长、高职研究所所长

主任：

菏泽家政职业学院　董会龙教授

中国职业技术教育学会家政专业教学工作委员会理事

山东省职业技术教育学会教学工作委员会委员

山东省家庭服务业协会副会长

副主任：

菏泽家政职业学院教务处长　刘加启

菏泽家政职业学院家政管理系主任　王颖

菏泽家政职业学院家政管理系副主任　孙红梅

院校主要编写成员（排名不分先后）：

菏泽家政职业学院　张永清

长沙民政职业技术学院　钱红

菏泽家政职业学院　鲁彬
遵义医药高等专科学校　钟正伟
菏泽家政职业学院　郭丽
徐州技师学院　辛研
山东医学高等专科学校　乜红臻
淄博电子工程学校　苗祥凤
菏泽家政职业学院　刘德芬
遵义医药高等专科学校　冯子倩
菏泽家政职业学院　郑胜利
山东药品食品职业学院　孟令霞
菏泽家政职业学院　刘香娥
济南护理职业学院　潘慧
菏泽家政职业学院　朱晓菊
山东交通学院　陈明明
菏泽家政职业学院　常莉
菏泽家政职业学院　武薇
德州职业技术学院　冯延红
菏泽家政职业学院　赵炳富

医院、企业主要编写成员（排名不分先后）
单县中心医院　贺春荣
菏泽市天使护政公司　李宏
河南雪绒花职业培训学校　刘丽霞
单县精神康复医院　田静
淄博柒鲁宝宝教育咨询有限公司　齐晓萌
单县中心医院营养科　时明明
河南雪绒花职业培训学校　焦婷
菏泽颐养院医养股份有限公司单县老年养护服务中心　闫志霖

序　言

2019年6月，国务院办公厅印发《关于促进家政服务业提质扩容的意见》（国发办〔2019〕30号，以下简称《意见》），从完善培训体系、推进服务标准化、强化税收金融支持等10方面提出了36条政策措施，简称"家政36条"。《意见》围绕"提质"和"扩容"两个关键词，紧扣"一个目标""两个着力""三个行动""四个聚焦"，着力发展员工制企业，推进家政行业进入社区，提升家政人员培训质量，保障家政行业平稳健康发展。

中国社会正在步入家庭的小型化、人口的老龄化、生活的现代化和劳动的社会化，人们对于家政服务的需求越来越广泛。未来，家政服务从简单劳务型向专业技能型转变，专业化发展是关键节点。对于家政服务企业来说，在初级服务业务领域，发展核心是提高服务人员的不可替代性，必须提高家政服务人员服务质量和水平；在专业技术型业务中，需要不断建立完善的标准化服务体系，实现专业化发展。对于高等教育来说，亟须为家政行业培养懂知识重技能的高素质家政人才。

为进一步深化高等职业教育教学水平，促进家政行业高素质人才的培养工作，提升学生的理论知识和实践能力，由菏泽家政职业学院牵头，联合其他高校、企业，在深入调研和探讨的基础上，编写"现代家政服务与管理专业高职系列规划教材"，包括家政服务公司经营与管理、家庭膳食与营养、家庭急救技术、母婴照护技术、老年照护技术、家电使用与维护、家政实用英语、家庭康复保健10余本。

此系列教材以学习者为中心，基于家庭不同工作情境的职业能力体系进行教学设计、教材编写与资源开发；站在学习者的角度设计任务情境案例，按照不同层面设计教学模块，并制定相对应的工作任务及实施流程。对于技能型知识点，采用任务驱动模式编写，从任务描述（情景导入）、任务分析、相关知识、任务实施到任务评价，明确技能标准及要求，利于教师授教和学生学习。同时，增加知识拓展模块，将课程思政理念融入教材内容全过程，更加注重能力培养和工作思维的锻炼。

本系列教材的出版，能够填补现代家政服务与管理高职教育专业教材的空白，更好地服务于高职现代家政服务与管理专业师生，为家政专业人才培养提供了参考依据，符合家政专业人才培养教学标准，具有前瞻性和较强应用性。

2021.12.22

前　言

现代家政服务与管理专业在中国高等职业教育序列中出现，伴随的是中国改革开放，经济发展、确立市场经济体制，家政服务行业萌生、迅速发展壮大，到如今形成单独的具有数千亿级规模体量的家政服务市场。家政市场的成长呼唤人才，家政市场的持续发展迫切需求人才，家政市场能否满足社会的需求取决于人才。

人才已经成为家政服务行业发展提升的关键。作为以市场需求为导向的高等职业教育，敏感呼应社会对家政服务行业的要求、积极回应家政服务行业对人才的迫切需求，早在刚刚步入21世纪的时候，就设立了家政服务专业，后来，回应社会和家政服务企业对服务和基层管理人才的需要更名为家政服务与管理专业，2021年随着国家家政服务行业体制扩容行动的深入，又更名为现代家政服务与管理专业。

然而从人才培养的总体状况来看，还存在着现代家政服务与管理专业培养的人才数量规模有限，专业设置布局不合理，专业设置总数偏少，专业人才培养与现实需求脱节等问题。这些问题，成为困扰家政服务专业人才培养进步的拦路虎。一眼望去，问题成堆，没有头绪。然而人才培养和专业建设有着共同的起点，就是对专业人才规格与培养目标的设定，并且为这个设定组织教学内容，这些教学内容从文本上则表现为教材。回顾现代家政服务与管理专业的历史，到现今尚没有编写出一套完整的专业建设和人才培养所需的教材，本系列教材尝试弥补这一基础性空缺。

《家政服务公司经营与管理》是上述现代家政服务与管理专业系列教材之一。首先，从现代家政服务与管理专业面对的时代、社会、市场与企业的多方面人才培养要求出发，综合确定本教材的知识架构。当今家政服务市场已经从规模化发展，向着质量、内涵发展转变，家政服务企业作为市场主体，从小、散、缺乏规范的发展状态，向着规模化、集中化和规范化发展，家政企业一改以往的作坊式的经营状态，引入现代企业管理方式，按照现代科学管理理论和质量标准，向着高质量、高效益、高水平发展。在这种情况下，家政企业在企业管理方面，需要普通企业经营管理人才，应具备一般企业管理人才的企业管理基础知识，还需对家政服务企业的特殊性有所了解。所以，本教材的内容总体分为三个部分，第一部分是对公司经营与管理的基本制度的认知，第二部分是一般的公司经营与管理的实践活动的了解与学习，第三部分是针对家政服务公司的日常经营与管理实践活动的学习。其次，跟随教育学习理论的进步，教材的形式采取模块任务式的编写方式，便于激发学生的学习兴趣，明确学习目标，也便于教师教学活动的组织开展，将学习和未来的职业实践联系起来，将知识的学习和实践能力的训练联系起来。

具体而言，教材的三大部分分别是：模块一公司与公司制度认知，主要带领学生认识公司和公司制度，包含两个项目：项目一认知公司，项目二认知公司的设立与登记。每项目又各分为两个任务。模块二公司经营与管理，目标是带领学生认知一般公司管理，按照公司管理的领域分为项目一公司组织与文化建设，项目二公司经营决策，项目三公司各环节管理。模块三家政服务公司经营与管理。针对家政服务公司情况和学生未来在家政服务公司中可能涉及的公司管理活动设计：项目一家政服务公司认知，项目二家政服务公司经营决策，项目三家政服务公司管理实务。项目一包含两个任务，项目二也包含两个任务，项目三则设有六个任务。全书突显知识与实践相组合的思想，将知识学习、知识应用与实践练习相融合，实现学与做一体，知识目标与能力目标同步的教学目的。教学进程安排方面，建议每一个任务分配2学时左右，视各自专业人才培养在家政公司经营与管理方面的侧重，以及其他横向课程的内容重叠交叉程度，适当增减，例如模块二项目三中的任务一营销管理认识，如果同时成提前开有市场营销课，本任务可以适当缩减为一个学时的知识回忆课程。

成书仓促，编者集体知识、视野与能力有限，不足之处请多指正。

编写组
2021年9月

目 录

模块一 公司与公司制度认知 ……………………………………………………（1）

  项目一 认知公司 ……………………………………………………………（1）

    任务一 认知公司渊源 …………………………………………………（2）

    任务二 认知公司的设立与登记 ………………………………………（7）

  项目二 认知公司制度 ………………………………………………………（14）

    任务一 认知公司经营与管理 …………………………………………（15）

    任务二 认知现代公司制度 ……………………………………………（21）

模块二 公司经营与管理 ………………………………………………………（27）

  项目一 公司组织与文化建设 ………………………………………………（27）

    任务一 公司组织设计与架构 …………………………………………（28）

    任务二 公司文化建设 …………………………………………………（37）

  项目二 公司经营决策 ………………………………………………………（45）

    任务一 认知经营决策与方法 …………………………………………（46）

    任务二 编制经营计划 …………………………………………………（53）

    任务三 经营计划的执行与控制 ………………………………………（60）

  项目三 公司各环节管理 ……………………………………………………（64）

    任务一 营销管理认知 …………………………………………………（65）

    任务二 生产运营管理 …………………………………………………（72）

    任务三 采购、仓库与物流管理 ………………………………………（78）

    任务四 质量管理标准与认证 …………………………………………（86）

    任务五 质量管理方法与控制 …………………………………………（92）

    任务六 财务管理 ………………………………………………………（99）

    任务七 人力资源管理 …………………………………………………（106）

    任务八 管理信息系统运用 ……………………………………………（112）

模块三　家政服务公司经营与管理 (116)

项目一　家政服务公司认知 (116)
- 任务一　认知家政服务公司 (117)
- 任务二　认知家政服务公司的设立 (121)

项目二　家政服务公司经营决策 (128)
- 任务一　编制家政服务公司经营计划 (129)
- 任务二　家政公司经营计划的执行与控制 (133)

项目三　家政服务公司管理实务 (137)
- 任务一　家政服务公司营销管理 (138)
- 任务二　家政服务公司运营管理 (144)
- 任务三　家政服务公司质量管理 (150)
- 任务四　家政服务公司财务管理 (156)
- 任务五　家政服务公司人力资源管理 (164)
- 任务六　家政服务公司管理信息系统建设与应用 (171)

模块四　家政服务公司基础实务 (178)

项目一　家政服务公司开设调研 (178)
- 任务一　家政服务公司的选址 (179)
- 任务二　家政服务公司的主营项目 (185)

项目二　家政服务公司财会实务 (193)
- 任务一　家政服务公司的建账与记账 (194)
- 任务二　家政服务公司的货币资金管理 (207)
- 任务三　家政服务公司的税费 (215)

项目三　家政服务公司的家政服务员培训 (221)
- 任务一　家政服务公司家政服务人员入职岗位培训 (222)
- 任务二　家政服务公司家政服务人员业务培训 (231)

项目四　家政服务公司的"互联网+"运营 (242)
- 任务一　家政服务公司的信息化建设 (243)
- 任务二　家政服务公司的电子商务 (250)

参考文献 (257)

模块一 公司与公司制度认知

项目一 认知公司

认知公司

【项目介绍】

通过对身边公司的观察,结合公司的基本知识,通过教材学习、课堂学习和课外学习,认知公司和公司制度,知道公司设立的程序和条件,具有现代公司经营与管理的基本思想,能简要说明现代公司制度。

【知识目标】

1. 熟知公司定义。
2. 熟知公司设立过程。
3. 熟知现代公司制度。

【技能目标】

1. 能用公司定义分析社会上的公司现象。
2. 能明确说出公司设立的过程与条件。

【素质目标(思政目标)】

1. 具有现代公司的基本认知。

2. 具有对我国现代公司制度的科学认识。
3. 认识到我国现代企业制度的系统与科学。

案例引入

华为技术有限公司，成立于 1987 年，总部位于广东省深圳市龙岗区。华为是全球领先的信息与通信技术（ICT）解决方案供应商，专注于 ICT 领域，坚持稳健经营、持续创新、开放合作，在电信运营商、企业、终端和云计算等领域构筑了端到端的解决方案优势，为运营商客户、企业客户和消费者提供有竞争力的 ICT 解决方案、产品和服务，并致力于实现未来信息社会、构建更美好的全联接世界。2013 年，华为首超全球第一大电信设备商爱立信，排名《财富》世界 500 强第 315 位。华为的产品和解决方案已经应用于全球 170 多个国家，服务全球运营商 50 强中的 45 家及全球 1/3 的人口。

任务一　认知公司渊源

任务描述

公司是现代社会经济领域的常见组织，当今社会的方方面面，生活的各个领域，都和公司分不开。打开水龙头，供水的是自来水公司，打开电灯，供电的是电力公司，出门坐公交，运营的是公交公司，去超市，卖东西的是零售公司。作为普遍且重要的经济组织，公司时刻环绕在我们周围，有时都让我们忘记了它们的存在。请认真观察了解一下，公司是怎样的？公司是如何成立的？公司都拥有什么？公司都干什么？公司都是为什么而存在的？

任务分析

1. 了解家政服务公司，先从了解一般公司开始。
2. 认知公司，先从对身边公司的观察开始。

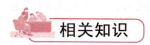
相关知识

一、公司的定义

学习家政服务公司管理,首先要从一般的公司开始了解,知道公司是怎样的事物,以及它的基本组织运作。

(一)公司的产生与定义

1. 公司的产生

公司是生产力发展到一定水平的结果,是商品生产与商品交换的产物。在生产力水平很低、人们只能自给自足的情况下,维系人们协同劳动的组织形式是低级的、谋生型的。随着生产力水平的提高,自给自足的自然经济被商品经济所代替,人们的劳动成为获取财富的创造性活动,这就诞生了"公司"这种全新的协同劳动组织。

在资本主义社会之前,虽然也有一些手工作坊,但它们并未形成社会的基本经济单位。严格意义上的公司是在资本主义早期发展中形成的,是同发达国家的社会分工和商品经济联系在一起的。公司的初期形态,主要是由资本所有者雇用较多的工人,使用一定的生产手段,在分工协作的基础上从事商品的生产和商品的交换而形成的。由于公司这种组织形式能较好地应用当时社会的科技,显著提高劳动生产率,大幅降低成本,带来高额利润,能大批量生产商品,满足日益增长的社会需要,因而使社会生产力有了长足的发展。公司就是在这样的一个漫长过程中逐渐成为社会的基本经济单位的。

2. 公司的定义

公司,即企业,是指从事生产、流通和服务等活动,为满足社会需要进行自主经营、自负盈亏、承担风险、实行独立核算、具有法人资格的基本经济单位。

(二)公司(企业)的内涵

公司(企业)作为一种广泛的经济组织,具有一些本质性的规定和规范。

1. 公司(企业)必须拥有一定的生产要素

传统公司(企业)生产一般需要的要素有土地和自然资源、劳动力、资本;现代公司(企业)生产,除了上述生产要素外,还有技术和信息。

2. 公司(企业)必须满足市场需要及法律规定的条件

公司(企业)必须严格依照法律规定的程序,经由工商行政管理机关核准登记才能设立。公司（企业）要有能够为社会提供消费者所需的产品和服务的能力，具备相关的设施条件。

3. 公司（企业）是营利性机构，其目标是获取利润

不以营利为目的的组织不是公司（企业）。这一点把公司（企业）同那些归属于政治组织、行政组织和事业单位的政党、国家机构、军队、学校等社会组织区别开来。

4. 公司（企业）有经营自主权

经营自主权包括经营决策权、产品决定权、产品销售权、人事权和分配权等。

5. 公司（企业）必须实行独立核算、自负盈亏

为了保证公司（企业）实现追求利润的目标，公司（企业）必须实行独立核算，以保证用尽可能少的投入来追求尽可能多的利润。

6. 公司（企业）具有社会价值

公司（企业）通过为社会提供产品和服务，可以满足人们的需要；同时也可为社会提供就业机会和税收。

二、公司（企业）的类型与特点

（一）公司（企业）的类型

1. 独资企业

独资企业，在我国有以下两种形式。

（1）非法人型独资企业。这是最早、最基本的企业形式。这种企业是指由一个自然人出资兴办，企业财产所有权与经营权相统一，经营所得归企业主个人所有，并对社会债务承担无限连带责任的企业形式。这种企业不具有法人资格，在法律上为自然人企业。

（2）法人型独资企业。在我国，有三种独资企业具有法人地位：国有独资公司，是指国家单独出资、由国务院或者地方人民政府授权本级人民政府国有资产监督管理机构履行出资人职责的有限责任公司；外商独资企业，是根据《外资企业法》的规定，外国的公司、个人可以在我国开办外商独资企业设立一人外资有限责任公司；一人有限责任公司，是指只有一个自然人股东或者一个法人股东的有限责任公司。

2. 合伙企业

合伙企业是由两人或两人以上的出资者共同出资兴办，实行联合经营和控制的企业。我国现行法律规定了合伙企业有普通合伙企业和有限合伙企业两种形式。普通合伙企业由普通合伙人组成，合伙人对合伙企业债务承担无限连带责任；有限合伙企业由普通合伙人和有限合伙人组成，普通合伙人对合伙企业债务承担无限连带责任，有限合伙人以其认缴出资额为限对合伙企业债务承担责任。合伙企业的出资创办人为两人以上，合伙企业基于合伙合同建立。

3. 公司制企业

公司制企业是最典型的现代企业形式。公司是依法成立，以营利为目的的企业法人。公司具有以下特征。

（1）公司具有独立的法人主体资格，具有法人的行为能力和权利。

（2）公司实现了股东最终财产所有权与法人财产权的分离，即不再由所有者亲自经营自己的财产，而将其委托给具有专业管理才能的经营者代为经营，也就是实现了企业内部管理权力的分工，提高了管理效率。

（3）公司法人财产与其成员财产相分离。公司股东投到企业的股份不能随意抽回，保证了公司独立地享有法人财产的支配权，也保证了公司的正常经营及对外信用。

（4）公司实行有限责任制度。对股东而言，他们以其出资额为限对公司的债务承担有限责任。对公司法人而言，公司以其全部自有资产为限对公司的债务承担责任。公司制有以下两种主要形式。

股份有限公司，是指注册资本由等额股份构成，通过发行股票筹集资本，股东以其所认购的股份为限对公司承担责任，公司以其全部资产对公司债务承担有限责任的企业法人。

有限责任公司，是指由1人以上50人以下股东共同出资，每个股东以其所认缴的出资额对公司承担有限责任，公司以其全部资产对其债务承担责任的企业法人。

4. 合作制企业

在经济生活中，还有一种既不同于合伙制企业，又不同于股份制公司的企业形式，即合作制企业。它是以本企业或合作经济实体内的劳动者平等持股、合作经营、股本和劳动共同分红为特征的企业制度。合作制企业是员工股东共同劳动、民主管理、利益共享、风险共担、依法设立的法人经济组织。

（二）公司（企业）的特征

公司（企业）的一般特征是指各行各业、各种类型的企业所拥有的共同的质的规定性，也就是企业与非企业的区别所在。

1. 组织性

公司（企业）不同于个人、家庭，它是一种有名称、组织机构、规章制度的正式组织。

2. 经济性

公司（企业）作为一种组织，本质上具有经济性，是以经济活动为中心，实行全面的经济核算，追求并致力于不断提高经济效益的经济组织。

3. 商品性

公司（企业）作为经济组织，又不同于自给自足的自然经济组织，它是商品经济组织、商品生产者或经营者，其经济活动是面向市场进行的。

4. 营利性

公司（企业）作为商品经济组织，不同于以城乡个体户为典型的小商品经济组织，它是发达商品经济条件下的基本单位，是单个的职能资本的运作实体，以获取利润为直接目的，通过资本经营追求资本增值和利润的最大化。

5. 独立性

公司（企业）还是一种在法律和经济上都具有独立性的组织。公司（企业）作为一个整体对外完全独立，依法独立享有民事权利，独立承担民事义务和民事责任。

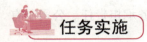

经过知识学习之后，分小组调查和搜集某公司资料，撰写公司简介，重点介绍公司的成立经过、经营业务和公司类型。

在课堂上，通过现场展示的方式，向同学布置小组任务，考核成绩学生互评分占比70%，教师评分占比30%。

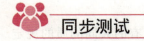

寻找两种类型的公司，比较它们的异同。

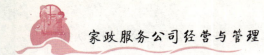

一、选择题

1. 有关公司（企业）的说法，下列正确的是（　　）。

A. 企业从来就有 B. 企业的根本特点是具有政治性

C. 企业都是多人组成的　　　　　D. 企业是生产力发展的产物

2. 企业作为社会的基础经济组织，它的特点不包括（　　）。

A. 商品性　　　　　　　　　　　B. 独立性

C. 社会性　　　　　　　　　　　D. 组织性

3. 农村常见的农业生产合作社，所属企业类型是（　　）。

A. 公司制企业　　　　　　　　　B. 独资企业

C. 合伙企业　　　　　　　　　　D. 合作制企业

4. 一个人自己单独开办的小商店，所属企业类型是（　　）。

A. 公司制企业　　　　　　　　　B. 独资企业

C. 合伙企业　　　　　　　　　　D. 合作制企业

二、简答题

请说出公司的定义，并举例说明。

任务二　认知公司的设立与登记

任务描述

公司（企业）的设立是依据已经系统完善的相关法律法规进行的，相关法律法规有哪些？它们又规定了作为一个公司（企业）应该具备哪些条件才能设立？设立的过程是怎样的才合乎法律规范？以及如何进行合法登记？不同类型的公司设立的条件有哪些不同？不同类型的公司在登记注册的过程中是否都一样？以上内容，都是本次任务学习要解决的问题。学习本任务提及的相关法律法规，受限于篇幅，需要学习者自行查阅。

任务分析

1. 知晓常见类型公司的设立条件。

2. 熟知公司登记过程。

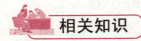 相关知识

公司（企业）的设立是重要的经济活动，全程都在相关法律的指引和规范之下，这些法律是公司行为的约束和管控也是公司权利的保护与保障。在我国公司设立需要遵循《中华人民共和国公司法》《中华人民共和国合伙企业法》《中华人民共和国个人独资企业法》，以及国家统计局和国家工商行政管理总局联合发布的《关于划分企业登记注册类型的规定》。

按照前述法律法规，个人独资企业和合伙企业只能注册领取"企业营业执照"，公司制企业才能领取"企业法人营业执照"，相关注册条件也比较复杂，下面着重介绍。

一、公司登记的基本信息

（一）公司的名称

公司名称是公司人格特定化的标志，公司以自身的名称区别于其他经济主体。公司的名称具有唯一性，即一个公司只能有一个名称；公司的名称具有排他性，即在一定范围内只有一个公司能使用指定的、已经注册的名称。

按照法律规定，公司的名称一般由四部分构成：一是公司注册机关的行政级别和行政管理范围；二是公司的行业经营特点，即公司的名称应显示出公司的主要业务和行业性质；三是商号，是公司名称的核心内容，是唯一可以由当事人自主选择的内容，可以由两个或两个以上的汉字或少数民族文字组成；四是公司的法律性质，凡是依法设立的公司，必须在公司名称中标明"有限责任公司"或"股份有限公司"字样。

公司一经注册，名称受法律保护，在日常经营过程中，应当使用工商行政管理部门核准的名称，不能改变、增减其中的任何一个字。比如"123 有限责任公司"，不能用作"123 有限公司"，也不能用作"123 股份有限责任公司"，否则在法律上就是不同的两个公司。

（二）公司的住所

公司以其主要办事机构所在地为住所，在公司登记时必须确定。公司可以有多个办公地点或经营场所，法律上登记的公司住所只能有一个。该住所可以是公司自有产权的房屋，也可以是租赁而获得使用权的建筑。申请公司登记时，公司的住所必须提交房产证或租赁合同。

确定公司住所的意义：一是确定诉讼管辖地；二是确定公司送达文件的法定地址。

（三）法定代表人

法定代表人是指按照法律或公司章程的规定代表公司行使权利和规定义务的负责人。根据法律规定，有限责任公司设董事会的，董事长是法定代表人，设执行董事的，执行董事为法定代表人；股份有限公司的董事长为法定代表人。

（四）公司的经营范围

公司成立前都必须明确经营范围，《公司法》对公司的经营范围作出了规定。

（1）公司的经营范围由章程作出规定。

（2）公司的经营范围要依法登记。

（3）经营范围中属于法律、法规规定的项目，必须经过有关部门的批准，如经营金银业务必须经中国人民银行批准；经营烟草业务必须经烟草专卖局批准等。

（4）公司超范围经营的，由登记机关责令改正，并要处以1万元以上10万元以下的罚款。

（5）公司修改章程并经过登记机关办理变更登记的，可以变更经营范围。

二、有限责任公司的设立与登记

（一）有限责任公司的设立条件

（1）设立有限责任公司，股东必须符合法定人数。《公司法》规定，有限责任公司，由50人以下的股东出资设立，但国家授权的投资机构或者国家授权的部门单独设立的国有独资公司，是有限责任公司的一种特殊形式。

（2）有符合公司章程规定的全体股东认缴的出资额。有限责任公司的注册资本为在公司登记机关登记的全体股东认缴的出资额。

（3）设立有限责任公司，要有股东共同制定的章程。

（4）设立有限责任公司，要有合法的公司名称，建立符合有限责任公司要求的组织机构。

（5）设立有限责任公司，要有固定的生产经营场所和必要的生产条件。

（二）有限责任公司章程的制定

全体股东必须按照《公司法》的要求，共同制定公司章程，并在公司章程上签名、盖章。公司章程要载明以下事项。

（1）公司的名称和住所。

（2）公司的经营范围，如主要经营服装买卖、电子产品销售等。

（3）公司的注册资本，如 500 万。

（4）股东的姓名或名称。姓名是指自然人股东，名称是指法人股东，如华为技术有限公司。

（5）股东的出资方式、出资金额和出资时间。股东可以用货币方式出资，也可以用实物、工业产权、非专利技术等方式出资。不同股东的出资额通过协商确定。

（6）公司的机构及其产生办法、职权、议事规则。例如，公司将设立股东会、董事会、监事会、财务室、办公室等机构。

（7）公司的法定代表人，通常为公司董事长。

（8）股东会会议认为需要规定的其他事项。

（三）有限责任公司的设立登记

股东认定公司章程规定的出资后，由全体股东指定的代表或者共同委托的代理人向公司登记机关提交登记申请书、公司章程等文书，申请设立登记。公司登记机关对符合《公司法》规定条件的，准予登记，颁发公司营业执照。公司营业执照签发之日，就是有限责任公司成立的日期。设立有限责任公司的同时设立分公司的，也应当向工商登记机关申请登记，由法定代表人向公司登记机关领取分公司营业执照。

（四）有限责任公司的设立程序

有限责任公司的设立程序，如图 1-1 所示。

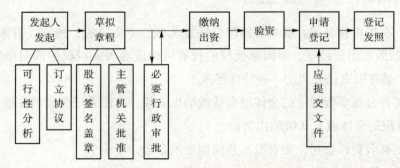

图 1-1　有限责任公司的设立程序

三、股份有限公司的设立与登记

（一）股份有限公司的设立条件

（1）发起人符合法定的资格，达到法定人数。股份公司的发起人可以是自然人，也可以是法人，但发起人中须过半数在中国境内有住所。设立股份有限公司，必须达到法定的人数，应有2人以上200人以下的发起人。

（2）有符合公司章程规定的全体发起人认购的股本总额或者募集的实收股本总额。

（3）股份发行、筹办事项符合法律规定。股份的发行是指股份有限公司在设立时为了筹集公司资本，出售和募集股份的法律行为。公司设立阶段的股份发行，分为发起设立发行和募集设立发行。发起设立发行即所有股份均由发起人认购，不向社会公开招募。募集设立发行，即发起人只认购股份的一部分，其余部分向社会公开招募。

（4）发起人制定公司章程，并经创立大会通过。

（5）有公司名称，建立符合公司要求的组织机构。

（6）有固定的生产经营场所和必要的生产经营条件。

（二）注册股份有限公司的流程

1. 申请名称预先核准登记

全体股东指定代表或共同委托的代理人向工商局提交申请名称预先核准。需提交材料：全体股东签署的公司名称预先核准申请书；全体股东指定代表人或共同委托代理人证明；工商局指定的其他材料。

2. 工商登记

由董事会向工商局申请设立登记。需提交材料：公司法定代表人签署的登记申请书；董事会指定代表或者共同委托人证明；公司章程；依法设立的验资机构出具的验资证明；发起人首次出资是非货币财产的，提交已办理其财产转移手续的证明文件；发起人主体资格证明或者自然人身份证明；公司董事、监事、经理姓名、住所等文件以及有关委派、选举、聘用的证明；公司法定代表人任职文件和身份证明；企业名称预先核准通知书；公司住所证明以及工商局规定的其他材料。

（三）股份有限公司章程的制定

公司章程由发起人制定，经公司发起人一致同意并签署后即产生法律效力。如果要对公司章程进行修改，必须经过法定程序。《公司法》第八十一条对股份有限公司的章程作出了规定，其主要内容包括：公司名称和住所；公司经营范围；公司设立方式；公司股份总数、每股金额和注册资本；发起人的姓名或者名称、认购的股份数、出资方式和出资时间；董事会的组成、职权和议事规则；公司法定代表人；监事会的组成、职权和议事规则；公司利润分配办法；公司的解散事由与清算办法；公司的通知和公告办法；股东大会会议认为需要规定的其他事项。

（四）股份有限公司的设立方式

股份有限公司的设立分为发起设立和募集设立两种方式。

1. 发起设立

发起人按认购的股份缴纳股款，股款的缴纳可以用货币，也可以用工业产权、非专利技术和土地使用权等进行评估作价，但工业产权和非专利技术的作价金额不得超过公司注册资本的20%。

2. 募集设立

《公司法》规定，募集方式设立股份有限公司的，发起人认购的股份不得少于公司股份总额的35%，其余部分应当向社会公开募集。

（五）募集设立的步骤

（1）获得证券管理部门的批准。《公司法》规定，在公开募集前，必须向国务院证券管理部门提出申请，并得到批准。

（2）公开招募股份。

（3）认股人认领股份。

（4）履行出资义务。

（5）召开创立大会，设置机构。

（6）注册登记。

任务实施

经过知识学习之后，分小组调查和搜集公开发布的股份有限公司资料，制作有关该公司设立登记信息的报告。

任务考核

在课堂上，通过现场展示的方式，向同学布置小组任务，考核成绩学生互评分占比70%，教师评分占比30%。

综合实训

寻找两个不同的公司设立信息，比较它们的异同。

同步测试

一、选择题

1. 公司设立是依法进行的，有关公司名称的规定，下列正确的是（　　）。
   A. 公司名字可以自由取定　　　　　　B. 公司名字包含行业信息
   C. 公司名字只能用汉字　　　　　　　D. 企业是生产力发展的产物

2. 公司依法成立，需要有登记住所，有关说法正确的是（　　）。
   A. 公司登记时不必须登记住所　　　　B. 公司登记住所必须自有产权建筑
   C. 公司有多个场所的都需登记　　　　D. 公司的主要办公场所登记为住所

3. 有限责任公司的章程是公司的基础法律性文件，有关说法正确的是（　　）。
   A. 写明公司名称和住所　　　　　　　B. 需要全体股东签名或盖章
   C. 无须写明经营范围　　　　　　　　D. 只写明法人股东名称

4. 股份有限公司的设立方式中发起设立，是指（　　）。
   A. 发行股票设立公司　　　　　　　　B. 股东出资设立公司
   C. 发起人按认购股份缴纳股款　　　　D. 不能用非货币形式缴纳股款

二、简答题

请简要说明公司登记的基本信息。

项目二　认知公司制度

认知公司制度

【项目介绍】

公司制度，简单说就是以公司经营与管理活动为中心的，一系列企业运行过程中的规定与规则。这些规定与规则，都是与一定时代背景下的经济社会制度相匹配的。了解把握了这些制度，就能清晰地辨识公司的样貌。

【知识目标】

1. 熟知公司经营的内涵。
2. 熟知公司管理的内涵。
3. 熟知公司制度的内涵。

【技能目标】

1. 能用公司经营与管理的内涵分析公司基本经营管理状况。
2. 能明确说出公司制度的基本内容。
3. 能简单分析公司经营与管理的现象。

【素质目标（思政目标）】

1. 具有现代公司经营与管理的基本认知。
2. 具有对我国现代公司制度的科学认识。
3. 认识到我国现代企业制度的系统与科学。

案例引入

薪酬制度是一个公司成功发展的重要基础制度，华为的成功离不开一个科学有效的薪酬制度。华为的薪酬分为两大类，即外在激励和内在激励。外在激励，主要由基本工资、固定奖金、现金津贴、浮动收入、长期激励和福利待遇共同组成；内在激励，主要体现在工作内容、文化氛围和生活平衡度的精神感知方面。重点分析外在激励的特色，除基本工资的等级设定外，具备完备的固定奖金、现金伙食津贴和交通津贴，还设有基于业绩的浮动奖金，除此之外还有内部股票作为长期激励，全面的福利待遇更是必不可少，包括养老金、保险、住房贷款、准备基金。在这样全面科学，且薪酬总体水平比同类企业较高的薪

模块一 公司与公司制度认知

酬制度之下，华为吸纳并维持保有大量的优秀人才，促进了华为的稳健成长，形成了华为源源不断的潜在动力。

任务一 认知公司经营与管理

任务描述

公司经营与管理活动，是公司存在的依据。公司的经营活动与公司的管理活动相互联系，彼此重叠，各有倾向。公司的经营活动相对而言更加宏观，侧重于衡量公司内外资源条件，确定公司生产、发展总目标；公司的管理活动既有宏观也有微观，是从整体系统角度到具体事务都涉及的计划、组织、指挥和控制的综合活动。公司经营与管理活动是一个公司设立之后，存在、发展和实现公司设立目标而进行的一切活动。理解、认知这些活动，就是理解认识了公司的本质。

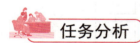

任务分析

1. 认知公司经营活动。
2. 认知公司管理活动。

相关知识

公司经营与管理活动，在具体的经济活动中，纷繁复杂，形式万千，但其中有统一的规律和过程。

一、公司经营与管理

（一）公司经营

1. 公司经营的含义

公司经营就是根据外部环境和内部条件确定企业的生产方向、经营目标以及实现这一目标的经济活动过程。经营主要侧重于生产前和生产后的供应、销售活动的组织，处理企业与外部的关系问题，进行经营预测、决策和计划。经营主要解决企业的经营目标、生产方向等根本问题以及对企业所拥有的人力、财力、物力和自然资源等生产要素进行合理分配和组合，确定合理的生产机构和规模等。

2. 公司经营的过程

公司的生产经营是从分析外部环境和内部条件开始的，通过外部环境分析发现公司经营的机会与威胁，通过内部条件分析确定公司的经营优势与劣势，在此基础上确定公司的经营目标，制订公司的经营计划。为了实现公司的经营计划，公司要做好生产的准备工作，筹备公司生产过程所需的资源，通过对公司生产过程的组织与控制，按计划保质保量生产出社会需要的产品，再通过公司的营销活动将产品销售给目标顾客，一方面资金回笼，另一方面搞好销售赢得顾客。完成一轮生产经营过程后，根据上一轮的生产经营情况以及外部环境与公司内部条件的变化，不断调整公司的经营目标，在下一轮的生产经营活动中调整，公司经营活动过程如图 1-2 所示。

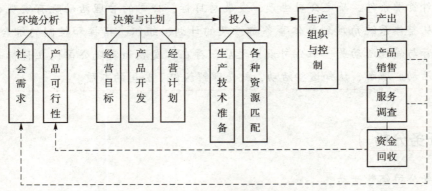

图 1-2 公司经营活动过程

（二）公司管理

1. 管理的概念

管理是最一般的社会现象，从个人、家庭、企事业单位到其他各种社会组织，从乡村、城市、国家直到整个人类世界都在管理之中。从管理的要素和管理的程序来考量，管理就是人们在认识并掌握管理系统内在联系和外在环境及其相互关系的基础上，运用各种管理的基本职能，通过有效地利用组织内的基本要素，达到系统预定目标的运动过程。

2. 公司管理的概念

公司管理是管理的一个分支，是指以提高经济效益为前提，公司管理人员根据公司内部条件和外部环境，确定公司经营方针和目标，并对人、财、物各要素以及供、产、销各环节进行计划、组织、指挥、协调、控制、激励，以实现经营目标的全部活动。

（三）公司管理的职能

公司管理的职能是管理所具有的职能在公司管理中的体现。具体如下。

1. 计划职能

计划职能是管理的首要职能。公司管理始于对公司活动的计划，包括生产计划、营销计划、招聘计划、投资计划等等。

2. 组织职能

公司活动计划制订后，需要通过组织将计划中的目标分类组合，划分任务配备资源。

3. 指挥职能

公司管理者运用权力，对公司的人员进行领导、沟通与指导，保证公司活动按照既定目标推进。

4. 协调职能

公司管理能够消除管理各环节、各要素之间的不和谐状态，加强相互之间的合作，达到同步配合发展的要求。

5. 控制

公司管理的控制是指在按计划办事的过程中，对计划执行情况进行监督和检查，及时发现问题，并采取干预措施纠正偏差，确保原定目标和计划按预期实现。

6. 激励

公司管理的激励是指激发、鼓励员工积极性，引导和教育员工积极发挥作用，实现公司管理目标和任务。

（四）公司管理的方法

公司管理中，常用的管理方法主要有行政方法、经济方法、法律方法和教育方法。

1. 行政方法

行政方法是依靠行政组织的权威，运用命令、规定和指示等手段，按照行政系统和层次，以权威和服从为前提，直接指挥下属的一种管理方法。其特点是：强制性，依靠行政权威强制被管理者执行；直接性，采取直接干预的方式进行；垂直性，通过行政命令方式进行，不直接与报酬挂钩。

行政方法也有局限：一是强制干预，容易引起心理抵抗与排斥；二是容易滥用，任意扩大适用范围；三是形式简单粗暴，主要形式为命令、计划、指挥、监督和检查等。

2. 经济方法

经济方法是依靠利益驱动，利用经济手段，通过调节和影响被管理者物质需要而促进管理目标实现的方法。其特点是：利益驱动性，被管理者在利益的驱使下采取财务管理者所预期的行为；普遍性，整个社会广泛采用，也是管理方法中最基本的方法；持久性，该方法被长期使用，其作用也是长久的。经济方法的主要形式有工资、奖金、罚款、定额管理和经济责任等。

3. 法律方法

法律方法是指借助国家法规和组织制度，严格约束管理对象为实现组织目标而工作的一种方法。其特点是：高度强制性，依靠国家权威制定的法律来进行强制性管理，其强制性大于行政方法；规范性，是采用规范进行管理的一种形式，属于法治而非人治，增强了管理的规范性，限制了人的主观随意性。其局限性是对于特殊情况有适用上的困难，缺乏灵活性。法律方法的形式主要有国家的法律法规、公司内部的规章制度、司法裁定和仲裁等。

4. 教育方法

教育方法是管理者按照一定的目的，在对被管理者充分了解和分析的基础上，通过宣传、说理、讨论、批评、培训等教育方式，使其认识真理，引导被管理者正确的行为，以实现组织的预期目标。其特点是具有自觉自愿性和持久性，其局限是对紧急情况难以适应，且单纯使用常常无法达到目标。

二、公司经营与管理的关系

公司经营与管理既密不可分，又有严格区别。

（一）公司经营与管理的联系

（1）公司经营和管理的目的是一致的，二者都能使公司取得生产或交换中的效益。
（2）从企业经营和企业管理的存在形态看，二者都属于主观意识的范畴。

（二）公司经营与管理的区别

1. 概念不同

公司经营是指根据公司内外部条件，确定生产方向、经营总目标以及实现这一目标的经济活动过程。公司管理则是为了有效地实现经营总目标而对公司各要素及其组成系统进行计划、组织、指挥和控制的综合性活动。

2. 来源不同

公司经营是经营活动的一部分,是由市场经济的产生和发展而引起的一种调节和适应社会的职能,并随着市场经济的发展而发展。公司管理则是管理活动的一部分,是人们共同劳动所引起的一种组织、协调的职能,随着社会化大生产、人们的共同劳动和分工协作的发展而发展。

3. 性质不同

公司经营主要解决公司的生产方向、方针和一些重大问题,一般属于战略性和决策性的活动。公司管理主要解决如何组织公司各要素实现战略目标,属于战术和执行性的活动。

4. 范围不同

公司经营是将企业作为一个整体来看待,用系统的观点分析、处理公司管理问题,追求公司的综合、总体、系统效果。公司管理侧重内部各要素、各环节的合理组合与使用,以促进其有序、高效地完成生产经营任务。

5. 对象不同

公司经营是针对公司的方向、目标,解决企业内部条件与外部环境相对适应的问题。公司管理是通过计划、组织、指挥和控制等职能体现出来的。

6. 目的不同

公司经营关系到公司生产经营的方向、出发点、立场,解决如何在市场竞争中取胜的战略问题,追求公司经济效益。公司管理是为了实现经营目标,解决如何充分合理地组织公司内部的人、财、物等要素,更好地进行供、产、销活动,从而提高劳动生产率和工作效率的问题。

经营和管理是辩证统一的,二者密不可分,经营管理效果=目标方向×工作效率,只讲经营,不讲管理,公司经营管理的效果就是空中楼阁,只讲管理,不讲经营,管理就成了无的放矢。

任务实施

经过知识学习之后,分小组调查和搜集某公司资料,撰写公司经营方略或公司管理特色,重点分析一项经营策略或管理方案。

任务考核

在课堂上,通过现场展示的方式,向同学布置小组任务,考核成绩学生互评分占比

70%，教师评分占比 30%。

寻找两个公司同一领域的经营策略或管理方案，比较他们的异同。

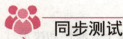

一、选择题

1. 公司经营活动贯穿公司日常运行的全过程，下列不包括在内的是（　　）。
   A. 环境分析　　　　　　　　　　B. 决策与计划
   C. 生产组织与控制　　　　　　　D. 薪酬管理

2. 公司管理融入公司日常运行的每个环节，其职能多样，下列不包括的是（　　）。
   A. 计划　　　　　　　　　　　　B. 组织
   C. 策划　　　　　　　　　　　　D. 协调

3. 公司管理方法中，以命令、规定和指示等手段，管理者直接指挥下属的管理方法是（　　）。
   A. 行政方法　　　　　　　　　　B. 经济方法
   C. 法律方法　　　　　　　　　　D. 教育方法

4. 通过相关法律和公司内部的制度规范来进行管理的方法是（　　）。
   A. 行政方法　　　　　　　　　　B. 经济方法
   C. 法律方法　　　　　　　　　　D. 教育方法

二、简答题

简述公司经营与管理的联系与区别。

模块一　公司与公司制度认知

任务二　认知现代公司制度

任务描述

现代公司制度即现代企业制度，是现代企业设立、开展经营活动、参与社会经济活动的规范性制度。这些制度是维系企业正常运行、开展生产等业务活动的保障，作为对市场经济主体的规范，更是市场经济制度中不可或缺的重要组成部分。现代企业制度，是历史发展积累的产物，是现代经济活动的重要组成部分。认知现代公司（企业）制度，是对现代公司本质、运行本质和经营管理内涵认知的重要背景与基础。

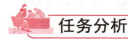

任务分析

1. 认知现代公司制度的产生基础。
2. 认知现代公司制度的内涵。

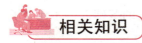

相关知识

现代公司制度，是市场经济下，市场主体设立与行动的规范体系。它是保障市场经济下，公司规范运营的一系列规定性内容形成的制度系统。

一、现代公司制度

（一）现代公司制度的定义

现代公司制度，即现代企业制度，是指以企业法人制度为基础，以企业产权制度为核心，适应社会主义市场经济要求的产权清晰、权责明确、政企分开、管理科学的一种新型企业制度，它是最大限度发展和解放生产力的制度，它以公司制为企业组织制度的主体形态。

现代公司制度的定义包含四层含义：

1. 现代企业制度是市场经济体制的基础

企业和消费者是市场经济的基本单位。市场机制在市场经济循环过程中真正能够发挥作用的前提是企业真正成为市场主体。如果企业不是真正意义上的市场主体，市场机制便会出现扭曲而无法引导企业，市场经济循环就不能顺利实现。另外，政府利用宏观调控体系干预经济是必不可少的。只有当企业成为自主经营、自负盈亏的市场主体，它才会在利润目标的驱使下，及时对市场信号作出反应，调整其行为。

2. 公司制度是现代企业制度的主要形态

所谓公司制度，就是指适应社会化大生产和现代市场经济要求的公司法人制度，其典型形式是股份有限公司和有限责任公司。公司制度是市场经济发展和社会化大生产的产物，是适合企业集中巨额资本扩大社会经济生产规模的现代企业制度。公司制为联合许多分散的个人资本成为一个集中的股份资本提供了有效的组织形式。

3. 产权制度是现代企业制度的核心

现代企业制度是以财产终极所有权与法人财产权的分离为前提的。现代企业产权制度就是企业法人财产制度，在此制度下，终极所有权的实现形式主要是参与企业重大决策，获得收益；企业法人则享有财产的占有权、处置权等。

4. 企业法人制度是现代企业制度的基础

企业作为法人，有其独立的民事权利能力和民事行为能力，企业法人享有充分的经营自主权，并以其全部财产对其债务承担责任，而企业所有者在享有终极所有权的同时，以其出资额为限对企业法人的债务承担责任。正是在现代企业法人制度的基础上，才建立了有限责任制度。

（二）产权与企业制度

1. 产权

产权是财产权利的简称，指财产所有权以及与财产所有权有关的财产权利。产权基本内涵包含所有权、占有权、使用权、收益权和处分权等，是涵盖一组权利的整体，从这个意义上讲，产权的总和相当于所有权的概念。但产权和所有权并不是对等的关系，在所有权的内在权能发生分离的情况下，所有权就只是产权的一种而不是唯一的表现形式，产权代表着与产权客体处置有关的一组财产权利。在这组财产权利中，所有权处于核心地位，其他一切财产权利都是从所有权中派生出来的。

2. 产权的经济功能

（1）保障产权主体的合法权益。产权具有排他性，产权所有者的权益受法律保护，他人不得侵犯。

（2）有利于资源的优化配置。产权具有可让渡性和可分性。任何一项交易活动实质上就是不同产权之间的交易，明确界定的产权可以提供一种对经济行为的规范或约束。

（3）为规范市场交易行为提供制度基础。产权强调的是规则或行为规范，它规定了财产的存在及其使用过程中不同权利主体的行为权利界限和约束关系。

（4）有助于解决外部性问题。外部性是指经济当事人之间一方对另一方或其他诸方利益造成的损失或提供的便利不能用价格来准确衡量，也难以通过市场价格进行补偿或支付。对一些外部性问题，通过明晰产权，并在此基础上进行谈判，当事人有可能找到各自利益损失最小化的合约安排。

3. 企业制度

企业制度是企业产权制度、企业组织形式和经营管理制度的总和。企业制度的核心是产权制度，企业组织形式和经营管理制度是以产权制度为基础的，三者分别构成企业制度的不同层次。企业制度是一个动态的范畴，随着商品经济的发展而不断创新和演进，具有代表性的企业制度有业主制、合伙制和公司制。

三、现代公司制度的基本内容

（一）法人财产制度

现代公司（企业）制度的核心是法人财产制度。法人财产制度是以法人作为企业资产控制主体的一项法律制度，他以企业出资者不直接控制企业的资产为特征。法人财产制度的建立，使企业的财产权被分解为财产终极所有权和法人财产权。在这种制度中，财产终极所有权即出资者所有权，在一定条件下表现为出资者拥有股权，并只能运用股东权利影响企业行为，而不能对法人财产中属于自己的部分进行支配，也不能直接干预企业的经济活动。由出资者投入企业的资本金形成企业的法人财产。企业对法人财产依法拥有独立支配的权利，具体表现为企业对法人财产的占有、使用、收益和处置权。由于法人财产制度割断了出资者与企业法人财产的直接联系，从而保证了企业资产的相对独立性和完整性，使企业的经营者能够对企业资产进行统一的支配和运营。

（二）有限责任制度

所谓有限责任，一是企业以出资者出资构成的法人财产为限对债务承担有限责任，当企业出现资不抵债时，以其全部财产进行清偿，不牵扯公司以外的其他个人和法人财产；二是出资者以其投入企业的资本额为限对企业的债务承担有限责任。实行有限责任制度，既划清了各个主体的责任，又能够降低出资者的风险。这种有限财产责任制度不仅能够使出资者的责任与权利对等，而且对企业的经营者也构成了一种财产约束，强化了企业经营者的财产责任。

（三）组织管理制度

现代公司中，由于财产权利的分解即委托代理关系的存在，要求保护公司出资者的权益，同时对代理人损害委托人利益的行为进行有效的控制。这在客观上就需要对企业内部的权利进行适当的安排，形成科学的法人治理结构。建立法人治理结构的核心是在企业内部形成激励机制和约束机制，使公司的股东大会、董事会、总经理和监事会之间相互独立、权责明确，从而使各方的积极性得到调动，行为受到约束，利益得到保证。根据我国公司法规定，公司组织机构通常包括股东大会、董事会、监事会、总经理及其下属机构，并由此形成决策权、执行权和监督权三种权力形式，公司组织机构如图1-3所示。

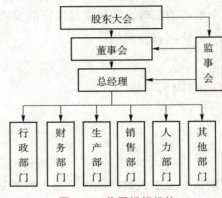

图1-3　公司组织机构

1. 决策机构

股东大会及其选出的董事会是公司的决策机构。股东大会是公司的最高权力机构，董事会是股东大会闭会期间的经营决策机构。股东大会由出资人或其他代表组成，职权为选举或罢免董事会和监事会成员；制定和修改公司章程；审议和批准公司的财务预决算、投资及收益分配等重大事项。

股东大会通常每年召开一次，以维护股东权益为宗旨，保持对公司的最终控制权。股东的表决权以其出资额为标准，所持每一股份有一票表决权。股东大会从资产关系上对公司的董事会形成必要的制约，但无权直接干预公司的经营活动。

董事会是公司的经营决策机构。董事会对外代表公司，由公司董事组成，其职责是执行股东大会的决议，对公司的经营作出决策。具体包括决定公司经营方针和投资方案；决定公司内部管理机构的设置和基本管理制度；制定公司财务预算、利润分配、亏损弥补、公司增减资本和发行公司债券等方案。董事会直接向股东大会负责，执行股东大会决议，负责任免公司总经理，根据总经理的提名聘任或解聘公司副总经理、财务负责人等，并决定其薪酬。董事长和副董事长由董事会选举产生，董事长一般为公司法定代表人。董事会实行集体决策，董事应对董事会的决议承担责任，董事会每年至少召开两次会议，董事会会议应有二分之一以上的董事出席方可举行。

2. 执行机构

总经理及其下属机构是董事会领导下的公司管理和执行机构。公司的总经理负责公司的日常管理，按董事会决议主持公司的生产经营管理工作，组织实施公司年度经营计划和投资方案，拟定公司内部的机构设置方案、管理制度及规章，提请任免公司的副总经理、财务负责人以及其他管理人员。

3. 监督机构

监事会由股东大会选举产生，是对董事会及其经理人员活动进行监督检查的机构。监事会成员一般不少于3人，由股东和员工代表按一定比例组成，对股东大会负责。监事会依照法律和公司章程对董事会和经理等管理人员行使职权的活动进行监督，防止出现违反法律、法规或公司章程的行为；监事会有权审核公司的财务状况，保障公司利益及公司业务活动的合法性，维护员工的权益；监事会根据具体情况有权提议召开临时股东大会。为保证监督的独立性，公司的董事、经理及业务负责人一律不得兼任监事。

（四）现代公司管理制度

现代公司管理制度主要包括以下几个方面：

（1）现代公司领导制度。公司战略决策制度是公司领导制度的核心，在这一方面，现代公司领导制度体现出领导专家化、领导集团化和领导民主化的原则。公司经营管理制度是现代公司领导制度的基础，通过调节所有者、经营者和员工之间的关系，形成激励和约束相结合的经营机制。

（2）现代公司人力资源管理制度。人力资源管理是应用现代化的科学方法对人力进行合理的培训、组织和调配，使人力、物力经常保持最佳比例，同时充分发挥员工的主观能动性，使人尽其才，以实现公司经营目标。其内容包括员工招聘、选拔、考核、绩效评估、薪酬、激励、培训开发、组织发展和劳务关系等。

（3）现代公司财务制度。现代公司财务制度是用来处理公司法人与国家、股东、劳动者之间财务信息沟通和财产分配关系的行为总则，保护国家、股东和劳动者的利益不受侵犯。健全的财务制度除了日常的财务核算以外，还包括财务会计报告制度和企业利润分配制度。

（4）公司合并、分立、解散、清算、破产等制度。

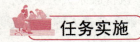

任务实施

经过知识学习之后,分小组调查和搜集某上市公司公开资料,分析其制度特色。

任务考核

在课堂上,通过现场展示的方式,向同学布置小组任务,考核成绩学生互评分占比70%,教师评分占比30%。

综合实训

寻找两个同一领域的公司,从公开的公司制度的某一方面,比较它们的异同。

同步测试

一、选择题

1. 现代公司制度是一系列企业运行制度的集合,其核心制度是（　　）。
   A. 财务制度　　　　B. 人事制度　　　　C. 行政制度　　　　D. 产权制度
2. 公司制度不包括（　　）。
   A. 产权制度　　　　B. 人事制度　　　　C. 组织制度　　　　D. 经营管理制度
3. 现代公司制度的基本内容,下列不属于的是（　　）。
   A. 法人财产制度　　　　　　　　　　B. 有限责任制度
   C. 股东大会制度　　　　　　　　　　D. 公司管理制度
4. 法人财产制度是现代公司制度的核心,有关说法错误的是（　　）。
   A. 使企业财产权分为财产终极所有权和法人财产权
   B. 企业对法人财产依法拥有独立支配的权利
   C. 出资人对法人财产拥有支配权利
   D. 法人财产制度割断了出资者与企业法人财产的直接联系

二、简答题

简述现代公司制度的内容。

模块二　公司经营与管理

项目一　公司组织与文化建设

公司组织与
文化建设

【项目介绍】

公司是市场主体,是最重要的经济组织。作为员工组织,组织自身的建设就是其存在和发展的根本。明确自己是一个什么样的组织?要发展成为一个什么样的组织?作为一个组织,为了实现自身的目标,需要有什么样的内部结构?这些是任何一个公司都需要明确并解决的问题。

【知识目标】

1. 熟知公司组织建设的内容。
2. 熟知公司文化建设的内容。

【技能目标】

1. 能用公司组织建设的知识分析公司组织基本状况。
2. 能明确说出公司文化建设的基本内容。

家政服务公司经营与管理

【素质目标（思政目标）】

1. 具有现代公司组织建设的基本意识。
2. 具有对我国现代公司文化建设的科学认识。
3. 认识到我国现代企业制度的系统与科学。

案例引入

华为特色的组织现象——轮值 CEO/轮值董事长制度。华为 2004 年取消了总裁办公会议，成立了 EMT（Executive Management Team）开始轮值主席制度。由八位领导轮流执政，每人半年。2011 年，轮值主席制度经过两个循环，提升为轮值 CEO 制度，由三名副董事长轮流担任，任期依然是半年。此时，轮值 CEO 在任期间是公司经营管理以及危机管理的最高负责人。2018 年，华为再次升级了公司轮值管理模式，开始轮值董事长制度。公司董事会及董事会常务委员会由轮值董事长主持，轮值董事长当值期间是公司最高行政首长。轮值董事长是华为公司的三位副董事长，轮值周期依然是半年。通过这种最高行政领导的轮值，华为形成了不靠"个人英雄主义"，依靠"集体奋斗与集体智慧"的管理模式，轮值制度平衡了公司各方面的矛盾，也锻炼了每个轮值者，让他们不仅更全面地掌握处理日常事务的能力，提升了他们的全局理念，而且为华为未来培养了更多的后备管理力量，更好地凝聚了华为公司的内部力量。

任务一 公司组织设计与架构

任务描述

公司的组织架构是公司得以实现经营目标的基本。科学合理的公司组织架构，能够充分发挥公司的人才潜力，最大化地挖掘员工潜力，调动员工的主动性，保护员工利益，同时保障公司的利益和目标的实现。同样类型，不同发展目标的公司，在具体的组织架构上都会有差异化的体现，组织架构看似一个相对静态的事物，实则是随着公司的发展变化而变化的动态范畴。从一个公司的组织架构就能看出该公司的发展方向，乃至经营状况。

模块二　公司经营与管理

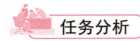

1. 认知公司组织架构的定义与内容。
2. 能进行简单的公司组织架构设计。

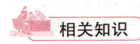

公司的组织与架构，是一个公司具备功能，发挥作用的基本。

一、公司组织架构的内涵及其特性

（一）组织架构的内涵

组织架构是指组织的基本框架，是组织为了完成组织目标，在管理中进行分工协作，在职务范围、责任、权利方面所形成的结构体系。

公司组织架构是公司组织内的全体员工，为实现一定的目标，在管理工作中进行分工协作，在职务范围、责任、权力等方面形成的体系。

组织架构是实现公司目标的一种手段，这个架构体系的主要内容包括公司治理结构、管理组织结构、生产作业组织结构和组织间关系结构四个子系统，以及职能和流程两个维度。

（二）组织架构的特性

1. 组织架构的复杂性

组织架构的复杂性是指组织内各要素之间的差异性，包括组织内部专业化分工程度，横向和纵向的管理幅度与管理层次数，以及组织内人员及部门地区分布情况等。

2. 组织架构的规范性

组织架构的规范性是指组织内部行为规范化的程度，包括组织内部员工的行为准则、组织的规章制度、工作的程序以及标准化程度等。

3. 决策的集中性

决策的集中性是指组织内的决策权分布状态，主要指集权与分权的问题。

二、典型的公司组织架构

（一）直线制

直线制是最早、最简单的组织形式，是企业各级行政单位从上到下实行垂直领导，各级主管负责人对所属单位的一切问题负责。组织不再另设职能机构，一切管理职能基本由行政主管自己执行。

直线制的特点是集权化。这种组织架构权力等级森严，典型的直线制公司组织架构如图2-1所示。

图2-1 直线制公司组织架构

直线制的优点是结构简单、责任分明、命令统一，缺点是要求主管负责人通晓多种知识和技能，并亲自处理各种业务。

（二）职能制

职能制组织架构，组织从下至上按照相同的职能将各种活动组合起来。其特点是采用按职能分工实行专业化管理的办法来代替直线制的全能管理者，职能制公司组织架构如图2-2所示。

图2-2 职能制公司组织架构

职能制的优点是促进专项工作的专业化；促进管理的专业化；有利于组织目标的实现。当公司生产一种产品或经营一项业务时，职能制组织架构的作用效果最优。

（三）直线职能制

直线职能制，亦称生产区域制，或直线参谋制，是在直线制和职能制的基础上，取长补短，吸取这两种形式的优点而建立起来的。直线职能制组织架构要求行政主管把相应的管理职责和权力交给相关的职能机构，各职能机构就有权在自己业务范围内向下级行政单位发号施令。绝大多数企业尤其是处于稳定环境中的中小企业都采取这种组织架构。这种组织架构形式是把公司管理机构和人员分为两类，一类是直线领导机构和人员，按命令统一原则对各级组织行使指挥权；另一类是职能机构和人员，按专业化原则从事组织的各项职能管理工作。直线领导机构和人员在自己的职责范围内有一定的决定权和对所属下级的指挥权，并对自己部门的工作负全责。职能机构和人员，则是直线指挥人员的参谋，不能对直接部门发号施令，只能进行业务指导，直线职能制公司组织架构如图2-3所示。

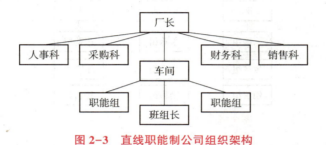

图2-3　直线职能制公司组织架构

直线职能制的特点是集权化和规范化。这种架构分工细致，任务明确，部门职责界限清晰，组织中有非常正规的规章制度。

直线职能制的优点是既保证了公司管理体系的集中统一，又可以在各级行政负责人的领导下，充分发挥各专业管理机构的作用。

直线职能制的缺点是职能部门之间的协作性较差，职能部门的许多工作要向上层领导请示才能处理，这样一方面加重了上层领导的工作负担；另一方面也造成办事效率低下。此外，直线职能制不利于培养高层次管理人才，管理人员仅重视与自己有关的业务，忽视全局性、关键性问题处理能力的培养。最后，当企业规模较大时，企业内部沟通会困难，加之相互之间缺少有效的协作机制，容易使公司变得僵化而无法适应环境变化。

（四）事业部制

事业部制简称M形架构，亦称联邦分权制，是一种高度集权下的分权管理体制。它是指以某个产品、地区或顾客为依据，将相关的研究开发、采购、生产、销售等部门结合成一个相对独立单位的组织结构形式。按照各事业部之间的关系，M形组织架构又可以分为合作型M架构和竞争型M架构。合作型M架构中的部门之间是合作关系，竞争型M架构中部门之间是竞争关系。事业部制适用于规模庞大、产品种类繁多、技术相对复杂的大型公司。事业部制的公司按地区、产品类别、顾客等分成若干个事业部，从产品设计、原料采购、成本核算、产品制造到产品销售,均由事业部及所属工厂负责,实行单独核算、独立经营、自负盈亏,公司总部只保留人事决策、预算控制和监督大权,并通过利润等指标对事业部进行管理。事业部不具有独立法人资格,但具有较大的生产经营权限,是一个利润责任中心。每个事业部内,按职能结构设置职能管理部门,如图2-4所示为制造业公司事业部制架构。

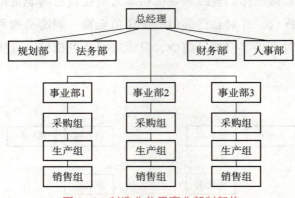

图2-4 制造业公司事业部制架构

事业部制特点是分权化,权力被分散到各部门。以市场为基础的各个部门松散地结合在一起,受行政管理总部的控制;各部门自主开展业务,通过绩效控制系统来标准化其产出;单个的部门倾向于采取机械化组织结构,充当总部的工具。

事业部制的优点是公司高层领导可以摆脱日常事务,集中精力考虑全局问题;事业部自主经营,更能发挥其积极性,有利于组织专业化生产和实现公司的内部协作;各事业部之间有比较、有竞争,有利于公司的发展;事业部内部的供、产、销之间容易协调;事业部经理需要从事业部整体考虑问题,有利于培养管理人才。

事业部制的缺点是公司与事业部的职能机构重叠,造成管理人员的浪费;各事业部可能只考虑自身利益,影响事业部间的协作,一些业务联系与沟通也往往被经济关系所替代。

(五) 母子公司制

母子公司制与事业部制架构非常相似,区别在于母公司和子公司之间不是行政上的隶属关系,而是资产上的联结关系。当子公司的股权全部归一家公司所有时称为"独资子公司"或"全资子公司";如果子公司归两家以上公司所有时,称为"联合子公司"。母公司主要是凭借股权在股东会和董事会的决策中发挥作用,并通过任免董事长和总经理贯彻母公司的战略意图,实现对子公司的管理。

母子公司制的优点是子公司具有独立的法人地位,可以自行决定业务发展方向,根据公司发展需要以及市场需求进行生产经营活动,不会产生事业部制结构中的资源争夺以及沟通不畅的问题。虽然子公司是独立法人,但母公司可以通过股权来对子公司的重大决策进行干预,通过股权来行使监督和管理的职责,既可管控子公司,又不需要配置过多的资源。

母子公司制的缺点是子公司的独立法人地位以及在沟通过程中存在的信息不对称问题,可能会导致母公司不能及时准确地了解子公司中发生的重大事件,进而导致管理失效的问题。且在资本市场的运作下,母公司还有可能失去对子公司的控制地位。

(六) 矩阵制

矩阵制是由纵横两套管理系统交错而成的组织架构。矩阵制的特点是围绕某项专门任务成立跨职能部门的专门机构。这种组织结构形式是固定的,人员却是变动的,需要谁,谁就来,任务完成后就可以离开。项目小组和负责人也是临时组织和委任的,任务完成后就解散,有关人员回原单位工作。这种组织结构非常适用于横向协作和攻关项目,如图 2-5 所示为公司矩阵制架构。

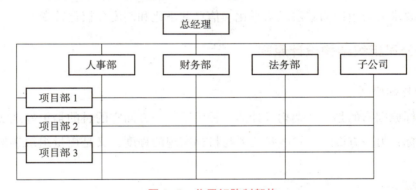

图 2-5 公司矩阵制架构

矩阵制的优点是机动、灵活,可随项目的开发与结束建立或解散;任务清楚,目的明确,各方面有专长的人都是有备而来,因此在新的工作小组里,能沟通融合,为攻克难关、解决问题而献计献策;由于从各方面抽调来的人员有信任感、荣誉感,使他们增加了责任感,激发了工作热情,促进了项目的完成;同时还增强了各部门之间的配合和信息交流,避免了直线职能制中各部门互相脱节的现象。

矩阵制的缺点是项目负责人的责任大于权力,因为参加项目的人员来自不同部门,隶属关系仍在原部门,所以造成了项目负责人的管理困难,没有足够的激励与惩治手段;同时,项目组成员一方面要接受负责人的领导,另一方面还要兼顾部门上司的管理,容易出现两难的处境,这种人员上的双重管理是矩阵制的先天缺陷。当任务完成后,项目组成员仍要回原单位,因而容易产生临时观念,对工作有一定影响。

三、公司组织架构设计

（一）公司组织架构设计的任务与内容

组织架构设计的主要任务是处理整个决策过程中的各种问题，不仅涉及协调方式、控制过程和激励措施的决定问题，而且还涉及整个决策权力的集中、分散和授权程度的掌握问题。组织架构设计同时包含两个目的：一是设计策略的运用；二是研究策略的拟定。

组织架构设计的内容：

（1）职能设计，即确定完成公司目标所需要的各项工作。

（2）层次结构设计又称纵向结构设计，即确定各管理层次的构成，上下层次的权责关系。

（3）部门化设计又称横向结构设计，即确定各管理部门的构成。

（4）组织联系设计，即促进各层次、各部门的沟通和协调的设计。

随着人类世界的进步，技术飞速发展、竞争全球化、需求多样化、电子商务日益普及，强烈地要求公司组织向着层级扁平化、信息共享化和制度分权化转变。

（二）公司组织架构设计原则

1. 任务目标原则

任务目标原则指的是组织架构设计的一种手段，一方面它的目的是更好地实现公司战略任务与目标；另一方面，公司战略任务与目标实现的程度，又是衡量组织架构设计效果的最终标准。

2. 效率原则

效率原则是在完成任务目标的前提下，公司的组织架构越精简越好，用人越少越好，所谓最好的组织架构，就是能够保证实现公司任务目标的并且最简单的组织架构。

3. 分工协作原则

组织架构设置要实现专业分工，以利于提高管理工作的质量和效率；在实行专业分工的同时，又要十分重视部门间的协作配合，加强横向协调，以提高管理的整体效能。

4. 一贯管理原则

一贯管理原则指的是，在公司职能机构设置方面，应当简化分工，实行职能综合化，以保证每一个部门对其管理的物流或业务流实现自始至终地统一管理。

5. 有控制的竞争原则

该原则要求部门结构设计在注意加强分工基础上协作配合的同时，也应使组织内部存在高层管理能够有效控制的一定程度的竞争。

6. 有效监督、制约原则

部门间的分工，不仅是为了提高管理工作质量和效率，也是相互制约、有效监督的需要。特别是公司中的执行机构和监督机构一般应当分开设置，并不应归属于同一个主管领导。

7. 统一指挥原则

组织设计应当保证行政命令和生产经营指挥的集中统一，避免多头领导、多头指挥。

8. 权责一致原则

组织设计要使每一层次、部门和岗位的责任和权力相对应，防止权大责小、有权无责、权小责大或有责无权。

9. 权责明确原则

组织设计应以正式文件形式对各个层次、部门和岗位的责任与权力作出明确规定，做到全面、具体、科学、确切。

10. 决策权配置最低可能原则

决策权配置最低可能原则指的是，每一项决策，应尽量由最低可能层次和最接近行动现场的部门及人员去制定，同时，这个层次又应该是能够全面考虑受该决策影响的所有业务活动及管理目标的层次。

11. 有效管理幅度原则

为保证领导的有效性，管理幅度不能过大，应当在有效管理幅度的前提下寻求减少管理层次的途径。

12. 集权与分权相结合原则

任何公司进行高层与中下层之间的责权分工，都应保持必要的集权，也要有必要的分权，使二者形成符合公司具体条件的平衡状态，哪一个方面都不可过度膨胀。

13. 资源共享的平台原则

组织设计应把可以集中的职能集中起来，构建管理平台，使各个部门能够依托这一平台开展各自的业务活动，上下机构不重叠、业务不重复，并且对外能够做到统一战略、统一政策、统一形象，增强各个部门的竞争力。

14. 稳定性与适应性相结合原则

公司组织架构及其运行规范要有一定的稳定性，以利于生产经营活动有序进行、提高效率，同时，公司组织架构及其运行规范又必须有一定的适应性，能迅速适应公司外部环境和内部条件发生的变化。

公司架构的设计，不以上述原则为标准，仅作参考，可以随着时代的变化突破创新。

任务实施

经过知识学习之后，分小组调查和搜集某公司资料，撰写公司架构报告，重点分析该公司架构方案特色。

任务考核

在课堂上，通过现场展示的方式，向同学布置小组任务，考核成绩学生互评分占比70%，教师评分占比30%。

综合实训

寻找两个同业公司，比较它们的组织架构的异同，分析原因。

同步测试

一、选择题

1. 公司组织架构的说法不正确的是（   ）。
   A. 只与管理者有关   B. 是实现公司目标的保证
   C. 是分工协作体系   D. 是职务、责任、权力的体系

2. 典型的公司组织架构，集权化、等级森严，从上到下垂直领导，该公司架构是（   ）。
   A. 直线制   B. 职能制   C. 直线职能制   D. 事业部制

3. 典型的公司组织架构，高度集权下的分权管理，以某个产品、地区或顾客为依据，该公司架构是（   ）。
   A. 直线职能制   B. 事业部制   C. 母子公司制   D. 矩阵制

4. 典型的公司组织架构，是纵横两套管理系统交错，围绕某项专门任务跨部门成立，该公司架构是（   ）。
   A. 直线职能制   B. 事业部制   C. 母子公司制   D. 矩阵制

二、简答题

简述公司组织架构设计的内容。

模块二　公司经营与管理

任务二　公司文化建设

任务描述

狭义的公司文化是指一个公司所拥有的精神层面的，能够凝聚全体员工，形成强烈的归属感，借由公司的环境、制度和工作秩序等物质条件与企业规范体现；广义的公司文化，是公司一经诞生，公司所有的活动，以及公司拥有的所有物质资源、公司所创造的思想、观念等一切由公司产生和运行而创造的物质与精神现象。从此意义讲，公司文化建设就等同于公司发展与运营本身。公司文化建设比公司自身建设更全面、更注重于把公司看作一个具有生机的独立个体。

任务分析

1. 认知公司文化的含义。
2. 认知公司文化的内容。
3. 认知公司文化建设的过程。
4. 能制定简单的公司文化建设方案。

公司本身就是公司文化，公司文化建设就是全面的公司建设。

一、公司文化

（一）公司文化的内涵

公司文化是指公司在生产经营实践中自觉形成的一种基本精神和凝聚力，是公司全体员工认同信守的价值观念、理想信仰、公司风尚和道德行为准则。广义的公司文化，是指公司在社会实践中创造的物质财富和精神财富的总和；狭义的公司文化，是指公司在经营管理中所形成的独具特色的思想意识、价值观和行为方式。

公司文化的三个层面：

1. 物质层面

物质层面即外显层，是公司中凝聚公司精神文化的生产经营过程和产品的总和以及实体性的文化设施。公司的产品、服务、技术、车间、厂房、设备设施、环境、广告、产品包装设计、员工福利待遇等所有物质构成了公司文化的基础，是公司精神文化的物质体现和外在表现，从外观上体现着公司的管理水平。

2. 制度层面

制度层面即中间层，是公司物质文化与精神文化的中介，具有固定、传递功能。它既是人的意识形态与观念形态的反映，又由一定物质的形式构成。公司制度文化制约着员工的行为举止及表层文化的状况，包括公司领导体制、公司组织架构和公司管理制度等。

3. 精神层面

精神层面是内隐层，即观念层，是受一定的社会文化背景、意识形态影响而形成的精神成果和文化观念。公司观念文化是公司文化的核心，是公司精神、公司哲学、公司价值观、公司道德、公司形象、公司风尚等的总和。公司观念文化是公司物质文化、制度文化的升华，是公司赖以存在的灵魂。

公司文化是三个层面紧密联系，融为整体，现实中并没有明晰的界限。

（二）公司文化的特征

1. 群体性

文化是一定群体所共有的思想观念和行为模式。公司文化就是公司这个群体所共有的思想观念和行为模式。

2. 民族性

世界上各民族的风俗习惯、宗教信仰、价值观念、生活方式和伦理道德的不同，形成了鲜明的民族文化。这种民族文化也反映在公司文化上，使公司形象具有本民族特色的特定模式。

3. 客观性

公司文化本身是一个客观存在。可以是促进公司发展的优秀文化，也可以是影响公司发展的消极文化。虽然如此，人们在公司文化的塑造上依然可以充分发挥主观能动性。

4. 可塑性与时代性

公司文化是在公司生存发展过程中逐渐形成的，也就是说，公司文化重在后天的培养和塑造。公司文化随着外部环境的变化而变化，具有较强的时代性。

5. 凝聚性与人本性

公司文化不但影响着公司成员的处世哲学和世界观,而且也影响着他们的思维方式。公司文化通过共同的价值观和公司精神,把公司全体成员团结成一个有机整体,共同为公司目标的实现而努力。

6. 内、外在统一性

公司文化是公司群体内在要素(价值观、企业精神、经营哲学等)和外在要素(行为准则、生活方式、企业外在形象等)的统一。

7. 系统性

公司文化是由公司内互相联系、互相依赖、互相作用的不同层次和不同部分组成的有机整体。

8. 长期性与稳定性

公司文化的长期性是指公司文化的塑造和重塑的过程需要相当长的时间,而且是一个极其复杂的过程。

(三)公司文化的功能

公司文化的功能是指公司文化发生作用的能力,其对公司管理具有不可替代的影响。

1. 导向功能

公司文化对公司整体和公司每个成员的价值取向及行为都具有导向功能。体现在规定公司行为的价值取向、明确公司的行为目标和确立公司的规章制度三方面。现代公司文化在公司员工及其行为方面起着"方向盘"的作用。公司文化可以长期引导员工为实现公司目标而自觉的努力工作。

2. 规范功能

公司文化是无形的、非正式的、非强制性的和不成文的行为准则,对员工的思想和行为起着有效的规范作用。其规范功能发挥作用是通过培养员工的归属感、自豪感、责任感、优越感、荣誉感等情感因素,使员工的思想和行为与公司文化统一起来。

3. 凝聚功能

公司文化反映员工的意愿,体现员工的利益,能够把员工团结在一起,对员工产生向心力和凝聚力,让员工与公司发展同心协力、共同奋斗。

4. 激励功能

公司文化的激励功能是指通过正确的价值观、公司精神、公司目标等在员工心目中渗透,使员工产生强烈的责任感和自豪感,鼓舞员工为公司的发展拼搏和奉献。

5. 辐射功能

公司文化作为一个系统，不仅在其内部从事活动，并且还要与外部环境进行交流，要受到外部环境的影响并相应地对环境产生反作用。公司通过员工与外界的交往，把公司的优良作风与良好的精神风貌传播和辐射到公司外部，从而对社会文化产生重大影响。

6. 约束功能

公司文化对员工行为具有无形的约束力。公司文化把以尊重个人情感为基础的、无形的外部控制和以群体目标为己任的内在自我控制有机融合在一起，实现外部约束和自我约束的统一。

7. 协调功能

公司文化的形成使得公司员工有了共同的价值观念，对众多问题的认识趋于一致，增加了相互间的共同语言和信任，使大家在较好的文化氛围中相互交流和沟通，减少了各种摩擦和矛盾，使公司上下左右的关系较为密切、和谐，各种活动更加协调。

8. 优化功能

优秀的公司文化一旦形成，就会产生一种无形力量，会对公司经营管理的方方面面起到优化作用。体现为在经营过程中监督纠错，过程前预警，过程后评价修正。

（四）公司文化基本内容

公司文化的内容很丰富，主要内容有以下几方面：

1. 公司环境

公司环境是指公司所处的外部环境和内部环境，包括公司的所有制性质、公司经营方向、市场机制的作用、集权与分权的程度以及公司内部的文化设施等，不同的公司环境有不同的公司文化特色。

2. 公司哲学

公司哲学是公司在一定的社会历史条件下，在生产、经营、管理活动中所表现出来的世界观和方法论，是公司进行各种活动、处理各种关系的总体观点和总和方法。公司中指导公司行为的根本思想就是公司哲学。它一般包括物质观念、系统观念、动态观念、效益和效率观念、市场观念、风险和竞争观念、信息观念、人才观念等。

3. 公司价值观

公司价值观，即公司群体共同的价值观，主要是指公司的基本信仰、追求和经营理念。

4. 公司精神

公司精神是公司在生产经营活动过程中形成的，建立在共同的信念和价值观念基础上，为公司员工所认可和接受，并能激发公司员工积极性和增强公司活力的一种全体意识和信念。

5. 公司道德

公司道德是调整公司与公司之间、公司内部员工之间关系的行为规范的总和，是一种特殊的价值体系，是公司法规的必要补充。

6. 公司制度

公司制度是公司在生产、管理的实践中所形成的带有强制性的义务并能保障一定权利的规定。公司制度是公司文化的重要组成部分，是公司文化中所有强制要素的总和反映。

7. 公司形象

公司形象是指社会大众和公司员工对公司外感形象和内在精神的总体印象和整体评价。公司外感形象包括产品质量、经营规模、服务特色、公共关系、广告以及企业标志、图案等；公司内在精神包括公司宗旨、经营管理特色、管理者和员工素质、技术力量、产品的研制力和开发力以及创新和开拓精神等。

8. 公司风尚

公司风尚就是公司及员工在其经营活动中逐步形成的一种精神现象。它综合反映了公司及其员工在价值观念、管理特色、道德风尚、传统习惯、企业精神、生活方式等方面的精神状况。它是公司精神、公司意识、公司制度、公司价值的综合反映，全面综合地反映出了一个公司的精神面貌，体现了一个公司的文化建设水平。

9. 公司教育

公司教育是公司依据员工的现实文化、知识水平和思想政治状况而进行的一系列有目的、有组织的教育活动。公司教育是公司文化的外在表现。公司哲学、公司精神、公司道德、公司民主、公司制度等皆通过各种公司教育，转化为员工文化素质、思想素质、道德素质的提高，进而成为全体员工的行为。

二、公司文化建设

（一）公司文化建设的目标

（1）使公司获得良好的经济效益，并为社会和国家做出贡献。

（2）使公司拥有一个良好的形象。

（3）创造使人心情舒畅的环境，和谐、团结的人际关系，人人受尊重的风尚。

（4）使员工的物质文化生活要求能得到满足或逐步得到满足。

（5）全面提高全体员工的素质，挖掘和开发员工的潜能，充分发挥员工的积极性和主动性。

（二）公司文化建设的主要内容

1. 公司物质文化建设

（1）产品文化价值的创造。

（2）公司形象的优化。

（3）公司技术的优化。

2. 制度文化的建设

（1）确立合理的领导体制。

（2）建立和健全合理的组织架构。

（3）建立和健全开展生产经营活动所必需的规章制度。

3. 精神文化的建设

（1）明确企业所奉行和追求的价值观念。

（2）塑造公司精神。

（3）促进公司道德的形成和优化。

（三）公司文化建设的程序和方法

1. 公司文化建设的程序

（1）公司经营战略的制定。规划公司未来一定时期内所要达到的目标以及为实现目标打算采取的基本策略，包括打算进入的业务领域和在竞争中与竞争对手的相对位置等。公司经营战略的制定是公司文化系统建设的前提和基础。

（2）制定公司文化系统的核心内容。明确公司价值观念和公司精神，为公司文化建设设定基本框架和前进方向。

（3）进行公司文化表层的建设。主要指物质层和制度层的建设，从硬件设施和环境因素方面为精神层的建设做准备。

（4）向公司员工进行公司文化深层价值观念的导入和渗透。这是公司文化建设的核心。

2. 公司文化建设方法

（1）分析内、外部环境，制定公司经营战略。先确定公司的经营战略，然后选择并塑造公司价值观念体系。

（2）公司价值观念的提炼。遵循一体化的原则，从公司员工的整体心态出发来制定，从公司整体利益角度考虑。遵循激励原则，体现公司文化对员工优秀思想行为的鼓励。

（3）公司文化显性层的建设。公司显性文化建设包括公司物质文化和公司制度文化。公司文化显性层的建设与一般的管理活动并无多大差别，都着眼于硬件的管理，包括规章制度、行为准则，设计企业旗帜、徽章、歌曲，建造一定的硬件设施等。

（4）公司文化核心观念在全体员工中的培育。主要包括：员工的甄选与在职教育；模范人物的树立与宣传；礼节和仪式的安排与设计；文化网络建设。

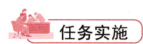

经过知识学习之后，分小组调查和搜集某公司文化建设资料，撰写公司文化建设报告，重点分析该公司文化建设特色。

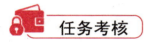

在课堂上，通过现场展示的方式，向同学布置小组任务，考核成绩学生互评分占比70%，教师评分占比30%。

寻找两个同业公司，比较它们的公司文化建设异同，分析原因。

一、选择题

1. 公司文化是一个很复杂丰富的系统，简单来说包括三个方面有（　　）。
   A. 物质层面　　　　　　　　　　B. 制度层面
   C. 精神层面　　　　　　　　　　D. 行动层面
2. 公司的广告、标志，公司的办公建筑、产品及包装，都属于（　　）。
   A. 公司制度文化　　　　　　　　B. 公司物质文化
   C. 公司精神文化　　　　　　　　D. 公司行为文化
3. 公司文化具有的特征，下列说法不正确的是（　　）。
   A. 群体性　　　　　　　　　　　B. 客观性
   C. 系统性　　　　　　　　　　　D. 主观性

4. 公司文化具有多样丰富的功能，它影响公司整体和每个成员的价值取向的功能是（　　）。

A. 凝聚功能　　　　　　　　　B. 规范功能
C. 导向功能　　　　　　　　　D. 激励功能

二、简答题

简述公司文化建设的内容。

项目二 公司经营决策

公司经营决策

【项目介绍】

公司的经营决策活动是公司经营管理活动的核心，明确公司经营决策的内涵，明晰公司经营决策的内容，掌握公司经营决策的基本方法，是理解公司运营发展的核心。

【知识目标】

1. 熟知公司经营决策的内涵。
2. 熟知公司经营决策的内容。
3. 熟知公司经营决策的方法。

【技能目标】

1. 能用公司经营决策的内涵与内容分析公司经营决策现象。
2. 能制定简单的公司经营决策。

【素质目标（思政目标）】

1. 具有现代公司经营决策基本意识。
2. 具有对公司经营决策的科学认识。

案例引入

华为的经营决策是以技术为先导。华为从刚刚起步的时候，就义无反顾地把大量的资金投入研发，投入强度常年高达10%以上。华为建立了超过1万人的研发队伍，研发经费的70%用于基于当前客户的产品研发。华为拥有5 000多项专利，每天产生3项专利。虽然华为已经拥有很多专利，但华为仍然在追求应用型基本专利。在研发方面，华为以本地化为先导，全球布局。为了实现产品研发的全球化，首先着眼知识产权与专利技术的全球化。华为在全球和国内建立诸多研究所，有美国硅谷研究所、美国达拉斯研究所、瑞典研究所、印度研究所、俄罗斯研究所等海外机构，华为技术、北京研究所、上海研究所、西安研究所、成都研究所、杭州研究所、南京研究所等国内机构。以技术研发的本地化为先导，开拓技术研发的全球布局。以研发来引领产品，以产品来占领市场，以市场来获取生存和发展的空间。

任务一
认知经营决策与方法

任务描述

公司的经营决策活动，形成现今的模式和状态，是因现代社会发展演变而出现的。现代公司经营决策，依靠现代科学的理论分析，结合决策者的经验、知识、智慧等对公司面对的问题采取对策。这种公司经营决策，经验方面有哪些内容？科学经营决策的方法有哪些？如何将两者融合在一起？制定能够解决现实公司经营问题的决策，是学习者需要解决的问题。

任务分析

1. 认知公司经营决策定义与内容。
2. 会用公司经营决策的常用方法。

相关知识

科学的公司经营决策是一个公司健康发展的基础与保障，相反，则会把公司带入困难甚至衰败。

一、公司经营决策

（一）公司经营决策的概念

公司经营决策是指公司为了实现预期的经营目标，从多种可供选择的行动方案中选出一种合理方案的过程。

科学经营决策的基本要素是：

（1）决策目标。

（2）两种以上的备选方案。

（3）决策事件将遇到的自然状态及其出现的概率。

（4）在不同自然状态下各种备选方案得失的预测。

经营决策在选择行动方案时，应该用"令人满意的标准"代替"最优化标准"。所谓令人满意的标准，是指在现实条件下，经过经验判断和定量计算等，从几种备选方案中，选取一种成功可能性大、风险小、效果好的方案。

（二）公司经营决策的原则

公司经营中，决策失误是最大的失误。为避免决策失误，应遵循以下原则：

1. 信息准确性原则

信息准确性原则是指为进行决策所收集的信息，必须全面准确地反映决策对象的内在规律与外在联系。信息的准确性是指信息要真实地反映经济发展的客观规律，要从多渠道收集各种信息并对其进行必要的综合整理和筛选，以便能够全面地反映所要研究问题的真实情况。

2. 预见性原则

经营预测是对公司经营环境、方向、发展趋势和预期成果作出合乎科学的估计，是决策前提。

3. 对比择优原则

对比择优原则是指要坚持对各种备选方案进行比较和筛选，对各备选方案的优劣进行综合评价和分析论证。评价方案优劣的关键在于方案实施后经济效益的高低，在保证达到决策目标的条件下，从多种可供选择的备选方案中，选择耗费人力、物力、财力最少，需要时间最短，经济效益最高的方案。

4. 可行性原则

可行性原则是指决策方案必须与公司现实的资源条件相适应。可行性程度的高低是衡量决策正确性的重要标志，决策方案绝不能超越公司现有的主客观条件。

5. 跟踪反馈原则

跟踪反馈原则是指在决策方案付诸实施过程中，必须进行即时信息反馈，密切注意环境变化，采取措施，及时有效地调查发生的各种偏差，并采取有效措施加以调节和控制。

6. 民主原则

决策科学化依赖于决策民主化。决策问题涉及的因素和环节很多，单凭领导者个人的才智和经验难以胜任。因而，搞好经营决策必须要有一套科学的程序和方法，发挥集体智慧和智囊团的参谋作用。

二、公司经营决策的分类和程序

(一) 公司经营决策的分类

1. 按决策问题的重要程度来划分

(1) 战略决策。指事关公司未来发展的全局性、长远性、决定性的重大决策。这种决策旨在提高企业的经营效能，使企业的经营活动与内外部环境的变化保持正常的动态协调。战略决策一般由公司最高管理层制定，故又称高层决策，如公司经营目标和方针的决策，新产品开发决策、投资决策、市场开发决策等。

(2) 管理决策。指战略执行过程中的战术性决策。这种决策旨在提高公司的管理效能，以实现公司内部各环节的高度协调和资源的有效利用。管理决策具有指令化、定量化的特点，其正确与否关系到战略决策能否顺利实施。这种决策一般由公司中间管理层做出，又称中层决策，如生产计划决策、设备更新改造决策等都属于管理决策。

(3) 业务决策。指在日常生产管理中旨在提高生产效率和工作效率，合理组织生产过程的决策。这种决策一般由公司基层管理层做出，又称基层决策，如生产作业计划决策、库存决策等。

战略决策、管理决策和业务决策三者之间，没有绝对的界限，尤其是后两者，在规模较小的公司中缺少明确的管理层级划分。

2. 按决策事件发生的频率划分

(1) 程序化决策。又称常规决策，指在日常工作中以相同或基本相同的形式重复出现的决策。这类决策问题产生的背景、特点及其规律易被决策者所掌握，是经常出现的且已经有了处理的经验、程序和方法，所以，决策者可根据以往的经验或惯例制定决策方案。决策理论将这种具有常规性、例行性的决策称为程序化决策，属于这种决策的有生产方案决策、采购方案决策、库存决策、设备选择决策等。

(2) 非程序化决策。又称非常规决策，指受大量随机因素的影响，很少重复发生，常常无先例可循的决策。这种决策由于缺乏可借鉴的资料和较准确的统计数据，决策者大多对处理这种决策问题经验不足，所以在决策时没有固定的模式和规律可循，完全要靠决策者的判断和信念来解决。决策者及其智囊机构的洞察力、思维、知识以及对类似问题决策的经验将起重要作用。属于这种决策的有经营方向与目标决策、新产品开发决策、新市场的开拓决策等。

3. 按决策使用的方法划分

(1) 定量决策。又称计量决策，指决策者运用统计方法和数学模型，对能用数量表现的决策目标和行动方案进行的决策，如投资和生产规模决策、销售额和费用水平决策等。

（2）定性决策。又称非计量决策，指决策者主要依靠知识、智慧和经验，对无法用数量表现的目标和未来行动的方向、方针、原则、性质和类型进行决策，如组织机构的设置和调整决策、干部的选拔决策、新设备引进决策、新产品开发决策等。

4. 按对决策问题的把握程度划分

（1）确定型决策。指决策者对每种可行方案未来可能发生的各种自然状态及其后果十分清晰，特别是对哪种自然状态将会发生有较确定的把握，这时可以从可行方案中选择一个最有利的方案作为决策方案的决策过程。确定性决策一般运用数学模型求得最优解，如产量、利润决策等。

（2）不确定型决策。指决策者无法确定未来各种自然状态的情况，完全凭借个人的经验、感觉和估计做出的决策。不确定型决策的准确与否直接与决策者或决策集团的经验、认知能力、决策风格和胆略以及采用的决策方法等有着直接的关系，其决策目标的实现也是不确定的。

（3）风险型决策。指未来各种自然状态的发生是随机的，决策者可根据相似事件的历史统计资料或实验测试等估计出各种自然状态出现的概率，并根据大小进行计算分析，据此作出的决策。

5. 按决策目标数量多少划分

（1）单目标决策。指对现象在某个时点上的状态或某个时期发展过程总的结果所做的决策。如公司对当年总产值或利润额的决策。

（2）多目标决策。指在较长时期内，对两个或两个以上相互关联的目标和相应的行动方案作出的决策。

6. 按决策影响的时间来分

（1）长期决策。指事关公司未来发展方向的全局性、长期性、决定性的重大战略性决策，如投资方向的选择、人力资源的开发和组织规模的确定等。

（2）短期决策。指为实现长期战略目标而采取的短期策略手段的战术性决策，如公司日常营销、库存、生产等问题。

（二）公司经营决策的程序

1. 发现问题

决策者通过广泛深入的调查研究，准确、全面、及时地收集整理各种情报资料，发现公司目标同客观实际之间的差距，找出所要解决的关键问题，这是决策过程的起点。

2. 确定目标

决策者应根据组织所处的环境条件及其发展变化趋势，指出一个切实可行的目标。

3. 确定价值标准

在选择价值标准时，要以客观存在的约束条件为基础。

4. 拟订方案

现代公司决策中，由于经济系统及其外部联系的复杂性，必须采用多种方案优选法。

5. 分析评估

拟定备选方案后，要对各个方案实施的可行性用定性分析和定量分析相结合的方法进行论证和评估。

6. 方案优选

方案优选应兼顾整体与局部、长期效果与短期效果之间的关系，以有效合理的标准选择出"令人满意"的决策方案。

7. 实施验证

组织方案的实施过程中应建立起一套完整有效的信息反馈系统，对实施情况进行监督和验证，对偏离决策目标的情况，应及时反馈，以便采取措施加以解决。

8. 追踪决策

决策执行过程中，如果通过信息反馈发现原来的决策有错误，或主客观条件发生了重大变化，原来的决策方案难以继续实施时，还必须进行追踪决策，以便对原来的决策方案进行必要的修正与调整。

以上八个步骤是决策的一般程序，在实际决策过程中，并非一成不变，根据具体的决策问题，各步骤之间可以互相渗透和交叉。

三、经营决策的方法

（一）定性决策法

1. 概念

定性决策法是指专家根据所掌握的公司情况，运用社会学、心理学等多学科的知识及自身的经验和能力，对公司的决策目标、方案和实施提出见解的一类决策方法。它属于决策的软方法，主要做定性分析，用于解决非程序化问题。它适用于数据资料不足的情况，其缺点是缺乏定量分析，对方案的可行性和预期结果缺乏细致论证。

2. 常用的定性决策方法

常用的定性决策方法有头脑风暴法、德尔菲法、名义技术小组法、SWOT分析法和波士顿矩阵法五种。

（二）定量决策法

定量决策法主要是运用数学方法，通过建立数学模型对较复杂的问题进行计算，求得结果，最后经过比较，选出满意方案。它是运用数学分析和电子计算机技术的一类决策方法，在定性分析的基础上作出定量分析，多用于解决非程序化问题。

决策的方法是不断完善和发展的，21世纪由于数学方法和电子计算机日益被应用于决策，于是出现了决策的硬方法，使决策由定性描述发展到定量分析，由经验上升为科学，但这种方法亦具有局限性。例如，数学模型难以包括各种因素及其变化，有些社会因素——政策变化、环境变化等，至今不能用数学语言来表示，所以决策的定性方法和定量方法必须结合使用，不能片面地追求数学化、模型化和计算机化。

定量决策法可分为确定型决策、不确定型决策和风险型决策。

1. 确定型决策的分析方法

确定型决策的特点是在事物自然状态完全肯定的情况下做决策，有规律性，一种方案只有一个结果，易于判断和决策。

常用的确定型决策分析方法有单纯优选决策法和模型优选决策法。

2. 不确定型决策的分析方法

不确定型决策的主要特征表现为未来事件将遇到的几种自然状态虽然知道，但不知其发生的概率，至今尚无公认而完善的决策法则，主观随意性较大，对同一问题，用不同的评优标准可得出不同方案。

常用的不确定型决策的法则有悲观法则、乐观法则、折中法则、懊悔值法则和机会均等法则五种。

3. 风险型决策的分析方法

风险型决策的特点是未来事件发生的概率是确定的，择优法则是确定的，可以按照最佳期望值法则选出最优方案，决策结果是确定的。因为期望值是以概率为权数的加权平均数，最大期望值能否出现仍有风险，故这类决策称为风险型决策。

风险型决策的常用分析方法有决策表分析法和决策树分析法。

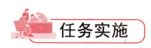

经过知识学习之后，分小组调查和搜集某公司的决策资料，撰写有关该公司的某方面决策报告。

任务考核

在课堂上，通过现场展示的方式，向同学布置小组任务，考核成绩学生互评分占比 70%，教师评分占比 30%。

寻找同一公司在不同时期应对同一问题的决策，比较它们异同，分析原因。

 同步测试

一、选择题

1. 公司经营决策的基本要素，下列说法不正确的是（　　）。

   A. 决策目标

   B. 一种备选方案

   C. 事件遇到的自然状态及其出现的概率

   D. 不同自然状态下各种备选方案得失的预测

2. 公司经营决策的原则中，不包括（　　）。

   A. 信息性原则　　　　　　　　　B. 预见性原则

   C. 对比择优原则　　　　　　　　D. 可行性原则

3. 公司经营决策从不同的角度，有不同的类型，按决策重要程度分不包括（　　）。

   A. 战略决策　　　　　　　　　　B. 管理决策

   C. 业务决策　　　　　　　　　　D. 日常决策

4. 公司经营决策从不同的角度，有不同的类型，按对决策问题的把握程度分不包括（　　）。

   A. 确定型决策　　　　　　　　　B. 不确定型决策

   C. 风险型决策　　　　　　　　　D. 半确定型决策

二、简答题

简述公司经营决策的简单程序。

任务二 编制经营计划

任务描述

公司经营计划的编制，是公司经营活动目标的指标系统，是公司经营策略的具体化，是公司日常经营活动的指导性文件。科学的公司经营计划，能将公司引向健康循环进步的道路，缺乏科学的经营计划会导致公司经营问题频出，状况大起大伏，乃至一败涂地。从事公司经营活动，必须具备科学编制经营计划的知识，能够进行科学的经营计划编制，才能具备基本的科学开展公司经营活动的能力。

任务分析

1. 认知公司经营计划的定义与内容。
2. 会编制简单的公司经营计划。

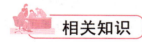

公司的一切生产经营活动都要纳入经营计划之中，引导所有公司活动规范开展，引导全体员工为公司目标稳步前进。

一、编制经营计划的原则

（一）经营计划的含义与作用

1. 经营计划的含义

公司经营计划是公司根据内部条件和外部环境的变化，在对其发展方向和奋斗目标作出战略决策的基础上，为获得更大的经济效益和发展能力，对未来一定时期的公司生产经营活动所做的具体布置和安排。它是指导公司全部生产经营活动的综合性计划，是公司经营思想、经营目标、经营决策、经营方针和经营战略的进一步具体化，是公司生产经营活动及其所需各种资源从时间和空间上做出具体统筹安排的工作,是公司全体员工的行动纲领。

2. 经营计划的作用

(1) 指导作用。经营计划规定了公司在一定时期的经营目标和具体的实施措施,它使公司的生产经营活动有了明确的方向和目标。让公司员工明确目标,可以调动其劳动积极性,为实现经营目标而努力工作。

(2) 组织作用。借助于经营计划,能做到合理地安排人力、财力、物力,使劳动力、原材料、生产工具、资金等各种生产要素有机地结合起来,充分发挥效用,同时合理地组织供、产、销活动,协调内部各环节、内外各方面的关系,从而保证生产经营过程的顺利进行和经营目标的实现。

(3) 监督控制作用。经营计划规定了公司的经营成果、技术措施、生产消耗、原材料物资供应、产品销售等各方面的数量指标和质量要求,在日常的经营管理工作中,就可以经常以这些指标为依据,进行对照检查,发现问题及时反馈,找出偏差及时采取措施加以纠正解决,充分发挥计划的监督和控制作用,保证预期经营目标的实现。

3. 公司经营计划的类型

公司经营计划按照不同的标准可划分为不同的类型。

(1) 按重要性划分计划,可分为战略性计划,即具有全局性、开拓性的计划,对公司长远发展起关键作用,是公司战略管理的重要组成部分;战术性计划,即局部的、短期的计划,保证战略计划的实现,是公司管理决策的重要组成部分;执行计划,是有关单位根据战略计划、战术计划对所承担的具体任务做出的计划,是公司现场作业管理的重要组成部分。

(2) 按空间划分计划,可分为综合计划,即协调公司所有技术经济活动的经营计划;专项计划,即公司的某项具体的技术经济活动而制订的计划。

(3) 按时间划分计划,可分为长期计划,一般5年以上;中期计划,一般1~5年;短期计划,一般一年以内含一年。

(4) 按内容划分计划,可分为营销计划、科研和新产品开发计划、物资供应计划、生产计划、技术改造计划、劳动工资计划、财务计划等等。

(二) 编制计划的原则

1. 系统性原则,亦称全局性原则

公司本身是一个小系统,同时又是社会经济这个大系统中的一个个体,不可能脱离社会经济系统中的其他元素而存在。公司作为个体存在,要处理好内部各种关系,实行自主经营、自负盈亏、自我发展、自我约束。公司作为社会经济的一环,要处理好同社会经济系统中的其他个体的关系，承担某些社会责任，也就是说要服务于社会这个大系统。因此，公司在制订计划时一定要坚持系统性原则，不但要考虑到公司本身，还要从整个系统的角度出发，要认识到公司是整个大系统中的一个小系统，如果不考虑大系统的利益，只顾个体利益，肯定会受到整个系统的惩罚。要处理好局部利益与全局利益的关系，遵循局部服从全局的原则。

2. 平衡性原则，亦称动态协调原则

对任何一个系统来说，平衡才能保证这个系统的良性运转，否则就可能对系统的运转产生不良影响。公司本身及内外环境之间都存在着许多矛盾，平衡就是要把公司内部各部门、产、供、销各环节等影响公司生产经营活动的方方面面进行协调，使之保持一定的、合理的比例关系。但是影响公司生产经营的内外部因素不是一成不变的，因素的变化必然会使计划控制的比例关系出现不平衡现象，这就要求能够协调计划执行过程中出现的不平衡现象，使计划所控制的各种比例关系处在一个动态平衡的状态之中，从而使公司的生产经营活动能在新的基础上适应客观环境的要求，得到更好的发展。

3. 灵活性原则，亦称留有余地的原则

计划必须适应公司自身的特点及其所处的外部环境的发展变化。计划的范围和种类、计划期限的长短、计划指标的繁简、计划制订的程序、计划采用的方法等，都要视企业的需要及其环境变动状况灵活决定，具体情况具体分析，不存在适用于一切公司的最佳模式。计划规定未来的目标和行动，而未来却充满众多的不确定性，因此计划的制订就要保持一定的灵活性，即留有一定的余地，而不是规定得过死或过分强调计划的稳定。在计划执行过程中，更要注意不确定因素的出现，对原计划做出必要的调整或修改。

4. 效益性原则

公司运行都是以取得社会和经济效益为目的的，以有限的消耗获得最大的经济和社会效益，是公司生产经营活动的基本原则。因此，公司的经营计划必须以提高经济和社会效益为中心，不仅要取得产品开发和制造阶段的效益，而且还要考虑产品在流通和使用阶段的效益。公司经营计划要以提高社会和经济效益为中心，正确处理和协调好各种关系，不但要注意投入，特别要注意产出，每一个目标，每一项活动，都要尽可能以最小的投入取得最大的收益。

5. 全员性原则，亦称群众性原则

公司计划的制订和执行不是一个或个别部门，也不是一个员工或部分员工就可以完成的，计划工作带有全员性的特点，要坚持群众路线。在制订计划时，就应全员参加，这种全员参加并不是说所有的员工都参加到制订计划的工作中去，而是指计划的制订应该广泛征求员工们的意见和建议，得到员工们的支持，这是计划能够得以实现的保证。全员性原则要求计划目标的确定应当积极可靠，留有余地，以利于激发员工的积极性和创造性。在计划执行过程中，要经常将计划完成情况和存在的问题告诉员工，使他们能够自觉地执行计划，纠正出现的偏差，保证计划的实现。

二、公司经营计划的编制

（一）编制计划的准备工作

1. 确定计划种类

根据公司实际编制计划的需要确定要编制计划的种类。

2. 确定制订计划的组织形式

在制订计划前，应首先确定计划的组织形式，这需要根据公司规模、类型、内部环境、外部环境及需要制订的计划类型等，来确定计划的参加人员、工作的分工、计划的制订程序和修改程序、计划人员的培训等。

3. 确定计划的制订方法

在制订计划前，应根据计划的性质和要解决的问题，先进行方法和表现形式的设计或选择。常用的计划方法有综合平衡法、计划评审法、线性规划法、滚动计划法等。其中，综合平衡法是基本的计划方法。

4. 准备资料

制订一个好的计划，公司需要掌握充分的内部和外部信息资料，并在此基础上预测计划执行情况的变化。

5. 设计指标体系

建立健全计划指标体系时，必须从公司的生产经营特点和提高管理水平的实际需要出发，建立起包括员工、部门、公司整体的计划指标体系，这样才能把公司的全部生产经营活动纳入统一计划的轨道，便于对各项工作进行考核和评价，促进公司目标的实现。

6. 设计计划表格

计划表格结构应与计划结构相一致，即一种计划要有一个表格。但是计划表格的格式并不像计划那样多，基本的有三种：一是计划平衡表，主要用以表示生产能力、资金和物资等的平衡关系；二是生产经营计划表，主要用以表示各单位在计划期应完成的计划任务；三是工程项目进度表，主要用以表示科研、新产品开发、建设项目、技术改造的内容和进度等。

(二) 公司经营计划的编制

1. 长期经营计划的编制

长期经营计划是根据国家的有关政策、国内外市场的需要、公司本身的实力等方面的编制的，主要分以下三个阶段：

(1) 研究公司外部经营环境和公司内部条件。公司外部经营环境，既为公司发展提供机会，又对其发展起一定的制约作用。对外部经营环境进行科学分析，能发现给公司带来发展机会和制约发展的因素。公司内部条件分析，主要是寻找公司本身的长处和薄弱环节，在制订计划时，可以扬长避短。

(2) 提出总体规划目标，主要包括发展计划目标即投资和建设目标、产品质量规划目标、产品结构目标及新产品开发目标、员工人数及结构目标和技术改造目标等；效益目标即公司盈利目标、降低成本目标、提高资金利润率目标等；员工收入和集体福利目标即员工平均收入增加目标、改善员工福利条件、员工办公和生产环境目标、售后服务目标等；市场开拓目标即产品销售目标和售后服务目标等。

(3) 制订长期经营计划，一般步骤是：由规划部门把公司内外环境分析结果，以及确定的总体规划目标下达给公司各部门；公司内各部门按总目标的要求，根据本公司和本部门的实际情况编制专项计划草案；由公司规划部门对各专项计划进行综合平衡，制订公司总体规划草案，再分发给公司各部门；公司内各部门对规划部门下发的规划草案进行研究，提出补充和修改意见；规划部门根据各部门提出的修改意见，再一次进行修订，确定出切合实际的计划；把确定好的长期经营计划下发到公司各部门。

2. 年度经营计划的编制

公司的年度经营计划是短期计划，是公司长期经营计划的具体化和补充，是指导公司全体员工计划年度内生产经营活动的行动纲领。

(1) 年度经营计划的主要内容包括：销售计划、产品质量计划、新产品开发和品种发展计划、生产计划、辅助生产计划、技术改造计划、劳动力计划、物资供应计划、设备供应利用及维修计划、能源节约计划、运输计划、财务计划、成本计划和利润计划等。

(2) 年度经营计划的编制。一般分为六个步骤：编制计划前的准备工作、确定具体目标、进行综合平衡、编制计划草案、评价计划和调整计划。

三、经营计划编制的技术方法

经营计划编制常常采用一些定量和定性的方法，最常用的有综合平衡法、滚动计划法、PDCA 循环法、网络计划法和线性规划法等。

（一）综合平衡法

综合平衡法就是根据客观规律的要求，为实现计划目标，做到计划期的有关方面或者有关指标之间的比例适当，相互衔接，彼此协调，利用平衡表的形式，经过反复平衡分析计算来确定计划指标。

平衡的主要内容有：

（1）生产任务与生产能力之间的平衡。

（2）生产任务与劳动力之间的平衡。

（3）生产任务与物资供应之间的平衡。

（4）生产任务与成本、财务之间的平衡。

（二）滚动计划法

将计划分为若干期，近期计划具体详细，它是计划的具体事实部分，具有指令性。远期计划则较简单笼统，是计划准备实施的部分，具有指导性。计划执行一定时期后，根据具体情况和环境变化，对以后各期的计划内容进行适当的修改调整，并向前延续一个新的执行期，即向前滚动一期，滚动计划示意图如图 2-6 所示。

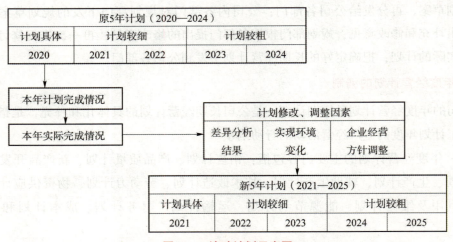

图 2-6　滚动计划示意图

（三）PDCA 循环法

PDCA 循环法，就是按照计划-Plan、执行-Do、检查-Check 和处理-Action 四个阶段的顺序，周而复始地循环进行计划管理的一种工作方法。因由美国人戴明首先提出，又称戴明循环法。

这种方法的主要内容是：在计划阶段，确定公司经营方针、目标，制订经营计划，并把经营计划的目标和措施落实到公司各部门、各环节；在执行阶段，各部门、各环节组织实施制订的各项具体计划；在检查处理阶段，根据检查的结果，采取措施，修正偏差，并转入新的一个循环。每一次循环都有新的内容和要求，完成一个循环就应解决一些问题，使计划水平有进一步的提高。公司的各个层次的计划都实行 PDCA 循环，可以使计划的编制、执行、控制有机结合起来，提高公司计划时效。

（四）网络技术计划法

网络技术即计划评审术，又称关键路线法，在我国也称统筹法。网络技术计划法就是利用网络技术理论制订计划，并对计划进行评价、审定的技术方法，是有计划地组织生产活动的一种科学方法，特别适用于大型工程建设项目的计划管理方面。

网络技术计划法的基本原理是：首先，应用网络图的形式来表达一项计划中的各项工作的先后顺序和相互关系。其次，通过计算找出计划中关键工序和关键路线，然后通过不断改善网络图选择最优方案，并在计划执行过程中进行有效的控制和监督，保证取得最佳的经济效益。

（五）线性规划法

线性规划法就是通过建立线性规划模型，来求解最优方案。

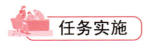

经过知识学习之后，分小组调查和搜集某公司的经营计划资料，撰写有关该公司的经营计划方面的报告。

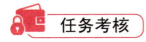

在课堂上，通过现场展示的方式，向同学布置小组任务，考核成绩学生互评分占比70%，教师评分占比30%。

寻找同一公司在不同时期应对同一问题的经营计划，比较它们异同，分析原因。

家政服务公司经营与管理

 同步测试

一、选择题

1. 公司经营计划对公司运营发展有着不可替代的作用，这些作用不包括（   ）。
   A. 指导作用				B. 组织作用
   C. 监督控制作用			D. 道德引导作用
2. 公司经营计划按照时间划分，不包括下列的（   ）。
   A. 短期计划				B. 中期计划
   C. 中长期计划				D. 长期计划
3. 公司经营计划的编制，从社会经济的总体进行考虑的系统性原则，又称（   ）。
   A. 全局性原则				B. 整体性原则
   C. 立体性原则				D. 社会性原则
4. 公司经营计划制订的组织，不包括（   ）。
   A. 参加人员组织			B. 分工组织
   C. 制定修改程序组织		D. 生产资源的组织

二、简答题

简述公司经营计划制定的准备工作。

任务三 经营计划的执行与控制

任务描述

公司经营计划的执行与控制，可以说就是公司的日常运营。但从经营计划的执行与控制的角度来看待公司日常运营，就是把公司的运营，分解为三个科学的部分，即科学的经营计划制订、经营计划执行与经营计划控制。上一任务学习了如何科学地制订经营计划，本任务的重点是如何将科学制订的经营计划的作用在公司运营事件中充分发挥出来。这需要科学严谨的执行过程和对执行过程的控制。

模块二 公司经营与管理

任务分析

1. 认知公司经营计划的执行过程。
2. 认知公司经营计划的控制过程。

相关知识

公司经营计划的执行主要包括两个环节：一是将计划目标层层落实下去，做到层层有对策，并按计划组织公司的经营活动；二是在计划的执行中对计划进行修正和调整，也就是计划的控制工作。

一、公司经营计划执行控制的任务

计划控制的任务是发现计划执行结果与计划之间的偏差，并分析偏差和纠正偏差。

（一）发现偏差

在计划执行过程中通过各类手段和方法，分析计划的执行情况，以便发现计划执行中存在的实际结果与计划不一致的问题，即发现偏差。计划是在分析环境、预测市场的基础上制订出来的，由于环境的不确定性和预测的不完全可定性，不可避免地给计划的执行带来隐患。为了保证计划执行的准确性和科学性以及企业目标的实现，就必须对计划的执行从上到下进行实时监控，以便及时发现偏差，否则就有可能影响到计划的执行和公司目标的实现。

（二）分析偏差

分析偏差实际上是对计划执行过程中出现的问题和偏差进行研究，找出问题和偏差产生的原因是计划制订得不合理还是计划执行得不合理，如果是计划执行出现偏差，则找出造成偏差的主要原因、环节和责任单位，以便采取针对性的措施；如果是计划制订得不合理，则要考虑对计划调整和修改。

（三）纠正偏差

通过分析偏差，知道了产生偏差的主要原因，这时就要根据偏差产生的原因采取针对性的纠正偏差对策，使公司生产经营活动能按既定计划进行或者修改计划，以便它能继续指导公司生产经营活动。经过发现问题、分析问题和解决问题这样的控制过程，就可使公司的经营计划达到新的平衡。

二、公司经营计划执行控制的步骤

（一）确立目标

判断计划是否完成，必须有客观的标准，所以要控制就必须有标准。公司计划的指标、各种技术的经济定额、技术要求等，都是检查计划执行情况的标准。

（二）测定执行结果

控制是为了及时纠正执行结果与目标之间的偏差，那么就首先必须要知道执行的结果。因此，需要通过适当的手段来测定计划的执行结果，一般是通过统计报表和原始记录等资料测定计划执行结果。这些资料越准确、越完整，测定的结果就越准确，反映得越及时，控制的效果也就越好。

（三）比较执行结果

即将测定的执行结果与目标进行比较分析。比较分析的目的是看执行结果是否与目标发生偏差。在实际工作中，总会出现一些偶然性偏差，这是正常现象。但是，出现较大的偏差，一要分析这些偏差对计划执行影响的程度；二要查明出现偏差的原因，是客观条件发生了变化，还是执行过程不够准确或是计划目标制定过高。比较分析常用的手段是计划执行情况图表。一些公司的日常管理已经信息化，以上偏差比较分析就可借助数字信息管理系统完成。使用计算机数字管理系统，收集基础资料，利用计算机系统软件进行分析比较，可以更及时、更准确地反映计划的实际执行情况。

（四）纠正偏差

一般来说，纠正偏差有两种选择：一是采取措施，使执行结果接近目标；二是修正目标，进行这种选择时一定要慎重，计划的修改可以说是牵一发而动全身，只有发现在目标制定后，对目标有重大影响的某些条件和因素发生了意外的变化或者在制定目标时，对一些影响目标实现的前提条件和因素的预测出现了较大失误，才有必要修改计划。在这两种情况下，即使采取措施，也不能使偏差消除，那么就要修订目标本身，调整计划。

计划的执行和控制与计划的制订一样带有全员性，需要全体员工在计划的执行过程中随时注意自己所要完成的计划与执行情况之间有什么不同，对出现的任何偏差都不要放过，及时反馈计划执行情况，要根据过去计划的执行情况进行分析和预测，以便发现影响计划完成的隐患，能够有预见性地采取措施或者调整计划，尽可能做到公司的运营不偏离计划。如果需要调整计划时，也要尽可能做到预见准确，调整及时，以便使公司目标能够顺利实现。

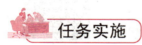

经过知识学习之后，分小组调查和搜集某公司的经营计划项目资料，随着项目的推进，该计划有哪些调整，撰写相关报告。

在课堂上，通过现场展示的方式，向同学布置小组任务，考核成绩学生互评分占比70%，教师评分占比30%。

综合实训

寻找某一公司的经营计划，假定该计划的外部某条件发生变化，尝试制订新的执行方案。

 同步测试

一、选择题

1. 公司经营计划的执行，在现实过程中总会发生一些偏差，它们不包括（   ）。
   A. 投资数额不足　　　　　　　B. 外部环境变化不如预期
   C. 员工行动不达标　　　　　　D. 部门间协作不达标
2. 公司经营计划在执行过程中，（   ）情况下需要修改原计划目标。
   A. 公司员工有大量更新　　　　B. 计划效益目标没有达成
   C. 计划投资额削减　　　　　　D. 计划主要负责人变更

二、简答题

简述公司经营计划控制的基本步骤。

项目三　公司各环节管理

公司各环节管理

【项目介绍】

通过了解本项目的基本情况，结合教材相关知识，借助线上和线下资源，深入学习公司管理的基本内容，掌握每个管理环节的具体流程和管理方法，具有现代化科学管理理念，具备统筹协调公司一切有效资源的能力，能够运用科学的方法对公司进行管理运营。

【知识目标】

1. 熟知公司管理的基本内容。
2. 熟知公司管理各环节的具体流程和方法。
3. 熟知现代科学管理相关理论知识。

【技能目标】

1. 具备统筹协调公司资源的能力。
2. 具有应对公司突发事件的能力。
3. 能够运用科学管理方法开展公司运营与管理。

【素质目标（思政目标）】

1. 具备现代化科学管理理念。
2. 能够学会运用辩证法的思维看待企业的经营与发展。
3. 具有法律意识，企业经营应在法律允许的范围内。

案例引入

思科（Cisco）在1994年还是年销售额只有1.2亿美元的小公司，然而自1995年开始，短短三年公司迅速壮大，其成就令人瞠目结舌，销售额从1.2亿美元猛增到80亿美元，员工从2 500人发展到1.3万人，三年来股票飙升了800%，1997年年初市值为450亿美元，1998年年初为726亿美元，而1999年年初竟超过1 000亿美元。从上市起到超过1 000亿美元仅花了八年半时间，这在历史上是绝无仅有的。

这一切成就得益于1995年出任思科总裁的约翰·钱伯斯（Chambers），自上任之后，他对外奉行客户第一的路线，对内真诚待人调动全体员工的积极性，抓住因特网疯涨的机遇，一边用路由器"铺桥修路"，一边进行收购，使思科空前发展，自己也成为网络新贵。

钱伯斯的经营策略大致可以归为四点：广集客源，为客户提供"从外壳到内核"的解决方案；避实就虚，防止与对手正面冲突；先声夺人，为网络设定软件标准；合作连横，选择最佳战略伙伴。思科的强项不仅仅在于技术上，而在于它的价值观、文化观和一个关注发展速度与环境的管理团队。他认为，用户是思科公司文化和业务方式的核心，正是用户的信任使公司始终领先于市场的变化。

任务一 营销管理认知

任务描述

市场营销是企业经营管理的重要内容之一，要做好市场营销工作，就必须对市场营销的各个环节和要素进行有效的管理。市场营销观念是企业开展市场营销工作的指导思想，市场营销工作指导思想正确与否对于企业经营的成败具有决定性的意义。根据企业的经营战略，识别、分析、选择和利用市场营销机会，能够让公司服务及相关产品适应市场环境，实现企业营销的管理过程，从而实现企业的目标和价值。

任务分析

1. 了解公司营销的相关知识，掌握市场营销的方法和策略。
2. 树立市场营销的观念，能够掌握市场营销的管理过程。

相关知识

一、市场营销

企业要进行科学的市场营销管理，必须了解市场营销观念的演变过程，从而树立正确的市场营销观念。

（一）市场营销的概念

1. 市场的定义

市场是社会生产和社会分工发展的产物，狭义的市场是指买方和卖方聚集在一起进行交换的实地场所；广义的市场是指商品和劳务交换的场所、领域及其关系的总和。市场包括三个要素：有某种需要的人（购买者）、满足某种需要的购买能力和购买欲望。

用公式表示为：市场＝人口×购买力×购买欲望。

市场的这三个要素相互制约，缺一不可，共同决定着市场的规模和容量。例如，一个地区人口很多，但由于当地经济不发达，收入较低，购买力有限，则不能构成一个很大的市场；而另一个地区经济很发达，收入很高，购买力很强，但是人口很少，也不能构成一个大市场。只有人口多、购买力强，并有对某种商品强烈的购买欲望，才能构成某种商品的较大市场。

2. 市场营销的概念

市场营销是企业为了满足市场需要，以有效实现经营目标为目的，有计划地促进商品交换的行为和过程的综合，是通过创造和交换产品与价值，从而使个人或群体满足欲望和需要的社会过程。它包括市场调研、选择目标市场、产品开发、产品促销等一系列与市场有关的企业业务经营活动。

（二）市场营销的观念

1. 生产观念

生产观念又称生产中心论，是一种最古老的经营观念，它产生于20世纪20年代以前。该观念认为，消费者喜欢那些买得到的价格低廉的产品。因此，企业应组织所有资源，提高劳动效率，扩大生产，拓展市场。生产观念是一种重生产、轻营销的企业指导思想。在短缺经济的情况下，生产观念是指导市场营销的有效观念。

2. 产品观念

随着社会经济水平的提高，产品观念应运而生。该观念认为，消费者喜欢那些质量优、性能好、有特色、价格合理的产品，企业应致力于提高产品质量，只要做到物美价廉，消费者就会找上门，无须大力推销。在产品供给不太紧张的情况下，产品观念是指导市场营销的有效观念。在20世纪30年代以前，多数西方企业广泛奉行这一观念。

3. 推销观念

自20世纪30年代以来，由于科学技术的进步，产品数量迅速增加，产品质量不断提高，买方市场开始在西方国家逐渐形成。该观念认为，消费者通常表现出一种购买惰性或抗衡心理，消费者一般不会足量购买某一企业产品。因此，企业必须积极推销和大力促销，以刺激消费者大量购买本企业产品。推销观念是从卖方市场向买方市场的转变过程中产生的。

4. 市场营销观念

市场营销观念又称需求中心论。它产生于20世纪50年代中期。该观念认为，实现企业营销目标的关键在于正确掌握市场的需求，调整整体市场营销组织，使企业能比竞争者更有效地满足消费者的需求。这种营销观念的具体表现是消费者需要什么就卖什么，而不是企业自己能生产什么就卖什么。

5. 社会营销观念

社会营销观念又称社会中心论。它产生于20世纪70年代西方资本主义国家能源短缺、通货膨胀、失业增加、环境污染严重、消费者保护运动盛行的新形势下。该观念认为，企业提供的产品不仅要满足消费者的需求与欲望，而且要符合消费者和社会的长远利益，企业要关心与增进社会福利，企业的营销决策必须全面兼顾企业利润、消费需求、社会利益三方面的统一。

6. 大市场营销观念

大市场营销观念是对传统市场营销组合战略的不断发展，它产生于20世纪80年代。该观念认为，企业为了进入特定的市场，并在那里从事业务经营，在策略上应协调地运用经济的、心理的、政治的、公共关系等手段，以取得外国或地方各方面的合作与支持，从而达到预期的目的。大市场营销战略在4P（产品、价格、渠道、促销）的基础上加上2P（权力、公共关系），从而进一步扩展了营销理论。

（三）市场营销的策略

1. 整体市场营销

1992年，美国市场营销学界的权威菲利普·科特普提出了跨世纪的营销新观念——整体市场营销。整体市场营销是指企业从长远利益出发，对与企业经营有关的所有行为者开展全方位的市场营销活动。整体市场营销主要包括供应商、分销商、最终顾客、职员、财务公司、政府、同盟者、竞争者、传媒和一般大众。前四者构成微观环境，后六者体现宏观环境。企业的营销活动就是要从这十个方面进行。

2. 关系市场营销

从20世纪80年代起美国理论界开始重视关系市场营销，即为了建立、发展、保持长期的、成功的交易关系进行的所有市场营销活动。它的着眼点是与企业发生关系的供货方、购买方、侧面组织等建立良好稳定的伙伴关系，最终建立起一个牢固、可靠的业务关系组成的"市场营销网"。以追求各方面关系利益最大化。这种从追求每笔交易利润最大化转变为追求同各方面关系利益最大化是关系市场营销的特征，也是当今市场营销发展的新趋势。关系市场营销的基础和关键是"承诺"与"信任"。

3. 绿色营销

绿色营销是随着现代企业经营环境的变化而产生的。绿色营销是指企业以环境保护观念作为其营销哲学思想，以绿色文化为其价值观念，以消费者的绿色消费为中心和出发点，力求满足消费者绿色消费需求的营销策略。通过绿色营销活动，协调了企业利益、保护环境、社会发展三者的关系，使经济的发展既能满足当代人的需求，又不至于对后代生存和发展构成危害和威胁。绿色营销观念将在企业的市场营销中产生越来越重要的影响。

4. 网络营销

进入 21 世纪，随着信息技术的迅猛发展，特别是以互联网为核心的网络技术的发展与应用，整个社会将进入全新的网络经济时代。企业借助因特网开展的一系列的营销活动称为网络营销。网络营销使消费者和企业可以同时发布和接收信息，直接进行沟通，企业的营销活动一对一地进行，充分满足消费者的个性化需求，不仅可以减少中间环节，还可以大大降低交易成本。网络营销将成为 21 世纪的主要营销方式。

5. 定制营销

进入 20 世纪 90 年代后期，各种媒体的现代化信息传动使消费者价值取向进一步多变，消费者将目光转向"个性化"和"多元化"。商品的消费不光是给人物质上的享受，更重要的是带来一种标新立异的精神满足感。在市场上找不到合意的商品后，消费者就希望能借助于企业为自己定制。定制营销是指企业在大规模生产的基础上，将每一位顾客都视为一个单独的细分市场，根据个人的特定需求来进行市场营销组合，以满足每位顾客的特定需求的一种营销方式。

二、营销的管理过程

（一）分析市场环境

1. 营销环境分析

所谓营销环境，是指与企业营销活动有关的所有力量和影响因素的集合。营销环境是企业营销活动的约束力量，其影响主要表现在两个方面：一是为企业营销提供机会；二是对企业营销造成障碍和威胁。因此，企业应通过对营销环境深入持续的研究，自觉地识别和利用市场机会，规避环境威胁，充分发挥自身的优势，克服劣势，制定正确的营销决策，以实现营销目标。

企业的营销环境可以划分为微观环境和宏观环境两大方面。微观环境主要包括企业内部环境、同盟者、顾客、竞争者和公众等因素；宏观环境由能够对企业产生重要影响的几大社会力量形成，反映了一个国家和社会发展变化状况，包括人口、政治法律、社会文化、经济、技术、自然等环境。

2. 市场机会分析

市场机会是指在某种特定的营销环境条件下，企业可以通过一定的营销活动获得利润的机会。市场机会的产生来自营销环境的变化，如新市场的开发、新产品新工艺的采用等，都可能产生新的需求，从而为企业提供营销机会。

企业需要在千变万化的营销环境中找出价值最大的市场机会，市场机会的价值大小由市场机会的吸引力和可行性两方面因素决定。

（1）吸引力大、可行性弱的市场机会。一般来说，该种市场机会的价值不会很大。

（2）吸引力、可行性俱佳的市场机会。该类市场机会的价值最大，营销人员要善于抓住此类市场机会。

（3）吸引力、可行性皆差的市场机会。通常企业不会去注意该类价值最低的市场机会。

（4）吸引力小、可行性大的市场机会。该类市场机会的风险低，获利能力也小，通常稳定型企业和实力薄弱的企业以该类市场机会作为其常规营销活动的主要目标。

同一市场形势对不同企业表现为不同的机会。这是因为对不同经营环境条件的企业，市场机会的利润率和发展潜力等影响吸引力大小的因素状况以及可行性均会有所不同。

（二）选择目标市场

企业选择目标市场的过程可以概括为市场细分、目标市场的选择和市场定位三个衔接的环节。

1. 市场细分

所谓市场细分，就是指在市场调查的基础上，按不同的标准，将整个市场分为若干群体，每个群体是一个子市场，每个子市场内部有相似的欲望和需要。市场细分的标准（依据）包括地理、人口、心理、行为等。市场细分有助于营销管理者确定市场开发重点，制定有效的营销策略，从而在激烈的市场竞争中取得优势地位；另外，市场细分也有助于企业降低营销成本。

2. 目标市场的选择

目标市场的选择，就是企业在市场细分的基础上，选择一个或若干个子市场（细分市场）作为自己产品的销售对象即目标市场。目标市场选择的原则是内外结合，即市场吸引力、企业资源（有形、无形）、优势、价值观念等因素的协调一致。

3. 市场定位

市场定位就是企业在市场细分、目标市场选择的基础上，紧密结合目标市场的需求和喜好，全方位地设计、强化产品特点，强有力地塑造出本企业产品与众不同的、给人印象鲜明的个性或形象，并把这种形象生动地传递给顾客，从而使该产品在市场上确立适当的位置。

（三）制定营销组合策略

营销组合又称4Ps，4P分别指产品（Product）、价格（Price）、渠道（Place）、促销（Promotion）。它是指企业针对选定的目标市场，综合运用4Ps的营销策略和手段，组合成一个系统化的整体策略，以达到企业的经营目标，并取得最佳经济效益的过程。

（四）实施营销策略

营销策略需要通过营销组织、营销执行与营销控制等环节实施，从而实现营销管理。

1. 营销组织

营销组织应制定营销计划，营销计划需要借助一定的组织系统来实施，需要执行部门将企业资源投入到营销活动中去，需要控制系统考察计划执行情况，诊断产生问题的原因，进而采取改正措施，或改善执行过程，或调整计划本身使之更切合实际。

2. 营销执行

分析营销环境、制定营销战略和营销计划是解决企业营销管理活动应该"做什么"和"为什么要这样做"的问题；而营销执行则是要解决"由谁去做""在什么时候做"和"怎样做"的问题。营销执行包括制定行动方案、建立组织机构、设计决策和报酬制度、开发人力资源、建立企业和管理风格等环节。

3. 营销控制

营销控制就是要求营销负责人对营销计划的执行情况进行监督和检查，提出整改措施，保证营销计划的顺利实施。营销控制过程一般包括四个步骤。

（1）管理部门设定具体的营销目标。

（2）衡量企业在市场营销中的实际业绩。

(3) 分析营销目标和实际业绩之间的差异大小，并寻找存在差异的原因。
(4) 管理部门采取正确的行动，以此弥补目标与业绩之间的差距。

 **任务实施**

根据本节课知识内容，结合现实公司案例，能够指出公司所运用的营销策略，分析营销策略的优势和特点。

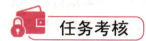 **任务考核**

在课堂上，通过现场展示的方式，向同学布置小组任务，考核成绩学生互评分占比70%，教师评分占比30%。

 **综合实训**

根据所学知识，选取案例，制定合理的营销方案。

 同步测试

一、选择题

1. 营销组合又称 4Ps，4P 不包括（　　）。
   A. 产品　　　　　　　　　　B. 质量
   C. 渠道　　　　　　　　　　D. 促销

2. 市场机会的价值大小由市场机会的吸引力和可行性两方面因素决定，下列说法不正确的是（　　）。
   A. 吸引力大、可行性弱的市场机会。一般来说，该种市场机会的价值会很大
   B. 吸引力、可行性俱佳的市场机会。该类市场机会的价值最大，营销人员要善于抓住此类市场机会
   C. 吸引力、可行性皆差的市场机会。通常企业不会去注意该类价值最低的市场机会
   D. 吸引力小、可行性大的市场机会。该类市场机会的风险低，获利能力也小

3. 企业以环境保护观念作为其营销哲学思想，以绿色文化为其价值观念，以消费者的绿色消费为中心和出发点，力求满足消费者绿色消费需求的营销策略被称为（　　）。
   A. 整体市场营销　　　　　　B. 绿色营销
   C. 网络营销　　　　　　　　D. 定制营销

4. 推销观念认为（　　）。

A. 消费者通常表现出一种购买惰性或抗衡心理，消费者一般不会足量购买某一企业产品

B. 实现企业营销目标的关键在于正确掌握市场的需求，调整整体市场营销组织，使企业能比竞争者更有效地满足消费者的需求

C. 企业提供的产品不仅要满足消费者的需求与欲望，而且要符合消费者和社会的长远利益，企业要关心与增进社会福利

D. 企业为了进入特定的市场，并在那里从事业务经营，在策略上应协调地运用经济的、心理的、政治的、公共关系等手段，以取得外国或地方各方面的合作与支持，从而达到预期的目的

二、简答题

简述营销策略管理的具体环节，并举例说明。

生产运营管理

任务描述

生产是社会再生产过程的首要环节，是企业的基本职能。作为现代企业显著特征之一的现代企业大生产，必须有严密的生产管理作为强有力的保证。生产过程分为准备生产、基本生产、辅助生产以及生产服务四个环节，合理组织生产过程，使生产过程始终处于最佳状态，是保证企业获得良好经济效益的重要前提之一。

 任务分析

1. 了解生产过程组织的内容，能够制订生产计划，控制生产进度。
2. 应用科学的管理制度和方法，对生产现场进行有效管理。

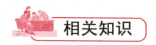 **相关知识**

一、组织生产过程

生产管理的任务就是通过合理组织生产过程从而实现企业的经营目标,因此,必须按照一定的要求来合理组织生产过程。生产过程包括空间组织和时间组织两项基本内容。

(一) 生产过程的空间组织

生产过程的空间组织是指在一定的空间内,合理地设置企业内部各基本生产单位。

1. 工艺专业化形式

工艺专业化形式是以工艺特征建立生产单位的模式。工艺专业化形式将同类型的机器设备和同工种的工人集中起来,建立生产单位,对不同的产品进行相同工艺的加工。工艺专业化形式一般适用于多品种、小批量的生产类型和同类设备较多的企业。

2. 对象专业化形式

对象专业化形式是以加工的产品为对象划分生产单位的模式。对象专业化形式将不同类型的机器设备和不同工种的工人集中起来,建立一个生产单位(车间、工段等),对相同的产品进行不同工艺的加工。对象专业化形式一般适用于大批量的生产类型和标准化、自动化较高的企业。

3. 混合形式

混合形式是指把工艺专业化和对象专业化结合起来设置生产单位。具体有两种方法,一是对象专业化的基础上,适当采用工艺专业化形式;二是在工艺专业化的基础上,适当采用对象专业化形式。

(二) 生产过程的时间组织

生产过程的时间组织是产品生产过程各环节在时间上的衔接和结合的方式。产品生产过程各环节在时间上的衔接程度,主要表现在劳动对象在生产过程中的移动方式。一般有三种移动方式,即顺序移动、平行移动、平行顺序移动。

1. 顺序移动

顺序移动方式指一批零件在前一道工序全部加工完毕后,整批转移到下一道工序进行加工的移动方式。在顺序移动方式下,零件按工艺顺序整批加工和移动,设备连续加工,因此运输工作量较小,效率较高。但由于零件单件加工时间不同,零件需要等待加工和运输,因而整批零件的加工周期很长。顺序移动方式一般适用于批量小、单件工序时间短的生产。

2. 平行移动

平行移动方式是指一批零件中的每个零件在每道工序完毕以后,立即转移到下道工序加工的移动方式。平行移动方式形成了各个零件在各道工序上平行移动进行加工的作业方式,不会出现零件成批等待加工和运输的现象,因此整批零件的加工周期最短。但当零件单件加工时间不相等时,设备和人力需要间歇停顿和等待;同时运输频繁加大了运输工作量。平行移动方式一般适用于批量大、单件工序时间长的生产。

3. 平行顺序移动

平行顺序移动方式是顺序移动与平行移动两种方式的结合运用。平行顺序移动方式是指每批零件在每道工序上连续加工没有停顿,且零件在各道工序的加工尽可能做到平行的方式。该方式基本消除了加工间歇停顿现象,可以保证设备的充分负荷,能有效利用工时,但安排加工进度比较复杂。平行顺序移动方式一般适用于批量大、单件工序时间较长的生产。

二、生产计划与生产作业控制

生产计划与控制是生产系统运行的重要组成部分,其任务是把事先确定的生产目标和任务通过生产计划的方式进行全面安排,根据计划对生产过程进行动态控制,保证生产系统有效产出。

(一)生产计划

企业的生产计划是企业经营计划的主要组成部分,生产作业计划是年度生产计划的具体执行计划。正确制订生产计划与生产作业计划,不仅可以使企业生产的产品在品种、质量、数量和生产时间上满足市场需要;同时,又能促使企业充分利用人力、物力和财力,降低成本,增加利润,创造更多价值。

1. 生产计划的概念

生产计划是企业生产管理的依据,它是对企业的生产任务作出的统筹安排,规定了企业在计划期内产品生产的品种、质量、数量和进度等指标。生产计划按照时间可划分为长期计划、中期计划与短期计划。长期计划一般是企业生产长远规划,按五年或更长期限编制;中期计划是按两年或三年编制;短期计划一般是年度生产计划和时间更短的生产作业计划。

2. 生产计划的主要指标

企业生产计划的中心内容是确定生产指标。生产计划的主要指标包括品种指标、质量指标、产量指标、产值指标等。这些指标的经济内容相同，它们从不同角度反映企业计划期内的生产成果、生产技术水平和经营管理水平。

（1）品种指标。是企业在报告期内规定生产的产品名称、型号、规格、种类和数量。

（2）质量指标。产品质量指标包括两大类：一类是反映产品本身内在质量的指标，主要是产品平均技术性能、产品质量等；另一类是反映产品生产过程中工作质量的指标，如质量损失率、废品率、成品返修率等。

（3）产量指标。是指企业在一定时期内生产的、符合产品质量要求的实物数量和工业性劳务的数量。

（4）产值指标。用货币表示的产量指标，能综合反映企业生产经营活动成果，以便进行不同行业间比较。根据具体内容与作用不同，分为商品产值、总产值和净产值三种形式。

产品的品种、质量与产量指标在生产计划中起主导作用，企业在编制生产计划时，一般应首先安排产品品种、质量与产量，然后计算产值。产值指标分为工业总产值、工业增加值与工业销售产值三种形式。

3. 编制生产计划

编制生产计划的主要内容是确定生产计划指标。确定这些指标的原则是：既要满足社会需要，又要符合企业的实际能力，把社会需要与企业生产能力结合起来，搞好综合平衡。

（1）收集资料，做好调查研究和市场预测。

（2）提出生产计划方案，并选择最佳方案。

（3）各部门共同讨论修订生产计划并批准实施。

（二）生产作业控制

生产作业计划在执行过程中的监督、检查、调度和校正称为生产作业控制。生产作业控制的内容包括生产调度、生产进度控制、在制品占用量控制。

1. 生产调度

生产调度是指对执行生产作业计划的过程直接进行控制和调节，主要内容包括：

（1）检查生产作业准备进行情况，协助和督促有关部门做好这项工作。

（2）检查生产作业计划的执行情况，掌握生产动态。

（3）根据生产需要合理调配劳动力，保证各生产环节协调地进行生产。

（4）检查和了解设备的运行和利用情况，协助和督促有关部门做好设备的维修保养工作。

(5) 组织好厂级和车间的生产调度会议，研究和制定克服生产中薄弱环节的措施，并组织有关部门限期解决。

(6) 检查和调整厂内运输工作。

2. 生产进度控制

生产进度控制是指对原材料投入生产到成品入库为止的全过程进行控制，包括时间控制和数量控制两个方面。生产进度控制的主要内容包括投入进度控制、出产进度控制、工序进度控制和在制品控制。

3. 在制品占用量控制

在制品占用量控制是指对生产过程各个环节的在制品实物和账目进行控制。主要包括：控制车间内各工序之间在制品的流转和跨车间协作工序在制品的流转，加强对在制品流转的控制检查。

三、生产现场管理

生产现场是指从事产品生产和提供劳务服务的场所。生产现场管理是指应用科学的管理制度和方法，对生产现场的各种生产要素即人、机、料、方法、环境、资金、信息等的管理，使之有效地实现最优组合。常用的生产现场管理方式有以下几种。

（一）5S 管理

5S 管理是指对生产现场各生产要素所处的状态不断地进行整理、整顿、清扫、清洁和素养的管理活动。

1. 整理

(1) 把生产现场所有物品清查一遍，分析物品的功能，做出要与不要的区别。

(2) 做出分类之后，把所有物品放在原位。

2. 整顿

(1) 物质放置要有固定的场所。不需要花费时间去寻找，随手就可以把物品拿到手。

(2) 物品摆放的地点要科学合理。科学地设计摆放地点与作业点的距离，按使用频率高低的顺序摆放，常用的放近些，偶尔使用或不使用的则放远些。

(3) 物品摆放要目视化。物品要按照一定的规则进行定量化摆放，过目知数，不同物品要用不同的色彩标记。

3. 清扫

清扫是指员工对生产现场的设备、工具、材料、场地等进行清理打扫，保持现场清洁整齐，并检测是否存在异常。

4. 清洁

清洁是指对经过整理、整顿、清扫之后的日常维持活动，形成制度化、规范化。它包括生产现场环境的整洁、整齐、美观，生产现场设备、工具、物品干净整齐，没有垃圾、噪声和污染，生产现场各类人员着装、仪表、仪容整洁。

5. 素养

素养是努力提高员工的素养，遵守规定的事项，自觉执行各项标准，并养成习惯，是 5S 的最终目标。

（二）定置管理

定置管理是科学处理生产现场人、物、场所三者之间的关系，实现三者最佳结合状态的管理方法。它以物在场所的科学定置为前提，以完整的信息系统为媒介，以实现人和物的有效结合为目的，通过把生产中不需要的物品清除掉，把需要的物品放在规定位置上，使其随手可得，促进生产现场管理文明化、科学化，达到高效生产、安全生产。定置管理是 5S 活动的一项基本内容，是 5S 活动的深入和发展。

（三）目视管理

目视管理是指利用形象直观、色彩适宜的各种视觉感知信息来组织生产现场活动，从而达到提高劳动生产率的一种管理手段，也是一种利用视觉来进行管理的科学方法。目视管理常用的工具有：警示灯、显示灯、图表、管理表、样本、看板、热压感温贴纸、标示牌、颜色带、油漆等。

任务实施

根据本节课知识内容，结合现实公司案例，能够指出公司生产过程的组织形式，了解公司的生产经营情况。

任务考核

在课堂上，通过现场展示的方式，向同学布置小组任务，考核成绩学生互评分占比 70%，教师评分占比 30%。

综合实训

以小组为单位，深入企业进行调研，各小组分析该企业生产过程的空间和时间组织形式，并做简要汇报。

同步测试

一、选择题

1. 目视管理常用的工具有（　　）。
   A. 警示灯　　　　　B. 电话　　　　　C. 传感器　　　　　D. 电子屏
2. 企业在一定时期内生产的、符合产品质量要求的实物数量和工业性劳务的数量，称为（　　）。
   A. 品种指标　　　B. 质量指标　　　C. 产量指标　　　D. 产值指标
3. 企业规划中，长期计划一般是（　　）。
   A. 五年或更长期限　　　　　　　　B. 一年或三年期限
   C. 三年或五年期限　　　　　　　　D. 一年以内
4. 5S管理的最终目标是（　　）。
   A. 整顿　　　　　B. 清扫　　　　　C. 清洁　　　　　D. 素养

二、简答题

简述生产调度过程的主要内容。

任务三　采购、仓库与物流管理

任务描述

物流仓储管理直接关系到企业正常运转的连续性和科学合理性，严格地做好各类物资的仓储工作，可以增强各类物资匹配的合理性，提高资金使用率，公司制定合理规范的采购、仓库与物流管理办法，能够保证企业经营的正常运作。

模块二 公司经营与管理

任务分析

1. 了解采购、仓库与物流管理的基本内容，能够掌握管理的基本方法和策略。
2. 能够正确分析某一公司的采购、仓库与物流管理情况对企业经营的利弊。

相关知识

一、采购管理

采购管理是指为保证企业物资供应而对企业的整个采购活动进行的计划、组织、指挥、协调和控制活动。采购管理是物流管理的重要内容之一，是企业获得经营利润的源泉。

（一）采购的流程

1. 确认采购需求

确认采购需求包括需求发生、需求说明和需求计划等内容。企业采购需求通常由物资使用部门向采购部门提出采购申请。采购申请通常由采购部门填写"请购单"。请购单一般应载明申请部门、编号、预算额、日期、物品名称、需求数量、规格、需求日期等信息。

2. 选择供应商

选择供应商是企业选择合适的供货者的过程。选择供应商是采购业务流程的关键环节，企业应选择信誉好，产品质量、交货期和售后服务等有保证的供应商。

3. 实现交易

实现交易包括确定采购价格、采购洽谈、签订采购合同等。确定采购价格是一个价格洽谈的过程，也是一个企业与供应商之间反复讨价还价的过程。采购洽谈的内容除了价格洽谈，还包括数量、质量、交货期、货款支付方式、违约责任等。采购合同是根据已确定的采购价格和采购洽谈结果，在互利双赢的基础上签订的，表示采购交易的达成。

4. 处理订单

采购订单是采购企业向供应商发出的具有法律约束力的采购书面通知。采购订单得到供应商确认后，采购企业还要进行订单跟踪和催货。订单跟踪是通过询问供应商的进度而对订单所进行的例行追踪。大型采购跟踪可派人实地跟踪，小额采购可通过电话或网络跟踪。催货是对供应商施加压力，促其履行发运承诺。发运承诺包括加快已经延误订单货物的发运和提前发运货物。

5. 收货验货

收货验货是指由仓库负责检验货物并办理入库手续的过程。收货验货需由仓管员填写收货单，如果发生货物短缺等情况，应及时报告运输或采购部门。收货单应载明收货日期、供应商名称、物料数量、规格、单价、金额等主要信息。

6. 支付货款

采购物品验收合格后，采购部门核查发票内容，完成相应的审批手续后交财务部门，财务部门根据仓库提供的入库凭证，按采购合同的规定安排相应的付款事宜。

7. 资料归档

资料归档是指对采购业务中涉及的各种单据、文件等资料列入档案登记，进行分类编号。归档的资料包括采购合同、采购订单、收货单、入库单等凭据，一般保存年限为3～5年。

（二）企业采购管理的内容

企业采购管理的内容主要包括采购组织管理、采购需求管理、采购计划管理、供应商管理、采购业务管理和采购评价管理等。

1. 采购组织管理

采购组织管理是采购管理最基本的组成部分，为了做好采购管理工作，需要有一个专业的组织管理机构履行采购管理职能的活动。采购组织管理就是对采购组织结构内部的采购职责的落实、监督和考评活动。

2. 采购需求管理

采购需求管理包括采购需求预测、资源市场分析等活动。采购需求预测是对采购品种、采购数量、采购时间的预测；资源市场分析是根据企业所需要的物资品种，分析资源市场的具体情况，包括资源分布情况、供应商情况、品种和质量、价格情况、交通运输情况等。企业的采购部门应当掌握企业的物资需求情况，为制订出科学合理的采购计划做准备。

3. 采购计划管理

采购计划管理包括企业采购计划的制定和实施，为企业提供及时准确的采购计划和执行路线。制订采购计划是根据采购需求和供应商情况，对采购订货活动做出切实可行的安排，需要考虑的要素有供应商、采购品种和数量、订货策略和运输策略等。实施采购计划就是将采购计划落实到具体责任人，按照既定的采购进度具体实施。

4. 供应商管理

供应商管理是指对供应商的调查、开发、选择、考评和激励等综合性的管理活动。供应商是企业资源的提供者，企业保持稳定的供应商群体是生产经营活动得以顺利进行的基础和前提。

5. 采购业务管理

采购业务管理是对企业采购业务过程的管理，包括制订采购方案、采购洽谈、签订采购合同、实施进货、验收入库、支付货款等采购业务的管理。

6. 采购评价管理

采购评价管理是对企业采购全部业务流程的效率，采购获得资源的质量和资金使用的经济性进行的评价式管理。

二、仓库管理

仓库管理就是对仓库及仓库内的物资所进行的管理，是企业为了充分利用所拥有的仓储资源，提供高效的仓储服务所进行的计划、组织、控制和协调的过程。

（一）仓库管理的内容

仓库管理主要是在物资流通过程中货物储存环节的经营管理，其管理内容主要包括以下几个方面。

1. 仓库选址与布点

仓库选址与布点包括仓库选址应遵循的基本原则、仓库选址时应考虑的基本因素以及仓库选址的技术方法，多点布置时还要考虑网络中仓库的数量和规模大小、相对位置和服务的客户等问题。

2. 仓库规模的确定和内部合理布局

仓库规模的确定和内部合理布局包括仓库库区面积及建筑物面积的确定，库内道路和作业区的平面和竖向布置，库房内部各作业区域的划分和作业通道布置的方式。

3. 仓库设施和设备的选择、配备

仓库设施和设备的选择、配备包括如何根据仓库作业的特点和储存商品的种类合理地选择和配备仓库设施、作业机械以及如何合理使用和管理。

4. 仓库资源的获得

仓库资源的获得是指企业通过什么方式来获得仓储资源。通常，一个企业获得资源的方式包括使用自有资金、使用银行借贷资金、发行企业债券、向企业内部职工或社会公众募股等方式。不同的资源获得方式的成本不同。

5. 仓库作业活动管理

仓库作业活动随着作业范围和功能的不同，其复杂程度也不尽相同，仓库作业管理是仓库管理的重要内容，它涉及仓库作业组织的结构与岗位分工、作业流程的设计、仓库作业中的技术方法和作业手段，还包括仓库活动中的信息处理等。

6. 库存控制

库存是仓储的最基本功能，企业为了能及时满足客户的需求，就必须经常保持一定数量的商品库存，存货不足会造成供应断档，存货过多会造成商品积压、仓储成本上升。库存控制是仓储管理中最为复杂的内容，是仓储管理从传统的存货管理向高级的存货系统动态控制发展的重要标志。

7. 仓库经营管理

从管理学的角度来看，经营管理更加注重企业与外部环境的和谐，仓储经营管理是企业运用先进的管理方式和科学的管理方法，对企业的经营活动进行计划、组织、指挥、协调和控制，其目的是获得最大的经营效果。

8. 仓库人力资源管理

仓库人力资源管理主要涉及人才的选拔和合理使用、人才的培养和激励、分配制度的确立等。此外，仓库管理还涉及仓库安全管理、信息技术的应用、仓库成本管理和仓库经营效果评价等方面的内容。

（二）库存管理

库存管理是对企业生产经营全过程的各种物品资源进行管理和控制，使其储备保持在经济合理的水平上。库存管理的目标就是使库存量处于合理水平，使库存既能满足生产经营的需要，又能保证库存成本控制在可以接受的水平。库存管理常用的方法有 ABC 分析法、定量订货法和定期订货法。

1. ABC 分类法

ABC 分类法是指按照一定的标准将企业的库存划分为 A、B、C 三类并分别采取不同方式进行管理的一种方法。在 ABC 分类法中，根据物资库存金额及品种数量对物资进行分类。其中物资库存金额是基本分类标准，品种数量是参考分类标准。A 类库存金额巨大，品种数量很少；B 类库存金额较小，品种数量较多；C 类库存金额很小，品种数量繁多。一般而言，三类库存的金额比重大致为 A∶B∶C=0.7∶0.2∶0.1，而品种数量比重大致为 A∶B∶C=0.1∶0.2∶0.7。

2. 定量订货法

定量订货法是指预先规定一个订货点量，当实际库存量降到订货点量时，就按固定的订货数量（预先确定的经济订购批量）提出订购的方法。

订货点的库存量计算公式：

$$订货点量 = 平均每日需要量 \times 订购时间 + 保险储备量$$

3. 定期订货法

定期订货法是指订购时间预先固定（每月或每旬），订购数量不固定，随时根据库存情况进行订货的方法。

订购量的计算公式：

$$订购量 = 平均每日需要量 \times (订购时间 + 订购间隔) + 保险储备定额 - 实际库存量 - 订货余额$$

注：实际库存量为订购日实际库存数，订货余额为过去已经订购但尚未到货的数量。

三、物流管理

物流是指用专用运输设备将货物从一个地点向另一个地点运送，包括货物集散、装卸搬运、中转仓储、干线运输和配送等一系列操作。企业要合理地组织货物运输，必须遵循及时、准确、安全、经济的原则，力求以最快的速度，经过最少的环节，支付最少的费用，经济合理地完成运输任务。

（一）货物运输方式

不同的运输方式适合于不同的运输情况，合理地选择运输方式不仅能提高运输效率，降低运输成本，而且还会对整个物流系统的合理化产生有效的影响。货物运输方式主要有五种：铁路运输、公路运输、水路运输、航空运输和管道运输。

1. 铁路运输

铁路运输是在相对固定的列车线路上利用铁路设施、设备进行运送的一种运输方式。铁路货物运输办理种类有整车运输、零担运输和集装箱运输。该种运输方式运输量大、速度快、运距长、受自然条件影响小、成本比较低，但小批货物需要拼装整车，整车需要按路线到站编配，有的地方不能直达，需要中转分运。所以，大宗货物的长途运输主要依靠铁路。

2. 公路运输

公路运输是指使用汽车及其他车辆在公路上进行运输的一种方式。公路货物运输的组织形式一般有自营运输、契约运输、公共运输和汽车货运代理。该种运输方式对不同的自然条件适应性强，不受线路停车站约束，空间时间自由，货物运达速度快，包装简化，货物损伤小，便于开展货物运输的"门到门"服务。公路运输是企业最重要的短途运输方式。

3. 水路运输

水路运输是指使用船舶及其他水上工具通过河道、海上航道运送货物的一种运输方式。水路货物运输的主要形式有沿海运输、近海运输、远洋运输和内河运输。该种运输方式运输量大、运费低、耗能小,但受自然地理条件的限制,不够灵活,连续性差,速度慢,货运时间长。适用于承担运量大、运距长的大宗货物。

4. 航空运输

航空运输是指使用飞机或其他航空器进行运输的一种方式。航空货物运输的方式主要有班机运输方式、包机运输方式、集中托运方式、联合运输方式和航空快件传送。该种运输方式运行时间短、速度快、货物损失少,但运费高、运量小、受自然条件限制大。航空运输适合于鲜活易腐和季节性强的货物运输。

5. 管道运输

管道运输是指利用管道输送气体、液体和粉状固体的一种运输方式。其运输形式是靠物体在管道内顺着压力方向循序移动实现的。该种运输方式是一种新型的现代化运输工具,受自然条件影响小、运输能力大、安全可靠、维修费用低,但运输地点和运输对象有限制。目前,我国的管道运输主要用于输送石油、天然气、煤气等。

(二) 配送

配送是指在经济合理区域范围内,根据客户需求,对物品进行拣选、加工、包装、分割、组配等业务,并按时送达指定地点的物流活动。配送的一般流程包括备货、储存、配装、送货等过程。配送按照不同的标准可以划分为不同的类型,包括按配送的时间及数量、配送商品品种及数量、配送的节点等进行分类。

1. 配送中心的含义

配送中心是指从事配送业务,具有完善的信息网络的场所或组织。配送中心应符合五项基本要求:主要为特定用户服务;配送功能齐全;辐射范围小;多品种、小批量、多批次、短周期;主要为末端客户提供配送服务。

2. 配送中心的基本功能

(1) 集散功能。配货中心凭借其在物流网络中的枢纽地位和拥有的各种先进设施设备,能将分散在各地的生产厂商的产品集中到一起,经过分拣、配装后向众多用户发送。

(2) 运输功能。配送中心首先应该负责为客户选择能够满足客户需要的运输方式,在规定的时间内将客户的商品运抵目的地。除了交货点交货需要客户配合外,整个运输过程都应由配货中心负责组织,尽可能方便客户。

(3) 储存功能。为了顺利有序地向客户配送商品,配送中心要兴建现代化的仓库并配置一定数量的仓储设备，存储一定数量的商品。通过仓储来保证市场销售活动的开展。

（4）装卸搬运功能。这是为了加快商品在配送中心的流通速度必须具备的功能。公共配送中心应该配备专业化的装载、卸载、提升、运送、码垛等装卸搬运机械，以提高装卸搬运作业效率，减少作业导致的商品破损。

（5）分拣功能。由于配送中心服务对象众多，在订货时对货物的种类、数量等会提出不同要求。为了适应市场需求，配送中心必须采取适当的方式、技术和设备对配送中心接收来的货物进行分拣作业，以便同时向不同的用户配送多种货物。

（6）衔接功能。通过开展货物配送活动，配送中心把各种货物运送到用户手中，客观上起到了联系产销、平衡供求的衔接作用，在产地和消费地之间架起了沟通的桥梁。

（7）流通加工功能。为了提高配送水平，许多配送中心都配备各种加工设备。配送中心将组织进来的货物加工成一定规格、尺寸和形状，既方便了用户，又提高了配送效率。

（8）物流信息处理功能。配送中心将各个物流作业的信息进行实时采集、分析、传递，并向货主提供各种作业明细及咨询信息，这是现代配送中心非常重要的一项功能。

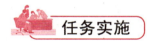

根据本节课知识内容，结合现实公司案例，能够选择最优的货物运输方式。

在课堂上，通过现场展示的方式，向同学布置小组任务，考核成绩学生互评分占比70%，教师评分占比30%。

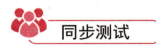

以小组为单位，5人为一组，深入企业进行调研，各小组分析该企业的库存是否合理，并做简要汇报。

同步测试

一、选择题

1. 配货中心凭借其在物流网络中的枢纽地位和拥有的各种先进设施设备，能将分散在各地的生产厂商的产品集中到一起，经过分拣、配装后向众多用户发送，属于（   ）

功能。

A. 集散功能 B. 运输功能
C. 流通加工功能 D. 物流信息处理功能

2. 采购资料归档的期限一般为（   ）。

A. 10~15 年 B. 5~7 年
C. 3~5 年 D. 1~3 年

3. 预先规定一个订货点量，当实际库存量降到订货点量时，就按固定的订货数量（预先确定的经济订购批量）提出订购的方法为（   ）。

A. 定量订货法 B. 定期订货法
C. ABC 分类法 D. 定性订货法

二、简答题

简述配货中心的主要功能。

任务四 质量管理标准与认证

任务描述

在当今竞争激烈的家电市场，服务的标准化更显得尤为重要，不但可以提高服务质量，增加企业的竞争力和生存能力，同时也是国内企业与国际接轨的必备条件之一。以 ISO 9000 的认证成功为例，可获得市场准入的资质，增强市场竞争力，通过持续改进可以全面增加顾客对组织的信任度及满意度。通过向客户展示所获得的国际公认的权威认证证书，以全面提升组织在国际及国内行业中的形象及影响，为产品进入国际市场奠定基础，同时为组织创造出更多的商机与发展机会。

任务分析

1. 了解质量管理的定义和基本内容。
2. 熟悉现行的质量标准体系和相关认证标准。

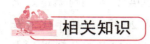

相关知识

一、质量管理

（一）质量的含义

从生产角度来看，质量是指产品符合规定要求的程度；从用户角度来看，质量就是适用性（性能、附加功能、可靠性、一致性、耐久性、维护性、美学性、感觉性等），即产品或服务满足用户要求的程度。

我国国家标准 GB/T 19000—2016《质量管理体系、基础和术语》中，质量的含义是："一个关注质量的组织倡导一种通过满足顾客和其他有关相关方的需求和期望来实现其价值的文化，这种文化将反映在其作为、态度、活动和过程中。组织的产品和服务质量取决于满足顾客的能力，以及对有关相关方的有意和无意的影响，产品和服务的质量不仅包括其预期的功能和性能，而且还涉及顾客对其价值和受益的感知。"

（二）质量管理的主要内容

1. 质量管理的基本含义

质量管理是指在质量方面指挥和控制企业的相互协调的活动。它是企业为保证和提高质量进行的所有管理活动的总和。这些活动包括质量方针和质量目标的建立以及质量策划、质量控制、质量保证和质量改进。

2. 质量管理的发展过程

（1）质量检验阶段。在这一阶段，质量检验成为一种专门工序从加工制造中分离出来。此阶段的主要特点是进行全数检验，其目的是不让废品出厂，故又称为事后检验。这种事后检验同过去的没有质量检验相比，大大地前进了一步，但它只能起"把关"作用，不能进行预防和控制。

（2）统计质量控制阶段。早在20世纪20年代，人们就注意到质量检验的弱点，并设法利用数理统计学原理去解决这些问题。20世纪40—50年代，数理统计方法在欧美一些国家的质量管理中得到运用。这一阶段的特点是，应用数理统计方法，找出质量波动的规律性，采取措施控制生产过程，预防废品发生，使质量管理从事后检验变为事前预防。但由于过分强调数理统计工具的作用，忽视组织管理，不注重发挥全体职工的积极性，从而限制和影响了数理统计方法的普及和运用。

（3）全面质量管理阶段。随着生产力的发展和企业之间竞争的加剧，人们对质量要求进一步提高，仅仅靠质量检验和统计方法已不能适应这一需要。从20世纪50年代末开始，全面进入了质量管理阶段，这一阶段是把组织管理、数理统计方法以及现代科学技术成果密切结合起来，建立起一整套完善的质量管理工作系统，对质量形成的全过程进行管理。这样，既能预防废品发生，又能稳定地提高产品质量，质量管理从观念、内容到方法、手段都日趋完善。

（4）质量管理的国际标准化。随着科技进步和社会生产力水平的不断提高，企业活动的空间超越了国家、地区的界限而进入全球范围，在激烈国际市场竞争中，非价格竞争成为主要手段，产品的质量往往是成交的首要条件，建立国际统一的准则顺势所需。国际标准化组织质量管理和质量保证技术委员会（ISO/TC176）经过多年的努力，于1987年正式颁布了第一套国际化的质量管理和质量保证标准，与ISO 8402：1986一起统称ISO 9000系列标准。经过实践、总结与修订，于1994年发布了1994版ISO 9000族标准，2000年年底发布了2000版ISO 9000族标准，2008年年底发布了2008版ISO 9001《质量管理体系认证要求》国际标准。ISO 9000系列标准的诞生是世界范围质量管理和质量保证工作的一个新纪元，对推动世界各国工业企业的质量管理和供需双方的质量保证，促进国际贸易交往起到了很好的作用。

二、ISO 9000 质量管理体系

（一）ISO 9000 系列标准

ISO 9000系列标准是国际标准化组织（International Standard Organization）所制定的关于质量管理和质量保证的一系列国际标准。它可以帮助组织建立、实施并有效运行质量保证体系，是质量保证体系通用的要求或指南。它不受具体行业或经济部门的限制，可广泛适用于各种类型和规模的组织，在国内和国际贸易中促进理解和信任。

（二）ISO 9000 的产生和发展

第二次世界大战期间，军事工业迅速发展，美国等工业发达国家采购军品时，开始对供应商提出了质量保证的要求。20世纪50年代末，美国发布了MIL-Q-9858A《质量大纲要求》，此为国际上最早的质量保证标准。之后，一些工业发达国家，如英国、美国、法国和加拿大等国在20世纪70年代末先后发布了质量管理和质量保证标准。由于各国实施的标准不一致，给国际贸易带来了壁垒，质量管理和质量保证的国际化成为当时世界各国的迫切需要。国际标准化组织（ISO）于1979年成立了质量管理和质量保证技术委员会（TC176）。随后若干年，发布了一系列质量管理标准体系，并不断修订。经过众多专家的

努力，于 2000 年 12 月 15 日，ISO/TC176 发布了 2000 版 ISO 9000 族标准。目前，最新的是 2008 版的 ISO 9000 族标准。

（三）ISO 9000 质量管理体系的作用

（1）强化品质管理，提高企业效益；增强客户信心，扩大市场份额。对于企业外部来说，当顾客得知供方按照国际标准实行管理，拿到了 ISO 9000 品质体系认证证书，并且有认证机构的严格审核和定期监督，就可以确信该企业是能够稳定地生产合格产品乃至优秀产品的信得过的企业，从而放心地与企业订立供销合同，扩大了企业的市场占有率。

（2）获得国际贸易"通行证"，消除国际贸易壁垒。许多国家为了保护自身的利益，设置了种种贸易壁垒，在技术壁垒中，主要是对于产品品质认证和 ISO 9000 品质体系认证的壁垒。

（3）节约了第二方审核的精力和费用。作为第一方的生产企业申请了第三方的 ISO 9000 认证并获得了认证证书以后，众多第二方就不必要再对第一方进行审核，这样，不管是对第一方还是对第二方都可以节约很多精力或费用。还有，如果企业在获得了 ISO 9000 认证之后，再申请 UL、CE 等产品品质认证，还可以免除认证机构对企业的品质保证体系进行重复认证的开支。

（4）在产品品质竞争中永远立于不败之地。70 年代以来，品质竞争已成为国际贸易竞争的主要手段，不少国家把提高进口商品的品质要求作为奖出限入的贸易保护主义的重要措施。实行 ISO 9000 国际标准化的品质管理，可以稳定地提高产品品质，使企业在产品品质竞争中永远立于不败之地。

（5）有效地避免产品责任。各国在执行产品品质法的实践中，由于对产品品质的投诉越来越频繁，事故原因越来越复杂，追究责任也就越来越严格。按照各国产品责任法，如果厂方能够提供 ISO 9000 品质体系认证证书，便可免赔，否则，要败诉且要受到重罚。

（6）有利于国际间的经济合作和技术交流。按照国际间经济合作和技术交流的惯例，合作双方必须在产品（包括服务）品质方面有共同的语言、统一的认识和共守的规范，方能进行合作与交流。ISO 9000 品质体系认证正好提供了这样的信任，有利于双方迅速达成协议。

（四）2008 版 ISO 9000 族标准的构成

2008 版 ISO 9000 族标准为国际标准化组织 ISO/TC176 技术委员会（质量管理和质量保证技术委员会）制定的标准，构成如下：

核心标准：

ISO 9000：2005 质量管理体系——基础和术语

ISO 9001：2008 质量管理体系——要求——《质量管理体系 要求》

ISO 9004：2000 质量管理体系——业绩改进指南
ISO 19011：2002 质量和环境管理审核指南
其他标准：
ISO 10012：2003 测量控制系统
技术报告：
ISO/TR10006 项目管理指南
ISO/TR10007 技术状态管理指南
ISO/TR10013 质量管理体系文件指南
ISO/TR10014 质量经济性指南
ISO/TR10015 教育和培训指南

三、质量认证

（一）产品质量认证

产品质量认证是指依据产品保证和相应的技术要求，经认证机构确认并颁发认证证书或标志，标明某一产品符合相应标准和相应技术要求的活动。产品质量认证包括合格认证和安全认证两种。依据标准中的性能要求进行认证叫合格认证，依据标准中的安全要求进行认证的叫安全认证。前者是自愿的，后者是强制的。

认证的基本要素包括下列四项：

1. 型式试验

型式试验是指为了证明产品质量符合产品标准的全面要求而对产品进行的抽样检验，是构成许多类型认证的基础。

2. 质量体系检查

质量体系检查是指对产品生产企业的质量保证能力进行的检查和评定。

3. 监督检验

监督检验是指对获取认证后的产品进行的一项监督措施。它是从企业最终产品中或市场上抽取样品，由认证独立检验机构进行检验。如果检验结果证明符合标准的要求，则允许继续使用认证标志；如果不符合，则要采取必要的措施。

4. 监督检查

监督检查是指对取得认证资格的生产企业的质量保证能力进行定期复查，这是保证产品的质量持续符合标准的又一项监督措施。

(二) 质量管理体系认证

质量管理体系认证又称质量管理体系注册，是指由公正的第三方体系认证机构，依据正式发布的质量管理体系标准，对企业的质量管理体系实施评定，并颁发体系认证证书和发布注册名录，向公众证明企业的质量管理体系符合某一质量管理体系标准，有能力按规定的质量要求提供产品，可以相信企业在产品质量方面能够符合相关的要求和标准。

质量管理体系认证的过程分为四个阶段，即认证申请、体系审核、审批与注册发证、监督。

1. 认证申请

企业向某个认证机构提出申请，按机构要求提交申请文件。体系认证机构根据企业提交的申请文件决定是否受理申请，并通知该企业。

2. 体系审核

认证机构指派数名国家注册审核人员实施审核工作，包括审核企业的质量手册、到企业现场查证实际执行情况，提交审核报告等。

3. 审批与注册发证

认证机构根据审核报告决定是否批准认证。对批准认证的企业颁发体系认证证书，并将企业的有关情况注册公布，准予企业以一定方式使用体系认证标志。证书有效期通常为3年。

4. 监督

在证书有效期内，体系认证机构每年对企业至少进行一次监督检查，查证企业有关质量管理体系的保持情况，一旦发现企业有违反有关规定的事实证据，即对企业采取措施，暂停或撤销企业的体系认证。

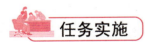

任务实施

根据本节课知识内容，请你帮助一家公司进行质量管理体系认证。

任务考核

在课堂上，通过现场展示的方式，向同学布置小组任务，考核成绩学生互评分占比70%，教师评分占比30%。

综合实训

以小组为单位,深入企业进行调研,分析该企业是否具备质量体系认证的资格,认证过程中需要注意哪些问题。

同步测试

一、选择题

1. 质量管理体系认证有效期为(　　)。
   A. 一年　　　　　　B. 三年　　　　　　C. 五年　　　　　　D. 十年
2. 在证书有效期内,体系认证机构每年对企业至少进行(　　)监督检查。
   A. 一次　　　　　　B. 两次　　　　　　C. 三次　　　　　　D. 四次
3. 20世纪20年代,属于质量管理的(　　)阶段。
   A. 质量检验阶段　　　　　　　　　　B. 统计质量控制阶段
   C. 全面质量管理阶段　　　　　　　　D. 质量管理的国际标准化

二、简答题

简述认证的基本要素。

任务五　质量管理方法与控制

任务描述

质量是一个企业生存和发展的基础,是企业的生命。要想取得长远的发展必须积极、有效地开展质量管理活动,这是成功企业的共识,也是社会发展的需要。随着科技的进步和人们生活水平的不断提高,对产品和服务的要求也越来越高,这就要求企业不断提高产品和服务的质量水平。积极推进全面质量管理,建立质量保证体系,不断提高质量管理水平,保证为市场提供品质优良的产品,便成为企业管理的一项重要任务。

模块二　公司经营与管理

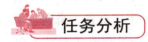

1. 了解全面质量管理的基本观点、特点及内容。
2. 掌握质量管理的方法与质量控制的手段。

一、全面质量管理

全面质量管理（Total Quality Management，简称TQM），是企业组织全体职工和相关部门参加，综合运用现代科学管理技术成果，控制影响产品质量形成的全过程和各因素，经济的研制、生产和提供顾客满意的产品和服务的系统管理活动。

（一）全面质量管理的基本观点

（1）以用户为中心，坚持"用户至上"。即一切为用户服务的指导思想，使产品质量和服务质量全方位地满足用户需求。"用户"不仅指本企业产品的用户，而且包括企业生产和工作中的下道工序，"下道工序就是用户"。下道工序的要求就是上道工序的质量目标，每道工序都为下道工序着想，这样，各个工作环节之间相互协调、相互促进，切实保证了各个环节的工作质量，从而使企业的质量工作得到保证。

（2）以预防为主，强调事先控制。这样，可将质量隐患消除在产品形成过程的早期阶段。产品质量是在设计、制造、流通和使用过程中逐步形成的，必须以预防为主，把管理的重点从产品的事后检验，转变为对质量形成因素进行控制，把不合格品消灭在产品的形成过程中。

（3）用数据说话。全面质量管理强调用数据和事实来分析和处理各种问题。通过掌握真实可靠的数据并进行分析、整理，从而掌握质量波动的规律，发现质量问题，采用适当措施进行控制。这就使定性管理变为定量管理，提高了管理的准确性和科学性。

（4）采用科学系统的方法，建立一套严密有效的质量保证体系，实施产品质量形成全过程质量管理。

（5）突出人的作用。充分发挥各级人员的主观能动性。

（二）全面质量管理的特点

全面质量管理的特点是全面性，包括内容的全面性、范围的全面性、参与管理人员的全面性以及管理方法的全面性。管理内容全面性体现在管理包括产品本身的质量、工序质量和工作质量。管理范围的全面性包含市场调查、研究开发、设计、生产准备、采购、生产制造、包装、检验、贮存、运输、销售、为用户服务直至使用等全过程都进行质量管理。在全过程的管理中，要使各个环节紧密联系、相互制约、相互促进，最终使产品质量螺旋上升。参加管理具有全员性，企业全体人员包括领导人员、工程技术人员、管理人员和工人等都需参加质量管理，并对产品质量各负其责。质量管理的方法是全面的，即在质量管理中综合运用多种管理技术和科学方法，组成多样性的全面质量管理方法体系。在质量管理中，不能单一地依靠质量检验、统计方法，而应把质量统计方法与改善组织管理、改革专业技术以及激励等方面紧密结合，综合运用。

（三）全面质量管理的内容

全面质量管理的内容包括设计过程、制造过程、辅助生产和服务过程、使用过程的质量管理。

1. 设计过程的质量管理

（1）正确制定质量目标。

（2）保证产品先行开发工作的质量。

（3）严格设计审查和工艺验证。

（4）保证产品的试制和鉴定工作质量。

（5）保证技术文件的质量。

2. 制造过程的质量管理

（1）加强工艺管理，严守工艺规程，全面控制影响产品质量的各因素。

（2）严格质量检验，把好质量关。

（3）开展质量分析，掌握质量动态。

（4）加强不合格品的管理。

3. 辅助生产和服务过程的质量管理

辅助生产和服务过程的质量工作内容主要包括两个方面：一是搞好本身工作的质量，保证设备经常处于良好状态，提供符合标准要求的物资、工具和动力等；二是提高服务质量，及时解决生产经营中物资、技术方面的问题，确保生产一线的各种需要。

4. 使用过程的质量管理

使用过程以保证产品质量特性在使用中能正常发挥，满足用户使用要求为目的。主要任务是：保证产品以良好的质量状态进入消费过程；保证产品在使用过程中正常发挥其作用，满足用户需要；收集有关质量信息，为改进和提高产品质量提供依据。

（四）全面质量管理的推行步骤

（1）通过教育培训使企业员工牢固树立"质量第一"和"顾客第一"的思想，制造良好的企业文化氛围，采取切实行动改变企业文化和管理形态。

（2）制定企业人、事、物及环境的各种标准，在企业运作过程中衡量资源的有效性。

（3）推动全员参与，对全过程进行质量控制与管理。以人为本，充分调动各级人员的积极性，采用系统化的方法进行管理。

（4）做好计量工作。计量工作包括测试、化验、分析、检测等，它是保证计量的量值准确和统一，确保技术标准的贯彻执行的重要方法和手段。

（5）做好质量信息工作。企业根据自身的需要，应当建立相应的信息系统，并建立相应的数据库。

（6）建立质量责任制。设立专门质量管理机构。全面质量管理的推行，要求企业员工自上而下地严格执行。从一把手开始，逐步向下实施。全面质量管理的推行必须要获得企业一把手的支持与领导，否则难以长期推行。

二、质量管理的方法

（一）PDCA 循环法

PDCA 表示工作的四个阶段，即计划（Plan）、实施（Do）、检查（Check）、处理（Action），按这四个阶段周而复始地进行工作，称为 PDCA 循环。企业的每一项生产经营活动都有一个计划、执行、检查和处理的过程。

1. PDCA 循环的内容

计划阶段（P 阶段）是在分析研究的基础上，确定质量管理目标、拟定相应的措施。制订活动计划的阶段包括三个工作步骤：分析现状，找出存在的质量问题；逐个分析产生质量问题的因素，找出产生质量问题的主要因素；针对主要因素制订措施计划。

实施阶段（D 阶段）是根据预定目标和措施计划，组织实施的阶段。

检查阶段（C 阶段）是检查计划实施情况，衡量取得效果的阶段。

处理阶段（A 阶段）是总结经验和教训、巩固成绩、处理未解决问题，以保证持续改进的阶段。它包括两个步骤：总结经验教训，将成功的经验制定成标准加以推广，将失败的教训加以总结，并记录在案，防止再度发生；将没有解决的问题转入下一个管理循环，作为下一循环制定计划目标的依据。

2. PDCA 循环的特点

（1）PDCA 循环作为质量管理体系的一种科学运转方式，适用于企业内各个部门与环节的质量管理工作。

（2）螺旋上升。PDCA循环每转动一周，质量就提高一步。其中，每个循环都不是简单地重复，而是在前一个循环的基础上上升到一个新的高度。随着循环的不断进行、质量问题不断得到解决，工作质量和产品质量也不断得到提高，如同上楼梯一样，逐级上升。

（3）循环的关键在于巩固，即总结经验、巩固成绩、防止错误、不断改进。这是PDCA循环可以逐级上升的关键所在。

（二）过程方法

1. 过程方法的内容

企业的质量管理体系由管理职责、资源管理、产品实现以及测量、分析和改进四个过程组成。管理职责过程要求企业对顾客做出满足其要求和进行持续改进的承诺，建立质量方针和质量目标，组织策划和提供达到质量目标所需要的资源。资源管理过程提供管理所需的人力资源、设施、相应的工作环境，作为对产品实现过程的支持。产品实现过程是以顾客和社会的要求为主，最终输出产品提供给顾客。在产品实现的过程中为评定产品的符合性，需要测量、分析和改进的过程。

2. 过程方法的四个要点

（1）系统地识别企业组织所运用的过程，从整体运作角度来考虑可能涉及的所有过程。

（2）具体识别每一个过程，包括过程的输入、输出和活动，以及各项活动所需的资源。

（3）识别和确定过程之间的相互作用、联结关系以及一个过程的输出与下一个或几个过程的输入关系。

（4）对过程及过程的相互作用进行管理，包括确定过程活动的职责、权限，过程相互作用中的沟通，以及对过程使用资源的管理。

过程方法将相关资源和活动作为过程进行管理，使资源的投入、管理的方式及要求、测量方式和改进活动等有机结合，从而有效地利用资源、降低成本、缩短周期。过程方法强调识别和管理众多相互关联的过程，有利于消除职能部门之间的障碍，确保体系的系统性和各项活动之间的协调性。

（三）质量管理常用的统计方法

质量管理常用统计方法有分层法、排列图法、因果分析图法、直方图法、相关图法、控制图法、统计分析表法，通常称为质量管理的七种工具。

1. 分层法

分层法又称为分类法，是将零乱的质量数据按照不同的目的加以分类，并进行加工整理和分析影响质量问题的原因的一种方法。它可使杂乱的数据和错综复杂的因素系统化、条理化，从而找出主要问题和解决的办法。

2. 排列图法

排列图法又称为主次因素分析图法，是将影响产品质量的各因素按其对质量影响程度的大小顺序排列，从而找出影响质量的主要因素。

3. 因果分析图法

因果分析图法是从某一质量问题出发，层层分析、寻找产生这种结果的原因，直至采取措施解决质量问题为止。因果分析图法一般在图中进行，将大家提出的看法整理后反映在图上，运用时，一般是把与某一质量问题有关的人员组织起来，采用讨论会的方式，大家畅所欲言、集思广益，找出影响质量的原因，并系统地分析出它们的因果关系。

4. 直方图法

直方图是将工序中随机抽样得到的质量数据整理后分成若干组，画出以组距为底边、以频数为高度的系列矩形连接起来的矩形图，是表示质量数据离散程度的一种图形。通过直方图可认识产品质量的分布状况，判断工序质量的好坏，预测制造质量的发展趋势，及时掌握工序质量变化规律。

5. 相关图法

相关图又称散布图，它是分析研究两个变量之间相关关系的一种图表。在产品质量和影响质量的因素之间，常常有一定的依存关系，这种关系有的是确定的函数关系，有的则是不确定的关系。在质量管理中运用相关图法，可帮助我们判断各种因素对产品质量有无影响及其影响程度，以便对产品和工序进行有效控制。

6. 控制图法

控制图又称管理图，是用于分析和判断工序是否处于稳定状态，并带有控制界限的一种质量管理图表。这种图表可以反映质量特性值随时间而发生的波动状况，从而对生产过程进行分析、监督和控制。

7. 统计分析表法

统计分析表是用来统计分析质量问题的各种统计报表。通过这些统计表可以进行数据的收集、整理并粗略分析影响质量的原因。统计分析表往往与分层法同时使用，这样可以使影响质量的原因更加清楚。

三、生产质量管理与控制

质量是企业的生命,企业在生产中控制好质量问题,就等于为产品预订了畅销的市场。

1. 质量控制的四个阶段

(1) 制定有关产品质量的基本政策。

(2) 产品设计中的质量控制。

(3) 制造过程的质量控制。

(4) 分配、安装和使用中的质量控制。

2. 生产过程中的质量管理与控制

(1) 生产过程质量控制的方式。一是控制加工零件的实际生产过程,即在生产进行中,一有需要就立即调整或纠正,其目的在于防止大量废品的产生;二是从检验的角度控制出厂产品的质量,以保证不放过平均在某个百分比以上的废品出厂。

(2) 生产过程中的具体质量控制方法。一是建立质量保证体系和产品质量审核制度。产品质量审核是指通过对产品分批进行抽样检查,以便确认本批产品的质量等级。建立质量保证体系,是为了保证产品的质量标准,以便提高产品质量审核的有效性;二是建立产品质量改进制度,加强工序管理。工序管理是指以设计、保持和改进工序为基础,控制人、机、料、法、环等工序因素,稳定提高加工制造质量的管理系统。工序管理的关键是对工序控制点的管理,加强工序审核是保证加工质量的有效措施;三是建立质量预警系统。企业应建立质量预警系统,完善信息反馈制度,设置专门机构和专职人员,收集产品质量信息及用户或消费者使用过程中的各种问题。只要发现问题,就必须立即对设计、生产、工艺和工序管理中的有关控制点进行检查、调整和改进。

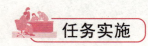

根据本节课知识内容,能够正确运用质量管理的方法。

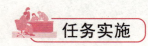

在课堂上,通过现场展示的方式,向同学布置小组任务,考核成绩学生互评分占比70%,教师评分占比30%。

模块二 公司经营与管理

以小组为单位，深入企业进行调研，指出该企业质量管理过程中的优势与不足，并提出改进意见。

同步测试

一、选择题

1. 将零乱的质量数据按照不同的目的加以分类，并进行加工整理和分析影响质量问题的原因的一种方法为（　　）。
   A. 分层法　　　　B. 相关图法　　　　C. 控制图法　　　　D. 直方图法
2. 全面管理的特点是（　　）。
   A. 系统性　　　　B. 全面性　　　　　C. 整体性　　　　　D. 独特性
3. PDCA 表示工作的四个阶段，不包括（　　）。
   A. 计划　　　　　B. 实施　　　　　　C. 检查　　　　　　D. 整理

二、简答题

简述质量管理的统计方法有哪些。

任务六 财务管理

任务描述

财务活动伴随着企业资金运动而存在和发生，离开企业资金运动过程，财务活动将不复存在。在资金运动过程中，企业资金的筹集、投放、使用、收回和分配等经济活动不断发生，形成了企业财务活动。财务管理是企业经营管理的重要组成内容，是有关资金的筹集、投放和分配的活动。其内容主要涉及企业资金的筹资管理、投资管理和利润分配管理。

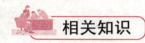

了解财务管理的基本内容，能够掌握企业资金的筹集管理、投资管理和利润分配管理的内容和具体的管理方法，同时，具有法律意识，根据法律规定合理使用企业资金。

相关知识

一、筹资管理

资金的筹集，是指企业为了满足投资和用资的需要，筹措和集中资金的过程。筹集资金是企业存在和发展的基本条件，是资金运动的起点，也是资金运用的前提。

企业筹资管理的重要内容是如何针对客观存在的筹资渠道，选择合理的筹资方式进行筹资。了解各种筹资渠道和方式的特点，有利于企业进行有效筹资组合，降低筹资成本，提高筹资效益。

（一）筹资的渠道和方式

筹资渠道是指筹集资金的来源。我国目前筹资渠道主要有：国家财政资金、银行信贷资金、非银行金融机构资金、其他企业资金、居民个人资金、企业自留资金。

筹资方式是指企业筹集资金所采用的具体形式。目前我国企业筹资方式主要有：吸收直接投资、发行股票、银行借款、商业信用、发行债券、融资租赁。

（1）股票是股份制企业筹集资金形成权益资本的重要来源，也是一种能够给其所有者带来利益的凭证。债券是一种较好地向社会筹资的形式。

（2）债券是企业依法定程序发行，约定在一定期限内还本付息的有价证券。发行债券有利于将社会闲散资金集中起来，转化为生产建设资金。债券有国家发行的公债（国库券）、银行发行的债券（金融债券）和企业发行的债券（企业债券）等类别。

（3）融资租赁属于负债筹资，不必支付全部资金就能引入所需的先进技术装备。租金事先预定，定期支付，其筹资风险小于其他筹资方式，并能避免通货膨胀对企业筹资的影响。融资租赁具有分期付款的特点，企业在获得设备使用权的同时，不必支付过多的现金。这样便可以使企业保持较高的偿付能力，维护企业的财务信誉。

（4）短期资金是指要在一年内偿还的资金，企业筹集短期资金是为了弥补流动资金的不足。短期银行借款、商业信用和应付费用是短期资金的三种筹集方式。

（二）资金成本

资金成本又称资本成本，是企业为筹集资金和使用资金而付出的代价。资金成本包括筹资费用和用资费用两部分。资金筹集费用是指企业为筹集资金而付出的代价。如向银行支付的借款手续费，向证券承销商支付的发行股票、债券的发行费等。用资费用主要包括资金时间价值和投资者收取的报酬两部分，如向银行借款所支付的利息，发放股票的股利等。资金占用费与筹资金额的大小、资金占用时间的长短有直接联系。

资金成本是在商品经济条件下，资金所有权与资金使用权分离的产物。资金成本是资金使用者对资金所有者转让资金使用权利的价值补偿，有时也认为投资者的期望报酬就是受资者的资金成本。资金成本是企业选择筹资的来源和方式、拟定筹资方案的依据，同时也是评价投资项目可行性的衡量指标。

二、投资管理

（一）流动资产管理

流动资产是指在一年或超过一年的一个营业周期内变现或耗用的资产。流动资产管理主要包括现金管理、应收账款管理和存货管理等内容。

1. 现金管理

现金是企业占用在各种货币形态上的资产，是企业可以立即投入流通的交换媒介。广义现金的内容包括库存现金、银行存款、银行本票、银行汇票等。现金是企业流动资产中流动性最强、最具有活力的资产，同时也是获利能力较弱的资产。

企业现金管理就是在保证企业生产经营所需现金的前提条件下，加快现金周转，节约使用现金，降低现金持有成本，合理运用闲置现金，以获取一定收益。现金管理的实质就是，要在增加资产流动性和提高资产收益性之间寻求合理的解决方法。

2. 应收账款管理

应收账款是企业因对外赊销产品、材料或者赊供劳务等其他原因，而向购货单位或接受劳务的单位收取的款项。在市场经济条件下，商品价值与使用价值的相对分离是应收账款产生的主要原因。

应收账款管理的基本目标是发挥应收账款强化竞争、扩大销售功能效应的同时，尽可能降低投资的机会成本、坏账损失与管理成本，制订合理的赊销策略，采用有效的收账方法，作出有利于企业的应收账款决策，最大限度地提高应收账款投资的效益。

3. 存货管理

存货是指企业在生产经营中为了生产或销售而储备的物资，包括商品、各种原材料、辅助材料、燃料、低值易耗品、在产品、半成品、产成品、包装物等。一般来说存货有利于生产经营过程的顺利进行，节约采购费用与生产时间。但存货必然占用更多的资金，付出更大的持有成本、存货的储存与管理费用。因此，如何在存货的成本与收益之间进行利弊权衡，实现二者的最佳组合，成为存货管理的基本目标。

（二）固定资产管理

固定资产是指使用期限较长、单位价值较高、并且在使用过程中保持原有实物形态的资产，主要包括建筑物、机器设备、运输设备和其他与生产经营有关的设备、工具、器具等。固定资产具有投资时间长，技术含量高；收益能力高，风险较大；价值的双重存在；投资的集中性和回收的分散性等特征。固定资产是企业垫支于劳动手段上的资金，是企业资产中很重要的一部分。它的数额表示企业的生产能力和扩张情况，因此，必须加强对固定资产的管理。固定资产使用效率的提高，取决于固定资产是否全部投入使用，投入使用的固定资产是否满负荷运行。在市场经济条件下，要使固定资产使用效率最大，还取决于固定资产提供的产品和劳务在市场上是否有销路。

三、利润分配管理

利润是企业在一定时期内从事各项经营活动所取得的财务成果。利润总额是企业一定时期内全部收入抵减全部支出后的余额（若为负数则为亏损）。利润是企业生产经营活动的最终成果，是衡量企业生产经营管理的重要指标。利润总额为正，表示该企业为盈利企业；利润总额为负，表示该企业为亏损企业。

（一）利润分配的法律依据

利润分配是指企业按照国家有关法律法规和企业章程，对所实现的净利润在企业与投资者之间、利润分配各项目之间和投资者之间进行分配。按照税法的规定，企业取得利润后，先要向国家缴纳所得税，剩余部分为净利润，然后再进行分配。对企业的净利润，应按下列顺序进行分配：被没收财产损失、支付各项税收的滞纳金和罚款；弥补以前年度亏损；提取法定盈余公积金；提取公益金；提取任意盈余公积金；向投资者分配利润。企业的利润分配是一项政策性较强的工作，在分配中要坚持兼顾国家、投资者、企业和职工各方面的利益，正确处理分配与积累之间的关系等原则。

（二）利润的预测、计划和控制

1. 利润预测

利润预测，就是在销售和费用预测的基础上，通过对销售数量、价格水平、成本费用状况进行分析与预测，测算出企业未来时期的利润水平。利润预测的方法很多，最常用的是量本利分析法。

2. 利润计划

利润计划，就是在利润预测的基础上所编制的，对利润预测和经营决策结果的具体反映，是财务计划的一个重要组成部分。

3. 利润控制

利润控制，就是根据利润计划的要求，对影响企业目标利润实现的各种因素进行有效的管理。具体来说主要包括以下工作：

（1）努力挖掘潜力，降低成本费用，提高商品质量，增强企业竞争力。
（2）以市场为导向，努力开发新产品，满足市场需求。
（3）建立责任制，将责、权、利结合起来，对利润进行合理的管理。
（4）充分有效地运用企业的各类资产，严格控制营业外支出，尽量减少各种损失。

四、财务分析

（一）财务分析的概念

财务分析又称财务报表分析，是以企业财务报表和其他相关资料为依据，采用专门的方法和技术，系统分析和评价企业过去和现在的财务状况、经营成果及其变动情况的活动。企业的财务分析同时肩负着双重目的，一方面剖析和洞察自身财务状况与财务实力，分析判断外部利益相关者的财务状况与财务实力，从而为企业的经营决策提供财务信息支持；另一方面从价值形态方面对业务部门提供咨询服务。

（二）财务分析的内容

1. 运营能力分析

运营能力是社会生产力在企业中的微观表现，是企业各项经济资源，基于环境约束与价值增值目标，通过配置组合与相互作用而生成的推动企业运行的物质能量。营运能力不仅决定着企业的偿债能力与获利能力，而且是整个财务分析工作的核心点所在。

运营能力分析指标主要有五个：一是流动资产周转情况，流动资产周转情况主要有应收账款周转率、存货周转率和流动资产周转率;二是固定资产周转率,固定资产周转率是指企业年销售收入净额与固定资产平均净额的比率,是反映企业固定资产的周转情况,衡量固定资产利用效率的一项指标;三是总资产周转率,总资产周转率是企业销售收入净额与资产平均总额的比率。它衡量的是企业全部资产的使用效率;四是应收账款周转率;五是存货周转率。

2. 获利能力分析

获利能力实际上是指企业的资金增值能力或企业挣取利润的能力。获取期望的利润是企业最直接的经营目的,同时也是企业生存和发展的基础,它不仅关系到企业所有者的利益,也是企业偿还债务的一个重要来源。

获利能力的分析指标主要为:

(1) 销售毛利率。销售毛利率是销售毛利与销售收入之比。

(2) 销售净利率。销售净利率是净利润与销售收入之比。

(3) 成本利润率。成本利润率是反映获利能力的一项重要指标,是利润与成本之比,这里成本主要指经营成本。

(4) 总资产报酬率。总资产报酬率是企业息税前利润与企业资产平均总额的比率。

(5) 净资产收益率。净资产收益率又称为自有资金利润率或权益报酬率,是净利润与平均所有者权益的比值。

(6) 资本保值增值率。资本保值增值率是指所有者权益的期末总额与期初总额之比。

3. 偿债能力分析

偿债能力是指企业偿还到期债务的能力,是反映企业财务状况和经营能力的重要标志。企业偿债能力低,不仅说明企业资金紧张,难以支付日常经营支出,而且说明企业资金周转不灵,难以偿还到期债务,甚至面临破产危险。企业偿债能力包括短期偿债能力和长期偿债能力。

4. 社会贡献能力分析

企业社会贡献能力是指企业承担社会责任,为社会所作贡献的能力。如企业上缴的各项财政收入对国家财政收入总额的影响,即企业对整个社会贡献的大小。衡量企业对社会的贡献大小,主要有两个指标——社会贡献率和社会积累率。社会贡献率是企业社会贡献总额与平均资产总额的比值,反映了企业占用社会经济资源所产生的社会经济效益的大小,是社会进行资源有效配置的基本依据。社会积累率是企业上缴的各项财政收入与企业社会贡献总额的比值。其计算公式为:

$$社会积累率 = 上缴国家财政名额 \div 企业社会贡献总额 \times 100\%$$

其中"上缴国家财政总额"包括企业依法向各级财政缴纳的各项税款,如增值税、所得税、产品销售税金及附加。

任务实施

根据本节课知识内容，能够对某公司资金进行合理的管理，对公司进行基础的财务分析。

任务考核

在课堂上，通过现场展示的方式，向同学布置小组任务，考核成绩学生互评分占比70%，教师评分占比30%。

综合实训

以小组为单位，深入企业进行调研，科学分析该公司的财务状况，提出合理的筹资方式。

同步测试

一、选择题

1. 获利能力分析指标为（　　）。
   A. 销售毛利率　　　　　　　　B. 应收账款周转率
   C. 存货周转率　　　　　　　　D. 流动资产周转率
2. 使用期限较长、单位价值较高，并且在使用过程中保持原有实物形态的资产是（　　）。
   A. 固定资产　　　　　　　　　B. 流动资产
   C. 现有资产　　　　　　　　　D. 无形资产
3. 社会贡献能力指标包括（　　）。
   A. 社会贡献率和容积率　　　　B. 社会贡献率和社会劳动生产率
   C. 社会劳动生产率和社会累计率　D. 社会贡献率和社会累积率

二、简答题

简述财务分析的内容。

家政服务公司经营与管理

任务七 人力资源管理

任务描述

管理大师德鲁克说,所谓现代管理事实上就是人力资源管理。在国内外竞争日趋激烈的环境下,人力资源的数量和质量已成为推动企业发展的关键因素和企业获取利润的重要手段。企业的兴衰成败、实力强弱已不再取决于企业拥有的物质资本,而取决于企业是否拥有具备创新能力的专业知识人才和高素质员工,他们是企业的一种战略资源,也是国内外企业争夺的焦点。因此,掌握人力资源管理的理论和基础知识已成为学习企业管理知识的重要内容。

任务分析

1. 了解人力资源管理的概念和内涵。
2. 掌握人力资源管理的内容。

相关知识

一、人力资源管理的概念

人力资源是指在一定区域内能够推动生产力发展和创造社会财富的,能进行智力劳动和体力劳动的人们的总称。就企业而言,人力资源就是指企业内所有与员工有关的资源,包括员工的能力、知识、技术和态度等。在知识经济时代,人力资源是管理中最主要的资源,是推动整个经济和社会发展的最重要的力量。

二、人力资源管理的内涵

所谓人力资源管理,是指企业为实现发展目标,运用科学的理论和方法,对人力资源的取得、开发、保持和利用等方面所进行的系统性管理活动。由此定义可以看出：人力资源管理是一种管理活动，它具有管理活动的一切职能性质；它的目标是实现企业目标；它的职能是企业的局部，但服务于企业的整体；它以企业为背景，以企业内的成员为作用对象。

人力资源管理采用"人本管理"的思想，认为人不仅仅是一种为企业提供劳动力的手段，而应是管理工作本身的"目的"。它把每一个员工都看作宝贵的人力资源，力图将组织的目标和员工个人的目标有机结合起来，注重对人的能力、创造力和智慧潜力的挖掘和发挥。人力资源管理将人视为生产经营中的一种特殊和宝贵的资源，是对人力资源进行有效开发、合理配置、充分运用和科学管理等一切管理过程的活动。

三、人力资源管理的内容

人力资源管理是企业经营管理的重要职能。在企业明确目标，建立有效的、灵活的组织机构之后，就必须将工作落实给一些具体的员工，实现人员与岗位的配合，并由他们来达成企业的目标。企业人力资源管理工作概括起来主要围绕四个大的方面展开，具体为选人、育人、用人和留人。

（一）选人

1. 人员配备的概念及原理

人员配备是指对组织内人员进行恰当而有效的选拔、培训和考评，配备合适的人员去充实组织机构中所规定的各项职务，以保证组织活动的正常进行，进而实现组织的既定目标。但管理学中的人员配备，主要是指对主管人员进行恰当而有效的选拔、培训和考评。人员配备的原理有以下内容：

（1）职务要求明确原理。由于人员配备的目的是以合适的人员去充实组织机构中所规定的各项任务，职务要求明确可以更好地选配合适的人员。

（2）责权利一致原理。只有责权利一致，才能使主管人员盯紧目标，竭尽全力地完成组织赋予他的使命，真正发挥主管人员的作用，从而避免有职无权、职责不明的现象和权、责、利不对等的情况。

（3）公平竞争原理。公平竞争指对竞争各方以同样的规则，公正地进行考核、录用和奖惩的竞争方式。人员配备时必须保证对重要职位竞争的条件、规则、奖惩标准等的公平，对所有人一视同仁，不偏不倚。

（4）用人之长原理。在人力资源管理中，组织的任何人都可以在一定的岗位上发挥作用，关键是为员工创造发挥作用的条件。管理者要善于发现人的优点，用人所长。

（5）不断培养原理。不断培养原理，是指任何一个组织，越是想要使其主管人员能胜任其所承担的职务，就越是需要他们去不断地接受培训和进行自我培养。主管人员必须注意对下级的培养，其本人也要寻求培养的机会和进行自我培养，以适应社会的发展，这是人员配备的整个过程始终要坚持的原则。

2. 人员选聘

（1）内部招募。内部招募的优点：具有客观性，管理者能够通过内部资料对员工的性格、工作动机以及发展潜能等方面有比较客观、准确的认识；员工前期对组织文化有认同感，对组织的忠诚度较高，离职率低；比从外部招募的新员工更快地进入角色；内部选拔能够给员工提供晋升机会，强化员工为组织工作的动机，也会提高员工对组织的承诺。

内部招募的缺点：内部选拔需要竞争，而竞争的结果必然有成功与失败。竞争失败的组织员工势必心灰意冷，士气低下，不利于组织的内部团结；同一组织内的员工有相同的文化背景，可能会产生"团体思维"现象，抑制了个体创新，有可能会给组织带来灾难性的后果；内部选拔有可能是按年资而非能力，从而对组织的人力资源管理机制产生危害；有可能出现"裙带关系"的不良现象；内部选拔可能导致部门之间"偷抢人才"现象，不利于部门之间的团结协作。

（2）外部招募。外部招募的优点：新员工会带来不同的价值观和新观点、新方法。通过从外部招募优秀的技术人才和管理专家，就可以在无形中给组织原有员工施加压力，激发斗志，从而产生"鲶鱼效应"；外部挑选的余地很大，能招聘到许多优秀人才，尤其是一些稀缺的复合型人才，这样可以节省大量内部培训的费用；外部招募也是一种很有效的交流方式，企业可以借此潜在的员工、客户和其他外界人士中树立良好的形象。

外部招募，除了招聘成本和决策风险较大以外，还存在以下不足：选择难度大，时间长；从外部招募来的员工需要花较长的时间来进行培训和定位，才能了解组织的工作流程和运作方式。

（二）育人

1. 员工培训

员工培训是指组织为了提高劳动生产率和个人对职业的满足程度，直接有效地为组织生产经营服务，从而采取各种方法，对组织各类人员进行的教育培训投资活动。

2. 员工培训的实施程序

在员工培训的实施过程中，有以下几方面的具体工作：

（1）明确专门的管理部门和人员，企业人力资源部门应配备专门的人员负责规划和实施各类培训工作。

（2）员工培训计划和制度的制定。根据企业自身的需求和未来发展计划、整个行业情况、竞争压力情况和劳动力市场的供需情况，制定企业各部门中各职位员工的培训计划和培训制度。

（3）员工素质评估。从一个新员工进入公司开始，公司就应对该员工的素质和未来期望进行评估，并进行准确的定位，从而根据公司已经制定出的职位培训制度，初步确定该员工的未来培训计划。

（4）实施培训，由人力资源部门的专门人员负责主持实施企业的员工培训。

（5）培训结果评估，对员工的工作业绩和培训效果进行分阶段的评估，决定是否调整该员工的职业定位或该员工的个人培训计划。

（6）意见反馈，修改培训计划。在整个过程当中，人力资源部门不仅要听取员工所在部门对该员工工作情况和培训效果的反馈，还要主动与员工交流意见，听取员工对自身培训计划的反馈意见。

3. 员工培训的途径和具体方式

（1）内部开发和外部开发。内部开发是指企业拥有专门的培训部门对员工进行培训。这样的优点是能够节约成本，并且培训更有针对性，但缺点是培训效果受培训师影响比较大。外部开发是利用社会培训资源开发培训，要选择范围广。

（2）在职培训和脱产培训。重要的岗位一般采用在职培训。一方面是因为岗位需要员工不断充电，必须接受新的思维和管理方式；另一方面岗位的不可替代性要求人不能离岗，所以在职培训是比较理想的方式。脱产培训可以让员工更系统地学习，有利于全面素质的提高，有利于培育新人，特别是针对后备管理人员。

（3）全员培训和个体培训。长远而言，全员培训对企业的整体发展有着不可估量的贡献。但是，全员培训的成本太高，个体培训针对性强，为企业创造经济效益比较明显。

（三）用人

1. 绩效管理的含义

绩效管理是指各级管理者和员工为了达到组织目标共同参与的绩效计划制定、绩效辅导沟通、绩效考核评价、绩效结果应用、绩效目标提升的持续循环过程。绩效管理的目的是持续提升个人、部门和组织的绩效。

2. 绩效管理的流程

完整的绩效管理包括以下四个步骤：绩效计划的制订、绩效实施、绩效考核、绩效反馈。

（1）绩效计划的制订。这一阶段是绩效管理过程的开始。主要任务是通过管理者与员工的共同商讨，确定员工的绩效目标和评价周期。

(2) 绩效实施。绩效实施阶段是整个绩效管理的关键阶段。其主要包括两方面的内容：其一，绩效考核方法的选择，在拟定了绩效指标之后如何选择合适的方法获取真实可靠的绩效信息是需要重点把握的问题；其二，实施过程的监控问题，重在防止实施细节偏离绩效计划。

(3) 绩效考核。员工绩效考核是指按照预先确定的标准和程序，采用科学的方法，检查和评定员工对职位所规定职责的履行程度，以确定其工作能力和工作成绩的过程。

(4) 绩效反馈。通过绩效反馈与面谈，使员工了解自己的绩效以及上级对自己的期望，认识自己有待改进的方面；与此同时，员工也可以提出自己在完成绩效目标中遇到的困难，请求上级的指导和谅解。

(四) 留人

1. 薪资管理

企业薪酬制度的建立，一般应经过以下步骤：

(1) 组织薪酬情况调查，了解员工薪酬现状。
(2) 进行岗位评估，确保内部公平。
(3) 调查薪酬管理中存在的问题。
(4) 确定企业薪酬总额。
(5) 设计奖金模式、津贴模式和长期激励模式。
(6) 形成薪酬制度、奖金制度、福利制度和长期激励政策文件。

企业薪酬一般有以下几种形式：

(1) 计件（奖励）工资制。按工作量多少计算工资。
(2) 计时工资制。按实际工作时间计算工资，工作时间包含正常工时和加班工时。
(3) 销售收入提成工资制。按销售收入多少提取员工收入，适合营销业务人员。
(4) 项目包干工资制。适用于科研单位和科研人员。
(5) 年薪制。适用于企业主要领导（董事长、总经理等）。

2. 劳动关系管理

人力资源管理人员还要针对与聘用立法有关的事项提供意见，并应熟知与法律条款适用性有关的实际问题。对管理者与被管理者、员工与雇主、员工与员工之间的关系进行协调，避免不必要的冲突和矛盾。同时，要考虑到员工的利益，保障员工的个人权益不受侵犯，以和谐的企业劳动关系留住人才。

企业与员工签订的劳动合同一般是推荐使用当地示范文本，因其是依法根据当地经济文化发展的一般水平和企业管理的一般状况制定的。企业可以根据自身情况以示范文本为基础订立劳动合同的具体内容。具体来讲，劳动合同应该包括以下条款：用人单位的名称、住所和法定代表人或者主要负责人；劳动者的姓名、住址和居民身份证或者其他有效身份证件号码；劳动合同的期限；工作内容和工作地点；工作时间和休息休假；劳动报酬；社会保险；劳动保护、劳动条件和职业危害防护。

解决劳动争议，应当根据事实，遵循合法、公正、及时、着重调解的原则，依法保护当事人的合法权益。根据我国劳动立法的有关规定，当发生劳动争议时，争议双方应协商解决，也可以请工会或者第三方共同与用人单位协商，达成和解协议。当事人不愿协商、协商不成或者达成和解协议后不履行的，当事人可以向劳动争议调解委员会申请调解。不愿调解、调解不成或者达成调解协议后不履行的，当事人一方可以向劳动争议仲裁委员会申请仲裁。对仲裁裁决不服的，可以向人民法院提起诉讼。

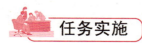

根据本节课知识内容，从人力资源管理的角度为某公司提供一份激励员工工作积极性的方案。

在课堂上，通过现场展示的方式，向同学布置小组任务，考核成绩学生互评分占比70%，教师评分占比30%。

以小组为单位，深入企业进行调研，了解该公司的人力资源管理制度，并提出有效的意见和建议。

同步测试

一、选择题

1. 企业主要领导适用于（　　）。
  A. 项目包干工资制　　　　　　　　B. 年薪制
  C. 计时工资制　　　　　　　　　　D. 计件工资制

2. 内部招聘的优点是（　　）。
  A. 员工前期对组织文化有认同感，对组织的忠诚度较高，离职率低

B. 可能会产生"团体思维"现象

C. 内部选拔有可能是按年资而非能力，从而对组织的人力资源管理机制产生危害

D. 有可能出现"裙带关系"的不良现象

3. 绩效管理的流程不包括（　　）。

A. 绩效计划的制定　　　　　　B. 绩效实施

C. 绩效考核　　　　　　　　　D. 绩效评价

二、简答题

简述人力资源管理的基本内容包含哪些。

任务八 管理信息系统运用

任务描述

管理信息系统是一个以人为主导，利用计算机硬件、软件、网络通信设备以及其他办公设备，进行信息的搜集、传输、加工、储存、更新、维护，以企业战略竞优、提高效率和效益为目的，支持企业高层决策、中层控制、基层运作的集成化的人机系统。管理信息系统中最重要的成分是信息，管理信息系统能起多大作用，对管理做出多大贡献，很大程度上取决于有没有足够的高品质信息，而能否得到足够的高品质信息又取决于工作人员对信息的认识。

任务分析

1. 了解管理信息系统的概念及功能结构。

2. 应用科学的管理制度和方法，对生产现场进行有效管理。

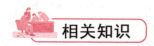

一、管理信息系统的概念

"管理信息系统"一词最早出现在1970年,由瓦尔特·肯尼万(Walter T. Kennevan)给它下了一个定义:"以书面或口头的形式,在合适的时间向经理、职员以及外界人员提供过去的、现在的、预测未来的有关企业内部及其环境的信息,以帮助他们决策。"管理信息系统(Management Information Systems,简称MIS)是指由一系列专门的人员(信息管理人员)或部门组成,企业(组织)者进行信息的搜集、加工、储存、传递、更新的系统。

二、信息管理系统的功能结构

1. 销售市场子系统

销售市场子系统包括销售和推销,在运行方面包括雇佣和训练销售人员、销售和推销的日常调度,还包括按区域、产品、顾客的销售数量的定期分析等。

2. 生产子系统

生产子系统包括产品设计、生产设备计划、生产设备的调度和运行、生产人员的雇佣和训练、质量控制和检查等。典型的业务处理是生产订货(即将产品订货展开成零部件需求)、装配订货、成品票、废品票、工时票等。

3. 后勤子系统

后勤子系统包括采购、收货、库存控制和分发。典型的业务包括采购的征收、采购订货、制造订货、收货报告、库存票、运输票、装货票、脱库项目、超库项目、库营业额报告、卖主性能总结、运输单位性能分析等。

4. 人事系统

人事系统包括雇佣、培训、考核记录、工资和解雇等。典型业务有雇佣需求说明、工作岗位责任制说明、培训说明、人员基本情况数据(学历、技术专长、经历等)、工资变化、工作小时、离职说明等。

5. 财务和会计子系统

财务和会计有不同的目标,财务的目标是保证企业的财务要求,并使其花费尽可能低；会计则是把财务业务分类、总结、填入标准财务报告、准备预算、成本数据的分析与分类等。

6. 信息管理子系统

信息管理子系统的作用是保证信息的需要，典型任务是处理请求、搜集数据、改变数据和程序的请求、报告软件和硬件的故障，以及规划建议等。

7. 高层管理子系统

每个企业都有一个最高领导层，如公司总经理和各职能领域的副总经理组成的委员会，高层管理子系统就是为他们服务。其业务包括查询信息和决策支持、编写文件和信件便笺、向公司其他部门发送指令等。

三、信息管理系统的特点

1. 服务性

管理信息系统的最终目的是为管理者服务的，因此，必须根据管理的需要，及时提供所需要的信息，以帮助管理者做出各种相应的决策，它是管理者提高管理效率的一种手段。

2. 综合性

从广义上讲，管理信息系统是一个对企业进行全面管理的综合系统。按管理职能可以分为以下几个子系统：市场销售子系统、生产管理子系统、财务管理子系统、人事管理子系统、库存管理子系统、信息管理子系统、高层管理子系统。一个企业在建设管理信息系统时，可根据需要逐步开发应用个别领域的子系统，然后逐步扩散到其他领域，最终达到应用管理信息系统进行全面综合的管理。管理信息系统综合的意义在于产生更高层次的管理信息，为管理决策服务。

3. 人机系统

管理信息系统的目的在于辅助管理人员进行决策，而决策只能由人来做，计算机只是一个工具而已，因而管理信息系统必然是一个人机结合的系统。在管理信息系统中，各级管理人员既是系统的使用者，又是系统的组成部分，因此在管理信息系统的开发过程中，应正确地界定人和计算机在系统中的地位和作用，充分发挥人和计算机各自的长处，使系统的整体性能达到最优。

4. 现代管理方法和手段相结合的系统

人们在管理信息系统应用的实践中发现，只简单地采用计算机技术提高处理速度，而不采用先进的管理方法，管理信息系统的应用仅仅是用计算机系统仿真手工管理系统，充其量只是减轻了管理人员的劳动，其作用的发挥十分有限。管理信息系统要发挥其在管理中的作用，就必须与先进的管理手段和方法结合起来。在开发管理信息系统时，要融入现代化的管理思想和方法。

5. 不断完善的动态系统

企业作为一个组织，自身也在不断地发展变化之中，如部门的增加与合并、人员的流动等。同时为了适应市场的变化，在生产经营的过程中，又要不断地调整经营策略，如产品的更新换代、新产品的开发等。作为反映企业全面综合管理的系统，也必须不断地进行更新与维护，才能有效地为管理决策服务，因此，管理信息系统是个不断完善的动态系统。

6. 多学科交叉的边缘科学

管理信息系统作为一门新的学科，产生较晚，其理论体系尚处于发展和完善过程中。早期的研究者从计算机科学与技术、应用数学、管理理论、决策理论、运筹学等相关科学中抽取相应的理论，构成管理信息系统的理论基础，从而形成一个有着鲜明特色的边缘科学。

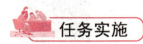

根据本节课知识内容，对某公司的信息管理系统进行划分。

在课堂上，通过现场展示的方式，向同学布置小组任务，考核成绩学生互评分占比70%，教师评分占比30%。

以小组为单位，深入企业进行调研，了解该企业信息管理系统如何进行运作。

同步测试

简答题

1. 管理信息系统内部结构包含哪些组成部分？
2. 管理信息系统有何特点？

模块三　家政服务公司经营与管理

项目一　家政服务公司认知

家政服务公司认知

【项目介绍】

通过对身边家政服务公司的观察,结合公司的基本情况,通过课堂学习和课外学习,认知家政服务公司,了解家政公司设立的程序和条件,具有现代家政服务公司经营与管理的基本思想。

【知识目标】

1. 熟知家政服务公司定义。
2. 熟知家政服务公司服务范围。
3. 熟知家政服务公司设立过程。

【技能目标】

1. 能明确说出家政服务公司设立的过程与条件。
2. 能举例说明家政服务经营内容。

【素质目标（思政目标）】

1. 具有家政服务公司的基本认知。
2. 具有对我国现代家政服务公司制度的科学认识。

模块三　家政服务公司经营与管理

案例引入

济南阳光大姐是济南市妇联于2001年10月创办的家政服务机构，主要为失业失地妇女、农村富余妇女劳动力、女大中专毕业生等生活困难、就业困难群体提供教育培训、就业安置、权益维护等系列化服务，为社会家庭提供家政服务。

阳光大姐始终坚持"安置一个人、温暖两个家"的服务宗旨和"责任+爱心"的服务理念，坚持诚信经营、走职业化发展道路，探索出阶梯式、系列化的培训模式，以家政服务为主、相关服务配套的产业化经营模式，以及标准化管理、企业社会责任管理并进的科学化管理模式，实现了快速发展。阳光大姐较早引入了ISO 9001质量管理体系，建立起国家级家政服务标准体系，制订企业标准1 100余项，9项成为地方标准、5项成为国家标准。服务领域涉及母婴生活护理、养老服务、家务服务和医院陪护4大模块、12大门类、31种家政服务项目，并将服务延伸至母婴用品配送、儿童早教、女性健康服务等10个领域，在培训、安置、服务家庭、引领发展等方面作出积极贡献。

任务一　认知家政服务公司

任务描述

近年来，随着我国经济的快速发展和人民生活水平的提高，家政服务业逐步发展壮大，新兴业态不断涌现，连锁经营等逐步推广，龙头企业规范化、标准化和品牌化建设有序推进，从业人员培训体系日趋完善，行业协会作用逐步显现。近年来我国家政服务业整体保持良好发展势头，家政服务业产业规模继续扩大。请认真观察了解一下周围，家政服务公司情况是什么样的？是如何成立的？公司的经营范围是怎样的？

任务分析

1. 了解家政服务公司的形成与发展。
2. 认知身边的家政服务公司。

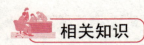

一、家政服务公司的产生

随着经济的快速发展,人民生活水平的不断提高,以及我国人口老龄化的加剧,家务劳动社会化的趋势日益凸显,家政服务公司陆续出现在各个城市。目前,我国在册的家政服务公司达74万余家,家政服务业从业人数约超3 600万人。一些家政服务公司已初具规模,服务范围也随之扩大,并打造出很多家政服务品牌,比如天津的天鹅到家、北京的管家帮等。

20世纪90年代中期,妇联为大量下岗女工寻求再就业的机会。先后尝试了早餐车和卖菜工程,但都没形成规模。当时我国有1 100万的社区家政服务岗位空缺,让妇联看到了希望,一方面大力做好宣传引导工作,帮助下岗女工转变观念,制定政策,开办家政服务培训班等。另一方面,开始在街道搞试点,为家庭提供保洁、洗衣做饭、看护病人、计时工等服务,专门搭建再就业工作平台。但政府提供的只是服务,不是经营,这需要有相应的机构来创业。因此,就产生了家政公司和一些中介组织,并把家政业当事业来发展。

二、家政服务公司的定义

家政公司起源于1899年,又称保姆公司,指的是提供月子护理、家庭管家、老人陪护、管道疏通、开荒保洁、室内外清洁、打蜡、清洗地毯、沙发、月嫂服务、管家、钟点工等服务的公司。

家政服务公司是指由专业家政人员来提供室内外清洁、外墙清洗、地毯清洗、钟点工等家政服务,将部分家庭事务社会化、职业化的社会盈利组织。家政公司的出现加强了家庭与社会的互动,构建了家庭规范,提高了家庭生活质量,以此促进整个社会的发展。

三、家政服务公司的服务内容

(1)一般家务。主要制作家庭便餐、家居保洁、衣物洗涤、园艺等,以家务的服务为主。

(2)看护。对婴幼儿的照料、看管;照料、陪护老年人;在家庭或医院照料、看护病人;护理产妇与新生儿,亦称月嫂。

（3）家庭教育。主要是对幼儿或小学生的品德和良好习惯的培养、智力开发和学业辅导。

（4）家庭理财和秘书。对客户日常生活开支的管理，包括采购、记账等；从事家庭或家庭企业的文书档案处理、电脑操作、公关事务、汽车驾驶等。

（5）家庭安全员。一类是负责家庭器物的维修与安全，如负责水电、电器、电脑、住宅的维修服务与安全等，又称家庭技术员；另一类是负责家人的安全，又称家庭保安员。

（6）管家。对客户的家庭事务进行全面安排，具体安排其他家庭服务员的日常工作。能针对客户家人的不同特点，调配膳食，美化家庭环境，安排家庭休闲娱乐、旅游，迎送宾客，指导合理的作息等。

四、家政服务公司的类型

目前，我国家政企业的经营管理模式有中介制、员工制及混合制三种。

1. 中介制

中介制是目前家政公司运行的主要管理模式。该模式是指家政公司作为中间人，为家政服务从业人员和雇主家庭提供对接服务，由雇主与家政服务人员签订家政服务合同，家政公司则按次收取中介费，不承担其他任何责任。

中介型家政公司是中华人民共和国成立后出现最早的家政服务组织运作模式。产生于20世纪80年代初期，开创了中华人民共和国成立以来家政服务组织化运作的先河。中介制管理模式的优点是服务过程简单、手续简便、企业风险小、前期投入小、运行成本低，但缺点也是显而易见的。家政公司通常的关注点和实践操作重点是中介业务和收取费用，在业务介绍成功以后很少再介入其中。对于前期的从业人员严格培训、后期的服务质量跟踪和人员管理则很难保证，导致家政服务满意度差、矛盾纠纷多，从而影响到家政服务业的整体形象。

2. 员工制

家政服务员要经过统一培训、统一考核，考核合格后统一由家政公司负责安排工作。即家政服务员是作为家政公司的员工派遣给雇主，家政公司对家政服务员和雇主实施全面、全程管理。家政服务员与雇主之间只存在服务与被服务的关系，两者之间不直接发生经济往来，且合作双方均是面对家政服务企业。由家政服务公司来保障两者的安全、服务质量，平衡两者的权益。最早的员工制家政公司创立于1994年，实行招生、培训、考核、派遣与后期管理一体化作业模式。员工制公司管理较正规，人员服务更为规范，职业素养相对更高，服务收费自然也相对高些。双方权益的保障有制度的安排，是家政服务业未来的发展方向。

3. 混合制

混合制是介于中介制和员工制两种模式之间的一种并轨经营管理模式。对员工实行员工制和中介制混合管理，并根据户主对家政服务员的需求采取不同的服务和管理办法。

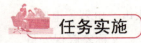 **任务实施**

经过知识学习之后，分小组调查和搜集某家政服务公司资料，撰写公司简介。

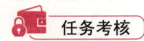 **任务考核**

在课堂上，通过现场展示的方式，向同学布置小组任务，考核成绩学生互评分占比70%，教师评分占比30%。

 **综合实训**

寻找两种不同类型的家政公司，比较它们的异同。

 **同步测试**

一、选择题

1. 以下哪项不是我国家政服务公司的类型（   ）。
   A. 中介制　　　　　B. 员工制　　　　　C. 混合制　　　　　D. 经营制

2. （   ）是目前家政公司运行的主要管理模式。
   A. 中介制　　　　　B. 员工制　　　　　C. 混合制　　　　　D. 经营制

3. （   ）家政服务员是作为家政服务企业的员工派遣给雇主。
   A. 中介制　　　　　B. 员工制　　　　　C. 混合制　　　　　D. 经营制

二、简答题

简要说明家政服务公司的定义，并举例说明。

模块三　家政服务公司经营与管理

任务二
认知家政服务公司的设立

任务描述

中国家政服务业已初具规模，众多家政服务公司如雨后春笋般出现在各个城市，有些甚至已形成一定品牌，服务范围日益扩大，内部分工更加精细，服务内容开始分级。请认真观察了解一下，这些家政服务公司是如何成立的？成立的条件和步骤有哪些？

任务分析

1. 了解家政服务公司成立的条件和步骤。
2. 了解家政服务公司的选址要求。

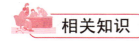

一、家政服务公司的市场调研和分析

（一）市场描述

随着中国城镇化进程，家庭小型化、人口老龄化、全面三孩政策等社会变迁因素为家政服务业提供潜在的消费需求，加上居民购买力提升，中国家政行业市场规模持续扩大。数据显示，中国家政行业市场规模由 2015 年的 2 776 亿元上升至 2020 年的 8 782 亿元，预计 2021 年市场规模将超过万亿元。我国家政服务行业迅猛发展，呈现出全面繁荣的景象。

（二）市场分析

1. 企业规模分析

（1）企业数量。根据商务部商贸服务典型企业统计数据、国家发改委社会发展司等公

121

开数据显示,截至2021年4月,中国家政服务业从业机构有212.48万家,注册资本在100万以内有约153万家,占比约72%,注册资本在100万~500万之内约37万家,占比约18%。

(2) 从业人员数据。数据显示,2015年以来,中国家政服务业从业人数呈逐年上升的趋势,2018年突破3 000万人,达到3 072万人,2019年从业人数达到3 370万人,2020年达到3 696万人。

(3) 营业收入。中国商务部和国家发改委社会发展司公布的数据显示,2017年中国家政服务行业营业收入达到4 400亿元,同比增长26.0%,2018年为5 762亿元,同比增长27.9%。2020年中国家政服务业市场规模达到8 782亿元。

2. 行业结构分析

(1) 规模化程度。从企业数量看,规模以下企业数量是规模以上企业数量的近3倍,表明家政服务业中的经营主体仍以小型企业为主,行业规模化程度仍然不高。

从从业人员看,规模以下企业仍是家政服务业吸收就业的主要力量,但近年来由于竞争激烈导致行业结构有所调整,规模以上企业占比有所上升,其吸纳就业人员的能力进一步提升。

从营业收入看,规模以上企业营业收入占家政服务总营业收入的60%以上,表明规模以上企业比规模以下企业的经营效率更高,市场竞争力更强。

(2) 业态结构。根据商务部商贸服务典型企业统计,家政服务业经营业态可以划分为母婴护理、养老看护、小时工及其他四类。从2016年家政服务业经营业态数据来看,家政服务业中母婴护理占比30.1%,养老看护占比16.3%,小时工占比26.2%,其他占比27.4%。

二、家政服务公司的创办流程

(一) 选定经营场所

家政公司的经营场所不同于有形产品销售服务场地,对街面、门面等客流量大的地段要求不高,对装饰装潢也不要求华丽、奢侈。一般情况下,家政公司选择的经营场所主要考虑以下几方面因素。

1. 地理环境

家政公司地理位置应首先考虑交通便利,比如公交车站牌、地铁口、高档小区附近,或者在顾客步行不超过20分钟路程内的街道两侧,这也是顾客上门方便的重要保证。另外也可以选择中、大型的商场、药店、妇幼保健院、计划生育站、医院等人群消费便利的附近。或者选择社区康复中心、老人院、社区服务站、幼儿园、亲子园、学校等场所附近。

2. 经营面积

一般而言，中介型的家政公司对经营面积没有严格要求；员工型的家政公司，则应保证至少具有4个相对独立的空间，分别为办公区、待聘区、接待室和服务厅，虽然不同区域面积可大可小，但区域功能不能减少。

3. 辅助场所

辅助场所是指用于安排家政公司服务人员的场所，比如集体宿舍。集体宿舍仅用于员工制公司，是经营场所配套的辅助生活设施，便于集中管理和培训。集体宿舍一般选择远郊区域，房屋租金相对便宜。

（二）筹备资金

筹备资金是开设家政公司的物质保障。无论创办的公司规模大小，在正确预算的前提下，应考虑好公司的注册资本金如何设定并准备好相关资金。家政公司与一般的服务行业相同，所需的注册资金也相同。有限责任公司的最低注册资本为人民币3万元；一人有限责任公司最低注册资本为人民币10万元，股东一次性足额缴纳出资；股份有限公司的最低注册资本为人民币500万元。

（三）经营场所装潢装饰

在选定经营场所的基础上，如何根据服务内容和服务对象进行装潢装饰，会影响客户现场察看效果，也是衡量家政公司经营服务水准的重要参考因素。家政公司装潢装饰主要考虑以下几个要素。

1. 风格

家政公司属于服务范畴，装潢装饰的风格必须吻合家政内涵与客户需求。因此，装潢装饰设计应力求简约、简洁、宽敞、明亮。

2. 色调

家政公司并非经营具体的产品销售，装潢装饰的色调应体现欢快、轻松、稳重、典雅，满足不同客户的多重审美眼光。

3. 卫生

卫生包含两个方面：一是接待和办公区域的公共卫生，应力求从客户的签约心情和心态进行设计装饰；二是卫生间的卫生环境，除了便于整理和清洁，还应从客户的方便和心态进行装潢和设计。因为客户需要的是家政服务，卫生管理是第一需求，而家政公司的卫生间装潢装饰是凸显家政公司能否提供优质服务的一面镜子。

（四）招聘服务人员

作为家政公司，除了需要储备一定的家政服务人员作为中介或委派服务人员外，公司自身运作亦需要聘用一定数量的行政管理人员。

1. 行政管理人员

行政管理人员需要结合工作人员的能力进行有效配置。在此，我们仅就家政公司的岗位配置提供说明，创业者可结合不同人员的工作技能设定不同的工作岗位和工作职责。

（1）客户接待员。客户接待员接待客户来访咨询事宜并提供满足其要求的家政服务候选人员；接洽家政服务人员，建立家政服务人员数据名录；联系职业培训机构，商讨家政服务人员委托培训事宜；组织家政服务人员体检；代为申领外来人员就业证；协调客户与员工之间的矛盾纠纷。

（2）网络管理员。网络管理员创建并维护家政服务公司的营运网站，接收客户网上咨询委托信息，并及时转交客户接待员。操作并维护公司办公设施，包括电脑、复印机、打印机、传真机、网络等。

（3）财务会计员。财务会计员负责劳务费用结算、工资财务核算、成本管理测算、会计报表编制和财政税务核算。

2. 家政服务人员

作为家政公司，其经营的主要内容是提供家庭服务。因此，为了满足客户需求，家政公司应尽可能地储备一定量的家政服务员。当然，如果选择中介服务性质，则可以根据客户委托需求，临时进行配对选择，但其时效性将难以保证，不利于公司的长期发展。由于家政服务种类繁多，需要家政服务人员一专多能。因此，员工制家政公司大多选择对家政员工进行岗前培训。

（五）申请注册公司

申请人应向拟设立家庭劳务介绍机构所在地街道劳动部门（街道劳动服务所）提出申请，街道劳动部门会在受理后10个工作日内交区县劳动保障部门审核；区县劳动保障部门将在收到申请材料后15个工作日之内作出批准或不批准的决定，批准的，发给《××市职业介绍许可证（家庭劳务介绍）》，不批准的，将向申请者告知不批准的原因。

申请开办营利性家庭劳务介绍机构的，还须向工商行政管理部门办理工商登记。向工商行政管理部门申领注册的登记手续如下：

申请从事个体工商业经营的个人，应当持所在地户籍证明及其他有关证明，向经营所在地的工商行政管理所提出申请。对符合登记条件的，工商行政管理所将发给《申请登记表》，申请人填写《申请登记表》后，将《申请登记表》送交工商行政管理所，工商行政管理所将有关文件报送区县级工商行政管理局审查，申请者获得营业执照后，即成为个体合法工商户，就可以开始营业。

申请个体工商户企业开业登记，除须具备相应的经营能力与条件，以及本人提出书面申请外，还应提供相关证明：

（1）身份证明。申请人应提供本人身份证。

（2）经营场地证明：

①自有商业用房的产权证。

②房屋租赁合同及加盖产权人章的商业用房产权证复印件。

③进入各类市场内经营的需经市场管理办公室盖章批准。

④利用公共空地、路边弄口等公用部位作为经营场地的应提供市政、城管、土地管理等有关职能部门的批准文件或许可证。

（3）其他证明材料：

①投资人签署的个人独资企业设立登记申请书。

②企业名称预先核准通知书。

③职业状况承诺书。

（4）从事国家专项规定的行业或经营范围，应提交有关部门的审批件。

（六）办理工商税务登记

个体工商户成功获得工商营业执照以后，自领取营业执照之日起30天内，持有关证件、资料，在工商注册或单位所在的区县（地区）地方税务局纳税服务所申报办理开业税务登记。办理税务登记手续及须提供的材料如下：

（1）营业执照或有关主管部门批准开业的证明。

（2）有关合同、章程、协议书。

（3）银行开户许可证。

（4）法人或负责人居民身份证。

（5）单位公章和财务专用章。

（6）房屋产权证书或租房协议。

（7）技术监督局颁发的全国统一代码证书。

（8）税务机关要求提供的其他证件、资料。

(七) 办理银行开户手续

个体工商户在领取营业执照并刻制公章之后，即可到银行办理开户手续及开立银行结算账户。根据"中国人民银行规范人民币结算账户管理有关问题的通知"，每个法人仅可开立一个基本账户，用以提取现金及日常结算支付等，并可根据经营业务的需要，再开立其他的一般账户。

1. 开立账户需要准备的资料：

（1）营业执照副本及其复印件。

（2）组织机构代码证的副本及其复印件。

（3）法定代表人身份证复印件。

（4）留存非法定代表人印鉴的，需要签署相应的授权书。

（5）公章、财务专用章及预留人名章。

（6）经办人身份证复印件。

（7）法人的税务登记证（含国税及地税）副本的复印件（通常招商银行需要）。

（8）其他需要的证明文件。

2. 办理支票领购手续：

（1）经办人的照片。

（2）经办人的身份证复印件（通常工商银行需要）。

（3）设置开立账户的密码（通常工商银行需要）。

任务实施

经过知识学习之后，分小组调查和搜集某家政服务公司资料，分析其设立的条件及过程。

任务考核

在课堂上，通过现场展示的方式，向同学布置小组任务，考核成绩学生互评分占比70%，教师评分占比30%。

选择某家政公司，搜集其资金筹备方式。

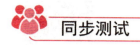 **同步测试**

一、选择题

1. 有限责任公司的最低注册资本为人民币（　　）万元。

A. 3　　　　　　　　B. 5　　　　　　　　C. 10　　　　　　　　D. 100

2. 以下（　　）不是家政公司经营场所选址要求。

A. 交通便利

B. 一定要选择街面、门面等客流量大的地方

C. 可选择在公交车站牌、地铁口、高档小区附近

D. 中介型的家政公司对经营面积没有严格要求

二、判断题

1. 家政公司的装饰装潢一定要高端、奢华。（　　）

2. 中介型的家政公司对经营面积没有严格要求。（　　）

项目二　家政服务公司经营决策

家政服务公司经营决策

【项目介绍】

通过对身边家政服务公司的观察，结合公司的基本情况，通过课堂学习和课外学习，认知家政服务公司经营决策，了解家政公司经营计划制定的程序，以及经营计划的执行过程和控制过程。

【知识目标】

1. 熟知家政公司经营计划的含义及内容。
2. 熟知家政服务公司经营计划的编制过程。

【技能目标】

1. 能编制家政服务公司经营计划书。
2. 能说出家政服务公司经营计划的控制过程。

【素质目标（思政目标）】

1. 具有对家政服务公司经营决策的科学认识。
2. 具有现代企业经营执行与控制的意识。

案例引入

万帮家政服务公司成立于 2009 年，前期采用的经营方式为"中介式"，随着公司业务规模的扩大逐步转型为"员工制"，提倡以人为本的优质生活新理念，为人们提供高质量、全方位的家政服务。公司注重短期目标与长远战略的结合，中长期目标将逐步拓宽高级家政服务及大型项目商业保洁的市场领域，涉足社交礼仪、家庭秘书、幼儿智力开发、涉外服务、家务管理、接待客人、特色营养、护理知识、安排家庭宴会、宠物服务、大型项目商业保洁等方面。

模块三 家政服务公司经营与管理

任务一
编制家政服务公司经营计划

任务描述

国内很多家政服务公司是由小个体户发展起来的，普遍存在员工文化素质偏低、经营管理意识落后、市场开拓能力差等问题，不能有效地配合家政行业进行全面的市场运作，这已经成为制约家政行业发展的一个主要障碍。通过制定、执行和控制经营计划来加强家政服务公司的管理是家政行业提高行业管理水平、促进行业发展的一项重要手段。家政公司如何编制经营计划？如何保证计划有效执行？该采取怎样的控制手段？

任务分析

1. 了解家政服务公司经营计划的编制。
2. 了解家政服务公司经营计划的执行和控制。

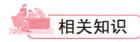

相关知识

一、家政服务公司经营计划的内涵

（一）含义

家政服务公司经营计划是指在经营决策基础上，根据市场需求和家政公司内外环境变化，结合公司发展需要，根据经营目标对家政公司的各种经营活动和所需要的各种资源，从时间和空间上进行具体统筹安排所形成的计划体系。

（二）内容

经营计划体系，纵向上可以划分为三个层次，即战略计划、基层作业计划和业务计

129

划。它们三者之间的关系是：战略计划提供由上而下的指导；基层作业计划提供由下而上的保证；业务计划发挥承上启下、上传下达的作用。按照计划的内容"5W1H"，家政服务公司经营计划重点可概括为：

（1）"What to do"——定目标，即公司要做什么。具体包括：业务范畴定边界，什么应该做什么不该做；发展目标定产值，营收要多少，利润要多少；业务重心定优势，竞争型业务、营利型业务。

（2）"How to do"——定策略，即公司如何去做。具体包括：市场定位要精准，找拓展领域；行业分析要细致，看市场环境，找自身优势；营销策略要创新，对比竞争对手，找弱点突破。

（3）"How to make sure it done"——定路径，即如何实现。具体包括：人资系统重价值，确立以贡献为标准的评估体系；研发系统重发展，促进以需求为目标的研发方向；营销系统重竞争，确立以优势为核心的市场策略；财务系统重成本，确立以产效为指标的考评机制。

二、家政服务公司经营计划的编制过程

（一）经营环境分析

1. 外部分析

（1）宏观环境。主要包括影响家政服务公司发展的各种宏观环境及其发展趋势，包括人口统计、经济、政治、法律、社会文化等方面的内容。

（2）市场需求。即家政服务公司目标市场的一些基本数据。比如用营业收入表示的市场规模、市场的细分规模。另外，还包括顾客的需求状况、购买倾向及其变化趋势等内容。

（3）竞争者状况。在此要识别主要竞争对手，了解对手公司的规模、目标、市场份额、竞争战略、服务特点、竞争优势以及竞争对手行为的反映情况等内容。

2. 内部分析

（1）公司经营情况。公司经营主要内容：公司背景，包括公司的名字，从事的业务，地理位置，服务目标定位，公司成立的年限，经营内容的变化，经营策略的调整；公司上年度经营状况分析；公司经营发展趋势；公司使命等。

（2）公司管理情况。管理方面主要针对家政公司组织结构是否合理，责、权、利划分是否科学，人员招聘、任用和选拔是否有一定标准，公司的经营策略是否利于经营目标的实现，管理控制是否到位，财务制度是否完善等内容。

3. SWOT 分析

根据家政服务公司内部和外部环境分析，总结家政公司所面临的机遇（Opportunity）、挑战（Threat），以及公司自身所具备的优势（Strength）、劣势（Weakness）。SWOT 分析的目的是通过对家政公司内外部环境的分析，找出公司内部的优势和劣势以及外部所面临的机遇和威胁，用优势抓住机遇，组合出 SO 战略对策；用优势去克服劣势，组合出 ST 战略对策；用机会弥补劣势，组合出 WO 战略对策；克服劣势避免威胁，组合出 WT 战略对策。

（二）制定经营目标

经营目标是实施经营战略所要达到的成果，它为经营计划的成功提供了衡量尺度。包括长期目标和短期目标。长期目标即战略目标，是公司五年或五年以上的长远规划。它的任务是选择、改变或调整公司的经营服务领域和业务单位，确定家政公司的发展方向和发展定位，确定实现目标的最佳途径和方法；短期目标即公司年度经营目标。它的任务是适应家政公司内外的实际情况，组织和安排好公司的经营活动，以分年度逐步实现公司的经营目标。不论长期目标还是短期目标，都要具有一定的可操作性，并尽可能量化，以保证目标的实现。

（三）经营战略、策略和执行

1. 经营战略

经营战略是为实现经营目标而提出的一种思路，一般根据公司发展的指导思想来制定。公司经营战略主要有以下三种类型：

（1）发展型战略。发展型战略是一种使企业在现有的战略基础上向更高一级的目标发展的战略。该战略以发展为导向，引导企业不断地开发新的产品，开拓新的市场，采用新的生产方式和管理方式。它强调充分利用外部环境给企业提供的有利机会，努力发掘和运用各种资源，以求得企业的发展。

（2）稳定型战略。稳定型战略是指在内外环境的约束下，企业计划在未来阶段时间内基本不改变企业内部原有资源分配和经营风格的战略。一般在市场需求及行业结构稳定或者较小动荡的外部环境中，家政公司采用此战略。

（3）紧缩型战略。紧缩型战略是指企业从目前的经营领域和基础水平收缩和撤退，且偏离战略起点较大的一种消极战略。一般企业实施紧缩型战略只是短期的，其根本目的是使企业经过风暴后转向其他的战略选择。

2. 经营策略

经营策略是指制定了企业的长期目标，为达成目标，所做的行动方案以及所需资源的分配。家政公司在年度经营策略中,要列出下一年拟使用的经营策略,对于每一个策略的执行要做出解释,并在执行表中列出每一项必须执行的策略。

3. 经营战略和策略的执行

执行计划是公司要遵照施行的年历。它指出每个月都需要做什么,谁去做以及成本是多少。预算的费用主要包括经营费用和推广费用。经营费用包括业务招待费、会议费、电话费用、办公室管理费、电话、传真、邮寄费用、办公用品等;推广费用包括广告费用、礼品制作、资料印刷、进店费、专场费、咨询及顾问费用等。这些费用都要做出预算。

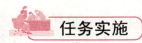

通过学习,分小组调查和搜集某家政服务公司资料,了解公司背景,介绍公司的经营计划的制定过程。

在课堂上,通过现场展示的方式,向同学布置小组任务,考核成绩学生互评分占比70%,教师评分占比30%。

 综合实训

选择某家政公司,分析其长远目标和短期目标。

同步测试

选择题

1. 家政公司外部经营环境分析主要包括（　　）。
   A. 宏观环境　　　　　　　　B. 市场需求
   C. 竞争者　　　　　　　　　D. 公司经营

2. 经营计划体系,纵向上可以划分为（　　）三个层次。
   A. 发展型战略　　　　　　　B. 稳定型战略
   C. 紧缩型战略　　　　　　　D. 综合型战略

模块三　家政服务公司经营与管理

任务二
家政公司经营计划的执行与控制

任务描述

每个公司都会制定经营计划。但在计划的执行过程中，由于种种原因计划往往与实际脱节，这就需要对计划的执行进行有效控制。如何保证家政服务公司的经营计划有效执行？对实施中的偏差又该如何控制呢？

 任务分析

1. 了解家政公司经营计划的执行过程。
2. 了解家政公司经营计划的控制。

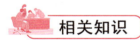 **相关知识**

一、家政服务公司经营计划的执行

计划制定出来之后就要付诸实施。计划如果得不到有效的执行和实施，再完美也不过是一纸空文。计划的执行是将计划具体化、方案化，是把计划内容变为行动任务的过程，并保证这些行动的有效实施和完成，以实现计划所制定的目标。有效的计划执行依赖于有较强执行能力的组织，将资源分配给对计划起关键作用的活动上，制定出相关的行动策略，建立起完善的运作程序和有效的监控评估体系，使得计划执行过程中出现的问题能得到快速有效解决，任何偏离行为都能予以及时纠正和改善。

（一）制定实施方案

为了将计划有效执行，家政公司必须制定具体的、详尽的实施方案，确立执行的具体步骤，以便于监控与考核。在实施方案中，应明确计划实施的关键性决策和任务，并将执行这些决策和任务的责任具体落实到部门、小组或个人。另外，在实施方案中还应包含具体的时间安排，定出确切的行动时间。

（二）建立组织结构

经营计划是家政服务公司体系运转的依据和根源。公司经营计划的执行取决于整个组织体系中各个部门的配合。一个完善的组织结构体系，能够通过对公司关键业务的提炼，准确定位核心职能，将战略实施的任务分配给具体的部门和人员，规定明确的职责权限和信息沟通渠道，协调公司内部的各项决策和行动，形成良好的管理平台推动经营计划有效执行。家政服务公司的组织结构具有分配和协调的功能。通过明确的分工，将公司的具体工作划分为几个部分，按职能特点分配给相关部门和人员；组织内各个部门不是孤立存在的，通过组织的沟通、协调，形成网络体系，协调各部门和人员间的行动。

（三）明晰业务分工

每一项经营计划的执行都可能涉及多个部门的共同协作。在计划执行的过程中，必须明确各个部门的角色定位和业务分工，谁是主导部门、谁是参与部门，具体承担的职能权限以及相应的责任义务。这些内容都必须在描述关键业务分工时体现出来。只有定位明确、分工清晰，各部门才能各司其职、各尽其职，计划才能得以顺畅、有效的执行。

二、家政服务公司经营计划的控制

无论计划制定得如何周密，由于环境变化、工作能力差异等各种因素的影响，计划在执行过程中有可能偏离预期目标，出现与原计划不一致的现象。所以计划执行过程中控制尤为关键和必要。家政公司经营计划的控制主要包括以下几个步骤：

（一）确立控制标准

控制的目的是确保计划目标的实现，计划是控制的依据。从逻辑上讲，控制的第一步应当是制定计划，再以计划作为控制的标准。公司经营计划的指标、各项服务要求，都是检查计划执行情况的标准。在经营计划控制过程中，经营目标被分解为若干短期控制目标。比如家政公司在经营计划中，经营目标是年度营业收入，控制目标就可以定为每月或季度营业收入。只要每月或季度的控制目标都能如期实现，全年经营目标自然也就会实现。

为保证有效控制，控制标准应满足以下几个方面的要求：

（1）控制标准应尽可能数量化，具有可操作性，这样在控制过程中，施控者和受控者心中都有明确的行动界线和标准，有助于发现行动中出现的偏差。受控者由此可自觉地、主动地纠偏。

（2）控制标准应尽量简洁明了，不仅能为控制者所了解和掌握，更要能为全体执行人员所了解和掌握。

（3）控制标准体系应协调一致。一个组织内的活动是多种多样的，各职能管理部门都会制订出各自的控制标准，这些标准应该协调一致，形成一个有机整体。不能互相矛盾，否则会使计划执行者陷入两难困境或管理真空地带中。

（二）测定执行结果

测定经营计划的执行结果，一般可以通过统计报表和原始记录等资料来进行，评价各控制目标的执行情况。报表或记录等资料越完善、越精细，测定的结果就越准确，越能反映计划执行的实际状况，使得控制恰到好处，取得比较满意的控制效果。因此，控制目标应该尽可能数量化、可测量化。例如，家政服务公司把服务目标定为一定时期内顾客满意程度的提高，这一目标就很难检测和控制，但如果把这一目标通过顾客投诉率和顾客满意率来反映，就比较容易控制了。

（三）比较执行结果

对实际工作成效加以衡量后，下一步就应该将测定的执行结果与预期目标、标准进行比较、分析。比较分析的目的是看执行结果与预期目标是否有较大偏差。比较分析的常用方法是利用经营计划执行情况图表，来衡量各控制目标的执行结果。如果产生了较大偏差，则要分析偏差产生的原因。一般来说，偏差产生的原因主要有外部原因和企业自身原因两大类。外部原因包括宏观经济、政治环境变化或市场竞争状况变化等。若诊断问题系外部原因引发，公司应及时修订原经营计划，因为外部原因是公司不可控制的力量，很难改变，只能通过调整去适应；内部原因包括计划目标过高或实际努力不够两个方面，若问题原因系后者，应采取措施调整公司自身予以改正。

（四）纠正偏差

在找出了偏差产生的原因，确定纠正对象后，家政公司的管理者应根据不同情况制订有针对性的纠正措施。纠正偏差的方式有两种：一种是对于因实际工作偏差造成的问题，通过加强管理和监督，采取措施使经营计划的执行结果接近预期目标，即确保工作与计划的标准一致；另一种是修正预期目标，若发现计划目标或标准不切合实际，控制工作则主要是按实际情况修改计划、目标或标准。

如上面所述，家政服务公司的纠偏措施可以从两个方面入手，其一，考虑公司经营目标是否合理。若目标实施不理想是由于外部环境或目标过高原因导致，公司应及时调整经营目标和控制目标；其二，考虑是否由公司部门或个人努力不够所致，采取适当奖惩措施，激励有关人员提高工作热情与工作效率。

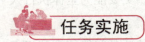 **任务实施**

经过知识学习之后,分小组调查和搜集某家政服务公司资料,了解其经营计划的执行效果。

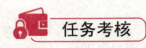 **任务考核**

在课堂上,通过现场展示的方式,向同学布置小组任务,考核成绩学生互评分占比70%,教师评分占比30%。

 **综合实训**

对某家政公司经营计划控制的具体分析。

 同步测试

选择题

1. 控制标准应满足（　　）方面的要求。
   A. 数量化　　　　　　　　　　B. 可操作性
   C. 简单明了　　　　　　　　　D. 体系应保持协调一致
2. 家政公司经营计划的控制主要包括（　　）步骤。
   A. 确立控制标准　　　　　　　B. 测定执行结果
   C. 比较执行结果　　　　　　　D. 纠正偏差

项目三　家政服务公司管理实务

家政服务公司
管理实务

【项目介绍】

通过对家政服务公司管理过程中的观察，结合公司管理实务的基本知识，融合教材学习、课堂学习和课外学习，认识和了解家政服务公司管理中的具体实务内容，掌握家政服务公司营销管理、运营管理、质量管理、财务管理、人力资源管理以及管理信息系统等方面的知识。

【知识目标】

1. 知道家政服务公司营销管理、运营管理、质量管理、财务管理、人力资源管理以及管理信息系统等定义。
2. 知道上述家政服务公司管理实务中各部分的主要内容。

【技能目标】

1. 能将家政服务公司管理实务各方面的理论知识与实践中的家政服务公司相联系。
2. 能准确掌握家政服务公司管理所要求的基本能力。

【素质目标（思政目标）】

1. 具有对我国现代家政服务公司管理的科学认识。
2. 具有将理论知识与现实实践相结合进行思考和探索的素质和认知。

案例引入

济南阳光大姐服务有限责任公司是济南市妇联于 2001 年 10 月创办的家政服务机构，2004 年实现市场化运作，注册成立有限责任公司。主要为城镇失业人员、农村富余劳动力、大中专毕业生等生活困难、就业困难群体提供教育培训、就业安置、权益维护等系列化服务，为社会家庭提供家政服务。目前，服务领域涉及养老服务、母婴生活护理、家庭保洁、家务服务和医院陪护等 12 大门类、31 种家政服务项目，并将服务延伸至母婴用品配送、儿童摄影、女性健康服务、家政服务标准化示范基地等 10 个领域，搭建起家庭服务产业链，逐渐形成了以社会责任管理为统领、以标准化管理和质量管理为支撑的"1+2"的管理运行模式。

家政服务公司经营与管理

任务一 家政服务公司营销管理

任务描述

家政行业有着自身的特殊性，对于口碑的重视性相当高，客户的口口相传是非常重要的业务拓展方式。所以，家政服务公司往往在同一个区域有着较多的客户，在其他区域只有零散的客户。此外，随着社会现代化步伐的加快，越来越多的中国家庭需要家政服务，对家政服务的质量要求也越来越高，但社会认可度低、流动性大等问题仍在制约着家政服务业的发展。请认真思考一下，为了扩大企业影响力和业务推广度，家政服务公司应该如何做好营销管理？

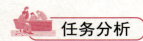

任务分析

1. 了解家政服务公司营销管理所包含的基本概念。
2. 认知并掌握家政服务公司营销管理的主要方式策略。

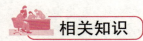

相关知识

一、营销管理的概念与作用

学习家政服务公司营销管理，应先了解一般企业营销管理的基本内容。营销管理是企业经营管理的重要内容之一，要做好营销工作，涉及多个环节和要素之间的有效互动。公司营销管理的主要知识内容在本书模块二的项目三中有详细阐述，在本任务中仅做重点部分讲解和回顾，以连接"家政服务公司营销管理"知识点。

（一）营销管理的概念

1. 营销的概念

营销，指企业发现或发掘准消费者需求，让消费者了解该产品进而购买该产品的过程。

在具有不同政治、经济、文化的国家，营销不应该一成不变。即使在同一个国家，在不同的行业中，如消费品行业、服务业、制造业等，营销方式也是不同的。而在同样的行业里，不同的企业也有着各自不同的营销方式。

2. 营销管理的概念

营销管理是指企业为实现经营目标，对建立、发展、完善与目标顾客的交换关系的营销方案进行的分析、设计、实施与控制。营销管理是企业规划和实施营销理念、制定市场营销组合，为满足目标顾客需求和企业利益而创造交换机会的动态、系统的管理过程。

营销管理是企业经营管理的重要组成部分，是企业营销部门的主要职能。在营销管理中，企业制定营销策略，要充分考虑营销策略推行的各个方面，如企业本身、消费者、经销商、销售队伍等。营销管理要满足企业的需求、消费者的需求、经销商的需求、销售队伍的需求，企业在不断满足需求的过程中得到发展。

3. 营销管理的作用

在企业中，完善的机制、合理的管理、有效的营销渠道，构成一个完整的企业经营活动。在营销这一过程中，应发挥企业的管理职能，有了管理，营销会变得井然有序，各个部门之间的配合也会非常默契。不言而喻，工作效率也会提高。

（1）有利于人员的合理配置。企业营销中，管理者应该根据个人的能力，进行内部营销组织调整。人力资本在知识经济条件下，已成为一种不可或缺的企业营销要素。

（2）有利于企业的可持续发展。在企业营销的过程中，需要不断地进行总结，不断地进行适应性调整。只有经过良好的调整，企业才能适应市场的瞬息万变，才能实现自身的可持续发展。

（3）有利于企业的市场开拓。知识经济时代的最大特点就是高科技成为市场的主要力量，市场需求不仅潜力无限，而且逐步涉及各行各业，具有极大的市场拓展空间。

（4）有利于企业的综合优化。营销管理是一种能辨识、预期及符合消费者与社会需求并且可以带来利润的管理过程。营销管理将企业研发生产过程与消费者的消费联系起来，是一个中间环节。营销管理是系统化的，需要兼顾到生产、采购等许多其他方面，企业的营销管理做得不好，会对效益产生相当大的负面影响。

二、家政服务公司营销管理

（一）家政服务公司营销管理的基本含义

家政服务公司营销管理，是指家政服务公司为满足顾客对家政服务产品效用的需求，规划和实施营销理念，采取系列整合的营销策略，以实现公司预定的目标、达成服务交易的管理活动过程。

（二）家政服务公司营销管理SWOT分析

SWOT态势分析法，是从企业的优势（Strengths）、劣势（Weaknesses）、机会（Opportunities）及威胁（Threats）这四方面进行企业内部要素的系统化分析。该分析能够帮助企业扬长避短、躲避威胁、抓住良机，以现有的资源与条件提升市场竞争力，从而制定更为全面的发展战略以应对变化的市场环境。

在家政服务公司的SWOT分析中，通常对SWOT进行组合分析，首先，SO（优势+机会）最为重要，是家政服务公司未来的核心发展。其次，WT（弱点+风险）关乎家政服务公司的生死存亡，应尽量克服或规避；再有，WO（弱点+机会）有利于家政服务公司的转型与发展，可以通过合理的人力资源配置进一步改善现状。最后，再考虑ST（优势+风险），在家政服务公司有一定抗风险能力的基础上，可采取相应的措施来"稳中求胜"。

当前，我国社会呈现出人口老龄化、家庭小型化、社会服务化和生活现代化的发展形态。随着消费水平的提高，社会分工越来越专业化、精细化，居民对于家政服务需求与日俱增。家政服务公司应该把握好向好发展的趋势和风口，做好本企业的SWOT分析和营销管理。

（三）家政服务公司营销管理主要策略

1. 服务产品策略

家政服务公司把服务作为一种产品来出售，家政服务从业人员和雇主之间的互动直接影响产品的销售效果，所以从业人员要有好的整体素质和好的服务理念，为广大的消费者提供更好的服务产品。另外，随着科技的进步，人工智能、大数据、云计算等概念体现在人们生活的方方面面，家政产业也必将走向与人工智能领域融合的道路。家政服务公司在未来的服务产品提供中，也要顺应时代发展，结合智能家居领域和科技互联网平台，进一步保障家政服务的安全性、便利性及舒适性。

（1）树立现代的服务理念。在目前的家政行业中，很多家政服务公司对服务消费理念的认识局限于传统认识，没有建立科学、现代的服务理念。而对于家政公司而言，服务质量恰恰是至关重要的。在实施服务产品策略时，关键的一步就是整个公司内部要树立起现代的服务理念。

首先，优化服务流程。优化服务流程的目的在于缩减消费者的搜寻成本、交通成本、等待的时间成本等。家政服务行业的消费者越来越趋向于以青年群体为主，对于这些消费者来说，由于工作占用时间长、压力大，能够简便快捷获取令人满意的个性化家政服务诉求具有必然性。家政服务公司可将自身打造成一个家政服务平台，除了开通家政服务热线以外，还应创办自己的官方网站和手机客户端，提供注册和登录服务。消费者可以查看每一位家政服务者的信息，并按照自身的需求维度进行筛选，如年龄、是否本市、工作期限等。家政服务公司需要简化客户咨询的流程，除上门与自己有意向的家政服务人员进行面对面交流外，顾客可以通过在官方网站或手机客户端预约家政服务者的方式，来选取合适的上门时间。

其次，培训员工的现代服务理念。由于家政服务公司员工直接和顾客接触，员工所表现出的服务理念是顾客最直观、最深度的感受。树立现代服务理念不能仅仅流于形式，而是要把公司的服务理念落实到行动中，内化于每个员工的心中。公司要注重培训员工的现代服务理念，始终提醒员工认真落实公司的服务理念，员工也要不断地向消费者传递公司的服务理念。

（2）提高服务的标准化、专业化。现代服务企业想要扩大规模、获取规模效益，必须吸取制造业企业的经验，将服务进行流程化、标准化以保障服务质量。对于家政服务公司而言，人力流动性较大，一方面大量的新人进入这个行业，另一方面熟练的家政服务人员也经常因为工资、家庭或其他原因造成工作期限缩短。因此，家政服务公司需要依据行业标准，加强服务的标准化、专业化能力，培养公司的核心竞争力，以促进公司服务质量的维持、改善和创新。

（3）依托智能领域，规划产品设计。家政服务公司在推出服务产品时，应结合人工智能技术和智能生活领域，实现服务的智能化。如与科技服务公司合作开发智能服务终端，将扫地机器人等设备接入智能语音技术，实现实时语音操控等。其次，智慧社区、智能家居服务理念也成为家政服务行业的热门话题，家政服务公司可考虑扩充服务内容，配套中高端社区做落地化的便民服务，打造智慧社区便民平台。

2. 品牌营销策略

品牌营销策略是指以品牌输出为核心的营销策略，包括品牌精神理念的规划、品牌形象体系的规划、品牌服务理念的规划、品牌传播策略的规划、公关及事件营销策略的规划等。

（1）品牌打造。品牌管理可以使消费者对服务产品产生印象，使消费者对服务产品产生购买偏好。品牌也可以帮助公司的产品区别于同质化产品，明确细分市场与产品特性，从而进行差异化营销。打造品牌的目的是打造品牌价值，使自己的服务产品在市场上具备溢价能力，在客户群体中占据更高的分量。企业打造品牌的一般思维是通过极高性价比的产品获取海量用户，再基于一定的用户口碑，打响品牌知名度。

对于一个品牌来说，好的品牌名称是品牌被消费者认知、接受、满意乃至忠诚的前提，好的品牌名称在很大程度上对服务产品的销售产生直接影响。因此，家政服务公司要重视自身品牌名称的打造，在品牌命名环节，要做到简洁、独特、便于记忆，以及符合公司和地区文化。在实际管理中，家政服务公司可适当运用地域法、价值法、目标法等进行品牌命名。地域法是指将公司的名字与地名相联系，使客户从对地域的信任产生对企业的信任，如"青岛啤酒""吉林大姐"家政公司。价值法是指把企业追求用凝练的语言进行概括总结并作为品牌名称，使客户看到公司品牌时能够感受公司的价值理念，如"同仁堂"品牌突出了"同修仁德，济世养生"的理念追求。目标法是指将品牌与目标客户联系起来，使目标客户产生认同感，通过名字就可以知道公司的主营业务，如"好月嫂"家庭服务有限公司。

（2）品牌形象。作为一个品牌，形象是不可缺少的。家政服务公司能否在市场中占有一席之地，最重要的是公司在其目标消费群体中是否有一个良好的品牌形象。因此，家政服务公司要重视品牌形象的建设，在门店设计上要温馨、简洁、舒适；在员工穿着和使用的工具上要统一、干净整洁、带有公司的名字和标志；在品牌标志设计上，要做到简洁、醒目、便于记忆，有一定的特色和寓意，符合社会价值观以及家政服务的行业特征。

3. 广告营销策略

广告营销策略是指企业通过广告对产品展开宣传推广，促成消费者的直接购买，扩大产品的销售，提高企业的知名度、美誉度和影响力的活动中所用的营销策略。在大众媒体和专业媒体上发布制作精良的企业广告，可以使家政服务公司在大众心中留下初步的良好印象。

（1）口碑。家政行业注重口碑，往往口口相传的方式是最容易被潜在客户采纳。所以家政服务公司会在同一个区域有较多的客户，在其他区域只有零散的客户。因此，提高服务质量，打造公司品牌本身就是长效的广告宣传。

（2）网络宣传。在当前的网络信息化时代，很多人开始在网上寻找家政服务公司，这也是社会发展的趋势所在。因此，家政服务公司可在专业的QQ群、家政网、口碑网、微博、微信公众号等网络平台做好宣传工作，提高公司的知名度。

（3）电视广告。电视广告可以提高公司知名度，但信息传递时间短，媒体的广告费也较为昂贵。所以在创业初期，电视广告宣传应慎重选择，家政服务公司有较为雄厚的财力时可以考虑这一宣传方式。

（4）传统的宣传推广。可以与物业公司等联系，进行合作，张贴宣传画报、宣传单、名片或者抓住客户的心理开展优惠活动等。

4. 互联网营销策略

"互联网+"的时代，传统营销模式已不能使企业健康稳定发展，利用互联网进行线上营销成为当下企业重要的营销渠道。互联网营销不仅给客户预订服务带来了便捷，还压缩了家政服务公司的运营成本，最大限度地让利于客户。在营销渠道方面，主要以公司自营APP、微信小程序、第三方平台为主。

内容营销是指以图、文、视频等形式作为宣传途径，向客户传播公司的相关内容，以达到商品销售的目的。在互联网时代，更加注重内容营销，特别是百度、微信公众号、百家号、头条号、视频号、小红书、抖音等媒体平台的兴起，改变了传统的媒体通道，成为家政服务公司营销与宣传的"新战场"。

社群营销能使公司品牌与客户的弱关系转变成强关系，让客户本身成为公司产品的"助推器"，是一种成本较低的推广方式。家政服务公司可以通过构建微信客户群、论坛等，进行有效的社群营销。此外，也可通过策划社群活动，如拼团、转发打折等方式，提高家政服务公司品牌的社群知晓度。

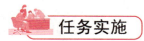

任务实施

经过知识学习之后，分小组调查和搜集家政服务公司营销案例，总结概括其具体营销策略，以小组形式进行讨论，并在课堂上进行分享。

任务考核

在课堂上，通过现场展示的方式，向同学布置小组任务，考核成绩同学互评分占比70%，教师评分占比30%。

综合实训

如果你是家政服务公司的管理者，你会选择哪种适合本公司的营销管理策略？理由是什么？

同步测试

一、选择题

1. 在家政服务公司的SWOT态势分析中，（　　）组合分析是家政服务公司未来的核心发展。

　　A. SO（优势+机会）　　　　　　B. WT（弱点+风险）
　　C. WO（弱点+机会）　　　　　　D. ST（优势+风险）

2. 广告营销策略中，不建议创业初期的家政服务公司采用的是（　　）方式。

　　A. 口碑宣传　　　　　　　　　　B. 网络宣传
　　C. 电视广告　　　　　　　　　　D. 张贴宣传画报、宣传单

二、简答题

请简要回答品牌营销策略对于家政服务公司的重要作用。

任务二
家政服务公司运营管理

任务描述

家政服务公司是一种较为特殊的服务行业机构，与人们的日常生活紧密相关。随着现代社会的发展，越来越多的家庭需要安全、有保障、高质量的家政服务项目。在家政服务公司建立的初期，如何权衡家政服务行业的发展与管理模式，如何有效解决公司发展中可能遇上的问题、困难、危机，如何制定出完善的管理与解决方案，都是至关重要的问题。然而，想要解决以上问题，达成公司的正常运作，必须明确公司运营管理的相关事宜。

任务分析

1. 了解家政服务公司运营管理所包含的基本概念。
2. 认知并掌握家政服务公司运营管理的主要模式。

相关知识

一、运营管理的概念与特征

学习家政服务公司运营管理的相关知识，应先了解一般企业运营管理的基本内容。运营管理是企业三大主要职能（财务、运营、营销）之一，做好运营管理工作，对于企业来说至关重要。公司运营管理部分内容在本书模块二的项目三中已有所涉及，本任务以家政服务公司运营管理为出发点进行重点补充。

（一）运营管理的概念

1. 运营的概念

（1）从词语解释的角度分析，运营有两层含义：

一是指运行和营业，如"地铁开始正式运营"。

二是比喻机构有组织地进行工作，如"改善一些工矿企业低效率运营的状况"。

（2）从企业管理的角度分析，运营是指对运营过程的计划、组织、实施和控制，是与产品生产和服务创造密切相关的各项管理工作的总称。

2. 运营管理的概念

美国南加州大学马歇尔商学院教授理查德 B. 蔡斯等人在其《运营管理》一书中，对运营管理进行了定义："运营管理是对生产和提供公司主要产品和服务的系统进行设计、运行和改进，是一个同市场营销和财务管理相类似的有明确的生产管理责任的企业职能领域。"运营是一个组织和机构的核心，运营管理是对这一核心的管理。

对于一个企业而言，运营管理的目标是控制质量、成本、时间和柔性（灵活性、弹性和敏捷性），这些要素是企业竞争力的根本源泉。运营管理是投入到产出的过程，这个行为中包括计划、组织和控制。通过不断地去创造、实行、改进，达到对资源的吸纳、升值转换、产品及其服务获取的全过程的管控。

随着服务业的兴起，生产的概念进一步扩展，逐步容纳了非制造的服务业领域，不仅包括了有形产品的制造，而且包括了无形服务的提供。

3. 运营管理的直接对象及目的

（1）企业（组织、机构、单位、部门）：目的是对企业的战略维护与监控。

（2）股东（老板）：目的是股东的意志表达与实现。

（3）事务：目的是对企业非专业技术的一切公共事务的执行与解决。

（4）员工：目的是对员工的服务和合理期望的满足。

（5）制度：目的是对制度的制定与执行保证，建立标准，流程管控。

4. 运营管理的特征

（1）综合性。运营管理的范畴较为宽泛，不仅包括生产活动中计划、组织、控制等一系列活动，还将运营战略的制定、运营系统的构建和具体实施囊括进来，并体现在开展企业日常管理的过程始终。

（2）科学性。信息化的不断加速，对公司运营管理尤为重要，新信息技术在公司运营管理中的运用将会对公司新的管理模式和新的管理方法提出挑战。越来越多的企业在生产运营上依赖信息技术，这使得运营管理更加科学性。

（3）柔性。柔性管理是指在运营管理的过程中，公司选择最适合本公司的资源配置方案时，要结合内外部环境进行选择，以此达到满足市场和客户需要的目的。在大市场背景下，实现公司的可持续发展，必须获取客户的满意感受，根据客户的需求开始生产并向其提供优质的产品和服务。

（4）精益生产。精益生产的核心理念是更准确地满足客户多样的需求，在时间、空间、资本和人力资源等有限的条件下，追求卓越，不断提质升级。

二、家政服务公司运营管理

（一）我国家政服务公司的运营状况

目前，我国家政服务行业正处于飞速发展时期，业界态势蒸蒸向上。随着人口老龄化、家庭小型化等社会现象的发展，家政服务市场潜力巨大。

1. 我国家政服务公司的发展历程

改革开放以来，我国家政服务公司的发展经历了三个阶段。

（1）萌芽阶段。20世纪80年代末期至90年代初期，家政服务行业初露势头，家政服务公司刚刚兴起，且普遍规模较小、社会信誉度较低，有需要的人们通常是到劳务市场寻找家政服务人员。

（2）破土而出阶段。20世纪90年代末期，小部分个体家政服务公司开始出现，在一定程度上基本可以解决周边区域的家政服务需求问题。

（3）扩张发展阶段。21世纪初，家政服务公司如雨后春笋般出现，并形成了一大批家政服务公司品牌。随着家政服务需求的不断扩大，公司利润不断增长，规模也在不断壮大。

2. 我国家政服务公司的运营现状

随着我国经济的快速发展和人民生活水平的提高，家庭服务行业逐步发展壮大，不断涌现新兴业态。在众多家政服务公司中，龙头企业规范化、标准化和品牌化建设有序推进，从业人员培训体系日趋完善，整体保持良好发展势头。

（1）市场需求得到大释放。随着人民生活水平的不断提高，越来越多的家庭具备了购买社会化家政服务的条件，家政服务公司的市场需求正在得到大释放，是当前及今后一段时期内我国经济和就业的新增长点。预计到2025年，中国家政服务需求量将稳步增长至5 000万人。

（2）家政服务公司品牌不断涌现。许多家政服务公司在运作过程中实施品牌战略，行业中涌现出一大批家政服务公司品牌，对整个行业的健康发展起到了积极的推动作用，并为家政服务行业的规范发展树立了风向标。

（3）服务范畴多元化发展。家政服务公司现有服务项目已逐步细化，向多元化发展。服务对象由最初的家庭向社会拓展，逐步由家庭向单位、社区、城市公共服务延伸。此外，部分家政服务公司搭建互联网平台，拓展了交互服务和商务服务。

（4）保持快速增长态势。近年来，以"互联网+"和连锁经营为代表的新兴经营模式不断涌现，对家政服务公司的发展产生了重要影响。养老看护和母婴护理等家政服务公司主要服务项目持续发展，并随着中国老龄化的快速发展和三胎政策的实施，仍将保持快速增长的态势。

（二）家政服务公司的运营管理模式

当前我国家政服务公司的运营管理模式主要有三种：中介制家政服务公司、员工制家政服务公司和会员制家政服务公司。

1. 中介制家政服务公司

中介制家政服务公司形式是中华人民共和国成立后出现最早的家政服务公司运营模式，产生于20世纪80年代初期，创始者为隶属于北京市妇联的北京三八家务服务中心，开创了中华人民共和国成立以来家政服务组织运营的先河。此后，服务的提供逐渐走向市场化，政府部门也制定了有关行业法规，在政策方面有了逐步健全的保障。

中介制家政服务公司是指以家政服务公司作为中介方，为家政服务人员和需要家政服务的客户登记双方资料，建立需求档案，提供双方洽谈场地，家政服务人员和客户在中介的业务配对下，双方自愿签订服务合同，家政服务公司只是扮演介绍人角色，不提供实际操作的技能培训，并向双方收取一定的介绍费，家政服务公司不对家政服务人员进行后续监督，没有管理职能。中介制家政服务公司运营模式要求较低，往往被个体工商户及小型家政服务公司所采纳。

优势：成本低，风险小，利润可控，不需要花更多时间和金钱成本去进行员工管理和培训。

劣势：由于中介制家政服务公司不负责招聘家政服务人员和实际操作培训，会出现家政服务人员能力良莠不齐，客户满意度、客户安全以及家政服务人员的权益得不到保障等问题。此外，家政服务人员队伍相对来说不稳定，对家政服务人员的管理力度不够，与客户之间的关系也较弱。

中介制家政服务公司的主要特点：

（1）合同：由客户与家政服务人员直接签订服务合同，中介制家政服务公司一般担任见证人的作用。

（2）管理：中介制家政服务公司没有管理职能，只按次收取介绍费，一般按工资的百分比收取，各地标准有所不同，10%~30%不等。

（3）工资：由客户直接将工资付给家政服务人员，与中介制家政服务公司无关。

（4）责任承担：中介制家政服务公司不承担任何责任。

（5）保险：中介制家政服务公司不负责家政服务人员的保险事宜。

2. 员工制家政服务公司

员工制家政服务公司采用企业化的运营管理模式，家政服务公司通过正规方式招聘符合公司要求的员工，对员工进行业务技能和职业道德培训，并与合格员工签订劳动合同，员工服从公司的管理和监督。员工制家政服务公司根据客户需求向其提供培训合格的家政服务人员，并签订客户、公司、家政服务人员三方服务合同，明确三方的权利、义务、责任。家政服务公司按月给付员工工资、奖金或提成，向客户收取服务费用。

优势：统一管理和培训，客户和家政服务人员双方的权益得到一定的保障，对提高客户满意度、规范劳动力市场具有积极作用。并且，有利于打造专业的服务品牌，拓展多元化的服务项目。

劣势：公司运营成本较高，家政服务公司要承担较高的资金风险。

员工制家政服务公司的主要特点：

（1）合同：家政服务公司与家政服务人员之间为聘用合同关系，家政服务公司与客户之间为服务合同关系。

（2）管理：由家政服务公司派遣家政服务人员到客户家中工作，家政服务人员在原雇主家工作期满或中止工作时，可回到公司等待再次分配，公司应为家政服务人员提供免费住宿，并尽快为其重新安排工作。公司每月收取管理费，收费标准是视地区情况而定。

（3）工资：由客户每月将服务费用支付给公司，公司扣除管理费后再以工资、奖金或提成等形式支付给员工。

（4）责任承担：家政服务人员对客户、客户家人、客户物品造成的伤害或损失，先由家政服务公司承担相应责任，然后由家政服务公司对家政服务人员进行追偿。同时，当家政服务人员受到客户侵害时，家政服务公司有义务维护家政服务人员的合法权益。

（5）保险：通常情况下，由家政服务公司负责员工的社会保险、商业保险等事宜。

3. 会员制家政服务公司

会员制家政服务公司是指家政服务人员和客户作为家政服务公司的会员，由家政服务公司对家政服务人员和客户收取一定的会费，对家政服务人员进行一定的培训，在服务时间内，向客户推荐家政服务人员，向家政服务人员推荐客户的一种运营模式。

会员制家政服务公司具有员工制家政服务公司和中介制家政服务公司的一些特点，但是其既不同于纯粹的中介制家政服务公司，又不同于全面管理的员工制家政服务公司，是介于两者之间的一种运营管理模式，本质上还是不同的。会员制家政服务公司会收取管理费（一般称作会费），像员工制家政服务公司一样对会员员工进行一些简单的培训。同时，也和中介制家政服务公司一样，几乎不承担风险和责任。

优势：这一运营模式的经营管理方式、经济收益优于中介型家政服务组织公司。

劣势：要求家政服务公司规模大、场地大、投入大，需要拥有一定的经济实力和管理能力。

会员制家政服务组织公司的主要特点：

（1）合同：由家政服务人员与客户签订服务合同，约定双方的权利及义务，家政服务公司不是服务合同的主体，一般承担见证人的作用。

（2）管理：家政服务人员在家政服务公司登记注册为会员后，由家政服务公司负责为其介绍工作，家政服务人员作为会员每年交一次会费，费用标准一般为家政服务人员一个月的工资数额。会员在原雇主家服务期满或中止服务后，由家政服务公司为其重新安排工作，并在重新安排工作期间为会员提供免费住宿。

（3）工资：客户将费用直接支付给家政服务人员，家政服务公司不再收取费用。

（4）责任承担：家政服务公司不承担任何由家政服务人员给客户造成的损失，客户与家政服务人员之间的纠纷一般由二者自主解决，家政服务公司可予以一定协助。

（5）保险：由客户决定是否为家政服务人员购买商业保险，家政服务公司不承担保险责任。

任务实施

经过知识学习之后，分小组调查和搜集三种不同类型家政服务公司运营管理模式的案例，分析其体现出的特点，以小组形式进行讨论，并在课堂上进行分享。

任务考核

在课堂上，通过现场展示的方式，向同学布置小组任务，考核成绩学生互评分占比70%，教师评分占比30%。

综合实训

如果你是一名想要成立家政服务公司的创业者，你会选择哪种运营管理模式？理由是什么？

同步测试

一、选择题

1. 改革开放以来，我国家政服务公司发展的萌芽阶段是（　　）。
   A. 20世纪80年代末至90年代初期　　B. 20世纪90年代末期
   C. 21世纪初期　　D. 21世纪10年代初期

2. 以下选项不属于运营管理的主要特征的是（　　）。
   A. 综合性　　B. 科学性　　C. 刚性　　D. 精益生产

3. 以下表述不属于员工制家政服务公司的主要特点的是（　　）。
   A. 由家政服务公司派遣家政服务人员到客户家中工作，家政服务人员在原雇主家工作期满或中止工作时，可回到公司等待再次分配
   B. 由客户每月将服务费用支付给公司，公司扣除管理费后再以工资、奖金或提成等形式支付给员工
   C. 由家政服务公司负责员工的社会保险、商业保险等事宜
   D. 由客户与家政服务人员直接签订服务合同

二、简答题

请简述三种家政服务公司运营管理模式之间的区别。

任务三　家政服务公司质量管理

任务描述

家政服务公司提供的服务产品属于无形产品，客户无法对服务结果作出科学的评判，往往以自我的感受进行评判。很多时候，客户的意愿成为衡量家政服务人员服务质量的主要标准。偶然发生的意外事件可能也会影响客户对服务品质的直接判断，使企业形象受挫。因此，家政服务公司如何建立起一套行之有效的服务质量管理体系，是家政服务公司获得成功的关键性要素。

模块三　家政服务公司经营与管理

任务分析

1. 了解家政服务公司质量管理所包含的基本概念。
2. 认知并掌握家政服务公司质量管理的现状及完善措施。

相关知识

一、质量管理的基本概念

产品质量是企业的生命，也是企业竞争的关键性因素。因此，积极推进企业质量管理，建立质量保证体系和质量标准体系，不断提高质量管理水平，为市场提供品质优良的产品和服务，是企业管理的重要任务。

（一）质量的概念

质量是指产品、过程或服务满足规定需求特性的总和。
可从狭义和广义两个方面对质量进行理解：

1. 狭义的质量

狭义的质量是指产品质量。产品质量是指产品适合于规定用途，满足社会和人们一定需要的特征。这里的"产品"包括有形的产品和无形的产品（服务）。产品都具备一定质量方面的属性，而这些属性能够满足人们需要的程度反映了产品质量的优劣。

2. 广义的质量

广义的质量又称全面质量，是指产品质量、工序质量和工作质量的总和。工序质量是指工序能够稳定地生产合格产品的能力。工作质量是指同产品质量直接有关的各项工作的好坏，例如，经营管理工作、技术工作和组织工作等。

（二）质量管理的概念

质量管理是指企业为了保证和提高产品质量或工作质量所进行的调查、计划、组织、协调、控制、检查、处理及信息反馈等各项活动的总称。企业确定质量方针、目标和职责，并通过质量体系中的质量策划、控制、保证和改进来实现质量管理。

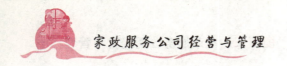

二、服务质量

（一）服务质量的基本概念

服务质量是客户感知服务的关键。在纯粹服务的情况下，服务质量是客户评价服务的主要因素；在无形服务与有形产品混合在一起提供给客户的情况下，服务质量在决定客户满意与否时也非常关键。

一般而言，在服务业中，服务质量是客户感知的质量。对服务企业而言，质量评估是在服务传递过程中进行的。每一次的客户接触都是一个使客户满意或者不满意的机会。也就是说，服务质量是客户对特定产品和服务所感知的质量。

（二）服务质量的维度

对服务质量进行判断主要依据五个方面的维度：可靠性、响应性、安全性、移情性和有形性。

1. 可靠性

可靠性是指准确可靠地执行所承诺服务的能力。从更广泛的意义上说，可靠性意味着公司按照其承诺来提供服务、解决问题。客户喜欢与信守承诺的公司进行交易，这也在很大程度上代表了公司的企业形象。

2. 响应性

响应性是指帮助客户以及提供便捷服务的自发性，强调在处理客户要求、询问、投诉和问题时的专注和快捷。

3. 安全性

安全性是指公司员工的知识和谦恭态度，及其能使客户信任的能力。在客户感知的服务包含高风险或其不能确定自己有能力评价服务的产出结果时，比如，银行、保险、医疗，本维度具有重要的意义。

4. 移情性

移情性是指公司给予客户的关心和个性化的服务。移情性的本质是通过个性化的或者顾客化的服务使每个客户感到自己是唯一的和特殊的，能够感受到被理解和重视。

5. 有形性

有形性被定义为有形的工具、设备、人员和书面材料的外在表现，这些被提供或展示给客户，特别是新客户用它来评价服务的质量。

三、家政服务公司质量管理

随着居民生活水平的提高，具有家政服务需求的客户对家政服务公司及家政服务人员的要求也越来越高。"应该注重服务专业度"、"服务质量差"等消费者声音也受到重视，越来越多的家政服务公司将竞争力放在服务质量的提高上，这也凸显了质量管理的重要意义。

（一）家政服务公司质量管理现状

1. 市场需求大，企业鱼龙混杂

随着社会经济的发展以及人民生活水平的提高，家政服务业迅速崛起，成为极具势头的新兴服务业。除了基础的保洁、保姆等初级服务外，人们对月嫂、养老护理、病人陪护、课业辅导、家庭管家等中高级服务项目的需求量在逐步增大。然而，目前的家政市场尚不能完全满足居民的需求。一大批家政服务公司成立，但同时也呈现出企业鱼龙混杂、服务质量参差不齐等问题，广大客户面对现在的家政服务供需现状往往无从选择。

2. 家政服务人员专业素质较低

从专业能力来看，大部分家政服务人员学历较低，多是农村转移劳动力或下岗职工。从企业培训来看，由于很多家政服务公司规模较小，员工培训无法达到要求，有些家政服务公司只进行短期培训甚至是不进行任何培训，使得服务质量不能满足客户需求。

3. 家政服务标准建设仍处于起步阶段，服务质量标准不统一

随着我国人民生活水平的提高和人口老龄化进程的加快，家政服务业正迎来行业上升期。但目前仍存在企业规模偏小、服务不规范，产业化水平较低等突出问题。

近年来，各地家政服务行业正在逐步建立标准化，国家标准委、民政部、商务部、全国总工会、全国妇联等部门也针对加强家政服务标准化工作发布了指导意见。然而，家政服务标准建设仍处于起步阶段，服务质量标准存在不统一、推广程度低等问题。

（二）家政服务公司质量管理与标准化建设

1995年7月，国家发布《服务标准化工作指南 第1部分：总则》（GB/T 15624.1），把标准化管理引入到服务行业中，我国酒店、交通运输、贸易、金融等很多服务行业都陆续开展了标准化管理工作，取得了显著成效。

纵观家政服务业领域，很多问题的产生都与服务内容、程序、质量、行为、方法、监督、评价等方面标准和规范的缺失有关。发挥标准化的作用，多数问题在很大程度将得到解决。

1. 家政服务标准化的基本含义

对于标准和标准化的概念这一问题，总结来看，标准或者标准化有四个重要的、不可缺乏的特性。一是，针对特定的对象；二是，必须经过协商一致制定；三是，可供共同使用和重复使用；四是，能够获得最佳秩序。

由此可以得出，家政服务标准化是指在家政服务公司范围内，对于家政服务人员提供的家政服务，经过企业、家政服务人员、客户、行业协会、开办家政相关专业的高校等各相关方协商一致确定，使家政服务公司建立最佳的服务提供、企业经营、企业管理秩序，使各种资源得到合理配置，使有限的投入获得最大回报的过程。

2. 家政服务标准化的国内外发展

早在20世纪初期，西方发达国家意识到服务与标准化的关系，并形成了一套比较完备的服务标准化体系，提出服务标准在国际上占有很大的市场份额。很多发达国家基本形成了统一的家政服务行业标准和服务质量体系，家政服务市场形成完整的产业链，产生了良好的经济和社会效益。

2010年9月，国务院办公厅下发《关于发展家庭服务业的指导意见》，明确要求加强修订家政服务业的服务标准，推进服务标准化试点，逐步扩大标准的覆盖范围，各地行业协会和企业要积极参与标准化工作，切实抓好家政服务业国家标准、行业标准和地方标准的贯彻实施。2013年5月，全国家政服务标准化技术委员会（SAC/TC 533）获得国家标准化管理委员会批准正式成立，负责全国范围内家政服务领域的国家标准制修订相关工作。2015年，国家标准化管理委员会、民政部、商务部、全国总工会、全国妇联联合发布了《关于加强家政服务标准化工作的指导意见》，指出各有关部门要进一步提升对家政服务标准化工作重要性的认识，加紧制定完善家政服务标准，大力推动标准实施，开展实施效果评价和服务行为监督，进一步推动家政服务标准化工作深入开展。2017年，国家发改委联合16个部门发布了《家政服务提质扩容行动方案（2017年）》，提出围绕提高服务质量，健全标准规范体系，着力推进家政服务业专业化、规模化、网络化、规范化发展。可以说，标准化是推动家政服务业持续发展、提高质量管理水平的重要手段。

3. 家政服务公司实现标准化建设的措施

（1）政府层面。推动家政服务标准化试点示范，推动家政服务标准化、信息化融合发展；支持有条件的家政服务相关单位积极申报省级、国家级服务业标准化试点，全面提升试点单位家政服务标准化工作的整体水平。同时，继续在符合条件的试点单位中遴选示范项目，充分发挥其精品展示、实践经验、创新研究和宣传培训的示范作用；鼓励和支持家政服务公司以标准化工作为基础，打造适应"互联网+"家政服务的信息服务平台。

(2)行业及企业层面。家政服务公司可以依据 GB/T 15624.1《服务标准化工作指南 第1部分：总则》、GB/T 15496《企业标准体系要求》、GB/T 15498《企业标准体系管理标准和工作标准体系》、GB/T 13016《标准体系表编制原则和要求》等国家标准，并结合家政服务过程中的实际需求，遵循简化、统一、协调、优化的标准化基本原则，编制符合行业及企业发展规划的、具有指导意义的家政服务标准体系。

家政服务标准体系主要包括三大方面内容：服务质量标准体系、服务管理标准体系、服务工作标准体系，三者处于同一层级，相互联系和补充。

服务质量标准体系包括服务质量规范子体系和服务流程标准子体系。服务质量规范子体系针对家政服务的质量特性、各项服务指标的要求以及方法制定，对服务机构、服务人员、服务内容与要求、档案要求、服务质量评价等进行详细规定；服务流程标准子体系针对不同的家政服务内容，对服务接待、服务提供、服务支持过程进行规范。

服务管理标准体系对家政服务过程中所涉及的各个环节和关键因素进行规范，以保证服务质量标准体系的顺利进行，包括但不限于设备设施管理标准、信息管理标准、人力资源标准、财务管理标准、品牌文化管理标准、职业健康安全管理标准等。

服务工作标准体系在家政服务质量标准体系和家政服务管理标准体系共同指导下实施，针对各岗位职责来制定具体的岗位工作要求，以保证服务质量标准和服务管理标准的实现和有效运行。

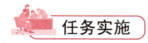

经过知识学习之后，分小组调查和搜集不同类型、不同企业的家政服务标准体系，分析其联系和区别，以小组形式进行讨论，并在课堂上进行分享。

在课堂上，通过现场展示的方式，向同学布置小组任务，考核成绩学生互评分占比70%，教师评分占比30%。

综合实训

如果你是家政服务公司的管理者，你会从哪些方面进行家政服务的质量管理？

同步测试

一、选择题

1. （　　）年，国家发改委联合16个部门发布了《家政服务提质扩容行动方案》。
   A. 2015　　　　　　　　　　　　B. 2016
   C. 2017　　　　　　　　　　　　D. 2018

2. 以下选项不属于家政服务公司质量管理现状的是（　　）。
   A. 市场需求大，企业鱼龙混杂
   B. 家政服务人员专业素质较低
   C. 家政服务标准建设仍处于起步阶段
   D. 一般都已拥有统一的服务质量标准

二、简答题

请简述服务质量标准体系、服务管理标准体系、服务工作标准体系之间的区别。

任务四　家政服务公司财务管理

任务描述

"企业管理的中心在于财务管理。"财务管理在企业经济活动中的地位和作用越来越重要，有时甚至成为企业生存和发展的关键所在。目前在家政市场中，家政服务公司数量多、规模小，大部分属于中小企业，财务管理在整个公司的运作与经营中至关重要。财务管理要以人为本、科学决策、合理安排，这也是家政服务公司成功运行的重要保障。

任务分析

1. 了解家政服务公司财务管理所包含的基本概念。
2. 认知并掌握家政服务公司财务管理工作的现状及完善措施。

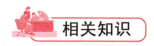 **相关知识**

一、财务管理的基本概念及内容

（一）财务管理的基本概念

财务管理是指在公司业务经营过程中，根据特定的目标，对所发生的经营成果进行计划、决策、控制，以及各种财务收支活动等工作的总称，包括资产和负债、预算、成本、资本、绩效评估和风险管理，是组织财务活动、处理财务关系的综合性管理工作。

（二）财务管理的内容

1. 资金筹措管理

资金筹措管理是指公司根据其生产经营、对外投资和调整资本结构的需要，通过筹资渠道和资本市场，运用筹资方式，经济有效地筹集公司所需资本的财务行为。资金筹措管理的目的是满足生产经营的需要，即公司可以保持简单的再生产；满足资本结构调整需要，调整资本与负债的比例关系。

2. 流动、固定和其他资产管理

公司的流动资产、固定资产和其他资产管理关系到整个公司的资金流动和经营状况，具有非常重要的意义。其主要包括现金、各种固定资产和存款的管理；应收及预付款的管理；坏账准备金制度的建立等。

3. 成本及利润的管理

成本费用和利润的管理主要包括成本开支范围管理、管理费用管理、财务费用管理、利润及分配管理等，是一家公司尤其是中小型公司生存和发展的重要方面。

4. 公司清算的财务报告和财务说明的处理

清算的财务报告和财务说明的处理，对财务人员能否做出正确合理的判断有很大影响，其主要包括资产负债表、损益表、财务状况变动和财务情况说明的管理、公司清算要求、清算损益的确认和处理等。

二、家政服务公司财务管理现状

家政服务行业尚处于新兴阶段，大多数家政服务公司属于中小型企业。再者，家政服务业仍面临法律法规和政策相对缺失、行业管理不规范、服务标准和收费标准不统一等问题，这给家政服务公司的财务管理问题也造成了很大困扰。

（一）筹资和融资能力不足

大多数家政服务公司属于民营中小企业，由于自身的局限性，筹资和融资能力比较有限。在我国目前的市场中，企业主要通过银行获得资金，但就银行贷款这一渠道来说，家政服务公司这类民营中小企业由于资产实力单薄，可作为担保物或抵押物的资产不能满足银行条件，银行不愿意大额贷款给这样的企业，且很多家政服务公司正处于企业的成长时期，所需资金量大，银行能借得的资金不足以满足其发展。在其他筹资渠道方面，家政服务公司也难以取得其他资金，作为小规模的企业，资本构成比较简单，抗风险能力较差，信用等级较低，其他企业单位或个人也不愿意借款给中小企业。

（二）缺乏先进的财务管理理念

很多家政服务公司对财务管理观念淡薄，管理手段落后，没有建立健全的规章制度，忽略财务管理的重要性。在相当多的现实案例中，家政服务公司的管理者就是经营者，很多时候缺乏财务管理专业人员。另外，很多家政服务公司看着眼前短暂利益，本着利润最大化的原则，依旧采用老旧的方式管理公司财务，致使财务管理混乱。当行业市场出现动荡，或是公司自身发生紧急危机时，不规范的财务管理会给家政服务公司致命的一击。

（三）财务管理职能缺失

很多家政服务公司规模较小，负责财务管理的工作人员大多由公司管理者亲近的人担任，但是这样的财务人员缺乏专业的财务管理知识，专业素质有待提高。在人才市场里，不管是公司规模、对社会的影响力还是工作的稳定性，家政服务公司这类中小企业，远远不及大企业，缺乏对于财务管理专业人才的竞争力。

家政服务行业属于新兴行业，过去的行业财务管理经验缺少专门家政服务公司的内容，家政服务公司在执行自身的财务管理职能时仍需要一定的探索。此外，家政服务公司的经营规模一般较小，业务活动涉及的金额也较小，部分管理者对于财务管理不够重视，认为没有必要专门设置部门和机构。

（四）财务管理相关制度不完善，且执行力度不足

很多家政服务公司的财务管理制度尚不完善，财务人员无章可循、缺乏束缚，财务管理不良现象普遍发生，阻碍公司的良好运行。另外，关于财务人员的分配，会计法中规定每个企业的财务部门必须由至少两个人担任，一个人为出纳，一个人为会计，但是，有很多小型家政服务公司的财务部门只有一个人，出纳和会计工作是由一个人监管，对财务管

理相关法律和制度的执行缺乏应有的力度。

三、家政服务公司财务管理实务

财务部门是企业的心脏，财务管理工作是一个企业生死成败的致命点。自古以来，有了企业便有了财务管理。家政服务公司虽然是中小型企业，财务管理职能仍不容忽视。

（一）家政服务公司财务管理部门主要职责

1. 财务部门主要职能

（1）认真贯彻执行国家有关的财务管理制度。

（2）建立健全财务管理各种规章制度，编制财务计划，加强经营核算管理，分析财务计划的执行情况，检查监督财务管理纪律。

（3）积极为公司的经营管理服务，促进公司取得较好的经济效益。

（4）厉行节约，合理使用公司资金。

（5）合理分配公司收入，及时完成需要上交的税收及管理费用。

（6）对有关机构及财政、税务、银行部门了解，检查财务工作，主动提供有关资料，如实反映情况。

（7）完成公司交给的其他工作。

2. 会计的工作职责

（1）按照国家会计制度的规定，记账、算账、报账做到手续完备，数字准确，账目清楚，按期报账。

（2）按照经济核算原则，定期检查，分析公司财务、成本和利润的执行情况，挖掘增收节支潜力，考核资金使用效果，及时向公司管理者提出合理化建议。

（3）妥善保管会计凭证、会计账簿、会计报表和其他会计资料。

（4）完成公司管理者或财务职能管理者交付的其他工作。

3. 出纳的工作职责

（1）认真执行现金管理制度。

（2）严格执行库存现金限额，超过部分必须及时送存银行，不坐支现金，不认白条抵押现金。

（3）建立健全现金出纳账目，严格审核现金收付凭证。

（4）严格支票管理制度，编制支票使用手续，使用支票须经公司管理者签字后，方可生效。

（5）积极配合银行做好对账、报账工作。

(6) 配合会计做好各种账务处理。

(7) 完成公司管理者或财务职能管理者交付的其他工作。

4. 审计的工作职责

(1) 认真贯彻执行有关审计管理制度。

(2) 监督公司财务计划的执行、决算、预算外资金收支与财务收支有关的各项经济活动及其经济效益。

(3) 详细核对公司各项与财务有关的数字、金额、期限、手续等是否准确无误。

(4) 审阅公司的计划资料、合同和其他有关经济资料，以便掌握情况，发现问题，积累证据。

(5) 纠正财务工作中的差错弊端，规范公司的经济行为。

(6) 针对公司财务管理工作中出现的问题以及产生的原因提出改进建议和措施。

(7) 完成公司管理者或财务职能管理者交付的其他工作。

（二）现金保管制度

现金保管制度是指防止由于制度不严、工作疏忽而给犯罪分子以可乘之机，给国家和单位造成损失所制定的制度。现金是流动性最强的资产，无须变现即可挥霍使用，因而现金是犯罪分子谋取的最直接目标。家政服务公司应建立健全现金保管制度，避免给公司造成不必要的损失。

现金保管制度一般包括如下内容：

(1) 超过库存限额以外的现金应在下班前送存银行。

(2) 加强对现金的管理，除工作时间需要的小量备用金可放在出纳员的抽屉内，其余应放入出纳专用的保险柜内，不得随意存放。

(3) 限额内的库存现金核对清楚后，一律放在保险柜内，不得放在办公桌内过夜。

(4) 公司的库存现金不准以个人名义存入银行，以防止有关人员利用公款私存取得利息收入，也防止公司利用公款私存形成账外小金库。银行一旦发现公款私存，可以对公司处以罚款，情节严重的，可以冻结公司现金支付。

(5) 库存现金，包括纸币和铸币，纸币的票面金额和铸币的币面金额，以及整数（即大数）和零数（即小数）分类保管。

纸币要打开铺平存放、并按照纸币的票面金额，以每一百张为一把，每十把为一捆扎好。凡是成把、成捆的纸币即为整数（即大数），均应放在保险柜内保管，随用随取；凡不成把的纸币视为零数（即小数），也要按照票面金额，每十张为一扎，分别用曲别针别好，放在传票箱内或抽屉内，存放整齐。

铸币按照币面金额，以每一百枚为一卷，每十卷为一捆，同样将成捆、成卷的铸币放在保险柜内保管，随用随取；不成卷的铸币，按照不同币面金额，分别存放在特别的卡数器内。

（三）财产清查制度

财产清查制度是指定期或不定期对公司的财产物资进行清点、盘点，以保证账实相符、账账相符、账证相符、账表相符。

对于家政服务公司而言，通过财产清查，可以确定各项财产物资的实有数，将实存数与账存数进行对比，确定各项财产的盈亏，做到账实相符，以保证账簿记录的真实、可靠；可以揭示各项财产物资的使用情况，改善公司的经营管理，提高财产物资的使用效果；可以查明各项财产物资的储备和保管情况以及各种责任制度的建立和执行情况，促使相关工作人员加强责任感，避免发生坏账损失。

按照财产清查的对象和范围，可分为全面清查和局部清查：全面清查是指对公司的全部财产进行盘点和核对；局部清查是指根据需要对一部分财产进行清查，其清查的主要对象是流动性较大的财产，如现金等。按照财产清查的时间，可分为定期清查和不定期清查：定期清查是指根据管理制度的规定或预先计划安排的时间，对公司财产进行清查；不定期清查是指根据实际需要对公司财产进行临时清查。

（四）现金收支的内部控制管理

现金收支的内部控制主要包括现金收入的内部控制和现金支出的内部控制，是家政服务公司内部财务管理的重要内容。

1. 现金收入应注意的问题

（1）现金收入必须经过规定程序，并附上现金收入凭证文件。

（2）现金收入凭证文件的日期与出纳人员的记账日期应一致。

（3）所收入现金应在当日或第二日存入开户银行。

（4）收款经办人只负责处理收款业务，应避免处理其他业务。

（5）对公司营业收入的现金，应单设收款人员，与现金出纳分开。每日营业结束时，由收款员将收入的现金直接交送开户银行，并将银行账单交出纳部门报账。

（6）对于应收账款的收回或公司内部人员预借差旅费余额的退回款，出纳人员应当面清点现金，并与账面核对。

2. 现金支出应注意的问题

现金支出一般包括送存银行、支付日常内部借款、小额费用的报销三部分。付款后，财务人员还应在有关凭证上加盖"现金付讫"（指现金业务已经与客户或公司内部员工报销当面付清）戳记，以防重复支付或漏付。同时，及时送交会计人员编制记账凭证，并及时登记现金日记账。

（1）借款审批程序。借款人填制借款申请单，经公司各管理领导审批后交出纳编制记账凭证，由会计复核，出纳人员根据复核后的记账凭证向借款人支付现金，同时借款人须在记账凭证上签字。大数额的借款须提前一天通知财务人员，并经公司管理领导同意。

（2）报销审批程序。报销人在规定报销期限内填制报销单据，经公司各管理领导审批后交出纳处编制记账凭证，由会计复核，出纳根据复核后的记账凭证向报销人支付报销款，报销人领取报销款项后须在记账凭证上签字。

（五）财务监督

财务监督在于督促公司的系列财务活动符合国家有关政策、法规和公司制度的规定，揭露财务活动中的弊端和违法行为，威慑和制约不法行为，保证财务活动的正轨运行；促进公司资源的合理配置和有效利用，实现公司经营目标。

按照不同的监督主体，财务监督分为内部财务监督和外部财务监督。

内部财务监督是指由公司内部财务人员对本公司的财务收支、经营管理活动及其经济效益进行监督，检查其真实性、合法性和有效性，并提出意见和建议的财务监督活动。在家政服务公司的实际运作中，可通过设立监督财务机构、完善财务监督制度、进行预算管理、实行会计监督等形式实现对财务的监督。在此对会计监督进行简单解释：会计监督是对经营管理活动记录真实性的一种保证，主要包括对原始凭证的审核和监督、对会计账簿的监督、对实物和款项的监督、对财务报告的监督、对财务收支的监督五个方面。

外部财务监督主要通过外部财务监督系统进行，为协调投资者与家政服务公司经营者的关系，由投资者监督、政府行政监督和社会监督构成，其中，主要形式是政府行政监督。家政服务公司应自觉接受主管财政机关依法实施的监督管理，如实提供完整的财务账目、凭证、报表和相关资料，不得拒绝、隐匿、谎报。财务管理人员应按照国家有关规定和财务监督要求，及时发现问题，提高财务监督的有效性。

另外，按照不同的监督阶段，财务监督可分为事前监督、事中监督和事后监督。事前监督是指对财务活动实施前的准备阶段进行监督，主要检查财务计划是否符合有关政策法规的规定以及提高经济效益的要求；事中监督是指对正在进行的财务活动实施监督，即检查财务活动的开展是否符合有关法规、制度的规定，财务计划的执行情况如何，并针对存在的问题予以改善和纠正；事后监督是指在财务活动完成后对其结果的监督，即检查财产的安全完整、财务成果的真实与否以及财务计划目标的完成情况。

模块三 家政服务公司经营与管理

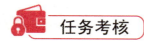 任务实施

经过知识学习之后,分小组调查和搜集有关家政服务公司财务管理的现实案例,分析其体现出了哪些财务管理内容,以小组形式进行讨论,并在课堂上进行分享。

 任务考核

在课堂上,通过现场展示的方式,向同学布置小组任务,考核成绩学生互评分占比70%,教师评分占比30%。

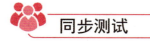 综合实训

如果你是家政服务公司的管理者,针对家政服务公司财务管理的现状,会提出哪些完善建议和措施?

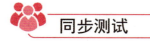 同步测试

一、选择题

1. 以下关于现金管理制度的说法,不正确的是(   )。
   A. 超过库存限额以外的现金没有必要在下班前送存银行
   B. 除工作时间需要的小量备用金可放在出纳员的抽屉内,其余应放入出纳专用的保险柜内
   C. 公司的库存现金不准以个人名义存入银行
   D. 限额内的库存现金核对清楚后,一律放在保险柜内,不得放在办公桌内过夜

2. 以下关于财务监督的说法,不正确的是(   )。
   A. 财务监督能够促进公司资源的合理配置和有效利用
   B. 按照不同的监督主体,财务监督分为内部财务监督和外部财务监督
   C. 按照不同的监督阶段,财务监督可分为事前监督、事中监督和事后监督
   D. 外部财务监督主要由投资者监督、政府行政监督和社会监督构成,其中,主要形式是社会监督

二、简答题

请简述家政服务公司财务管理的现状。

家政服务公司经营与管理

任务五
家政服务公司人力资源管理

任务描述

人力资源对于一个企业来说至关重要,在企业的各项经营和管理活动中,对于人力资源的管理是第一位的。人力资源管理在现代企业管理中的作用是多方面的,其地位也是不言而喻的,它是现代企业管理的核心。家政服务公司以"面向人"的家政服务为经营主体,人力资源对整个公司的发展更加重要。如何更好地实现人力资源管理,是家政服务公司的重要战略规划。

任务分析

1. 了解家政服务公司人力资源管理所包含的基本概念。
2. 认知并掌握家政服务公司人力资源的招聘、培训与日常管理。

相关知识

一、人力资源管理的基本概念及内容

(一) 人力资源的概念

人力资源具有广义和狭义双重含义。

广义的人力资源是指一个社会具有智力劳动能力和体力劳动能力的人的总和,包括数量和质量两个方面。

狭义的人力资源是指一定时期内,一个组织中的人所拥有的能够被企业所用,且对价值创造起贡献作用的教育、能力、技能、经验、体力等的总称。一般而言,我们所说的企业人力资源管理是指狭义的人力资源概念。

模块三 家政服务公司经营与管理

> **拓　展**
>
> **人力资源、人才资源与人口资源**
>
> 人口资源是指一个国家或地区所拥有的人口的总量，它是一个最基本的底数，一切人力资源机构、人才资源皆产生于这个最基本的人口资源中，它主要表现为人口的数量。
>
> 人才资源是指一个国家或地区中具有较多科学知识和较强劳动技能，在价值创造过程中起关键或重要作用的那部分人。人才资源是人力资源的一部分，即优质的人力资源。
>
> 三者关系：这三个概念的本质是不同的，人口资源和人才资源的本质是人，而人力资源的本质则是脑力和体力。就人口资源和人才资源来说，它们关注的重点不同，人口资源更多是一种数量概念，而人才资源更多是一种质量概念。但是这三者在数量上却存在一种包含关系。在数量上，人口资源是最多的，它是人力资源形成的数量基础，人口资源中具备一定脑力和体力的那部分才是人力资源；而人才资源又是人力资源的一部分，是人力资源中质量较高的那部分也是数量最少的。在比例上，人才资源是最小的，它是从人力资源中产生的，而人力资源又是从人口资源中产生的。

（二）人力资源管理的概念

人力资源管理是指根据企业发展战略的要求，有计划地对人力资源进行合理配置，通过对企业中员工的招聘、培训、使用、考核、激励、调整等一系列过程，调动员工的积极性，发挥员工的潜能，为企业创造价值，给企业带来效益。这一概念主要是从人力资源管理的过程或承担的职能出发来进行解释，把人力资源看成是一个活动过程。

（三）人力资源管理的内容

学术界一般把人力资源管理分六大模块：人力资源规划、招聘与配置、培训与开发、绩效管理、薪酬福利管理、劳动关系管理。结合企业管理具体实践经验与这六大模块，人力资源管理通常包括以下内容：

1. 制定人力资源规划

根据组织的发展战略和经营计划，评估组织的人力资源现状及发展趋势，收集和分析人力资源供给与需求方面的信息和资料，预测人力资源供给与需求的发展趋势，制订人力资源计划、培训与发展计划等政策与措施。

2. 岗位分析与设计

对组织的各个工作和岗位进行分析，确定每一个工作和岗位对员工的具体要求，包括技术及种类、范围与熟悉程度、工作与生活经验、身体健康状况、培训与教育等方面的情况。这种具体要求必须形成书面的材料,也就是工作岗位职责说明书。工作岗位职责说明书不仅是招聘工作的依据,也是未来对员工工作表现进行评价的标准。

3. 员工招聘与选拔

根据组织内的岗位需要及工作岗位职责说明书,利用各种方法和手段(如接受推荐、刊登广告、举办人才交流会等)从组织内部或外部吸引应聘人员,并根据平等就业、择优录用的原则招聘所需要的各种人才。

经过资格审查和筛选过程,从应聘人中选拔一定数量的试用员工,试用期过后正式录用。

4. 绩效考评

一般而言,工作绩效考评是由员工个人对照工作岗位职责说明书和工作任务进行自我总结,然后上交直属管理部门审核并打分,最后作出工作绩效评价。这种评价涉及员工的工作表现、工作成果等定期进行,并与奖惩挂钩。开展工作绩效评价的目的是调动员工的积极性,检查和改进人力资源管理工作。

5. 薪酬管理

薪酬问题是关系到组织能否稳定员工队伍的重大问题,人力资源管理部门要从员工的资历、职务等级、岗位及实际表现和工作成绩等方面考虑制定相应的、具有吸引力的薪酬标准和制度。薪酬将随着员工的工作职务升降、工作岗位的变换、工作表现的好坏与工作成绩的优劣进行相应的调整。

6. 员工激励

员工激励是指通过各种有效的手段,对员工的各种需要予以不同程度的满足或者限制,以激发员工的需要、动机、欲望,从而使员工形成某一特定目标并在追求这一目标的过程中保持高昂的情绪和持续的积极状态,充分挖掘潜力,全力以赴达到预期目标的过程。

7. 培训与开发

为促使员工在工作岗位上提高工作效能,对新工人或技能较低的人员开展岗位培训,大多是有针对性的短期培训,有人称之为适应性培训。对管理人员,尤其是即将晋升者开展提高性的培训和教育,目的是促使他们尽快具有在更高一级职位上工作的全面知识、熟练技能和应变能力。

8. 职业生涯规划

人力资源管理部门和管理人员有责任鼓励和关心员工的个人发展,帮助其制订个人的职业生涯规划,并及时进行监督和考察。目的是促进组织的发展,有利于激发员工的工作积极性和创造性，提高组织效益。当然，个人的职业生涯规划必须与组织发展计划具有某种程度的协调性。

9. 人力资源会计

人力资源管理部门应与财务部门合作，建立人力资源会计体系，开展人力资源投入成本与产出效益的核算工作。人力资源会计工作不仅可以改进人力资源管理工作本身，而且能为决策部门提供确实和数量化的依据。

10. 劳动关系管理

劳动关系管理是指传统的签合同、解决劳动纠纷等内容。劳动关系管理是对人的管理，通过规范化、制度化的管理，使劳动关系双方（企业与员工）的行为得到规范，权益得到保障，维护稳定和谐的劳动关系，促使企业经营稳定运行。企业劳动关系主要指企业所有者、经营管理者、普通员工和工会组织之间在企业的生产经营活动中形成的各种责、权、利关系。

二、家政服务公司人力资源管理

（一）家政服务公司人员分类

家政服务公司的工作人员一般可以划分为管理人员与服务人员两大部分。

1. 家政服务公司的管理人员

家政服务公司的管理人员主要是指从事管理职能的岗位人员。包括：

(1) 党支部与工会：党、工负责人及专员。
(2) 行政部：负责人（含助理）及人力资源专员、行政事务专员、行政秘书等。
(3) 财务部：负责人（含助理）及会计、出纳等。
(4) 培训部：负责人（含助理）及讲师、培训专员等。
(5) 信息服务中心：负责人（含助理）及技术员、信息分析员等。
(6) 研发部：负责人（含助理）及课题组长、项目研究员（包含产品、工具、材料、流程）等。
(7) 企划营销中心：负责人（含助理）、企划组长、文案专员、设计专员、营销组长、营销专员等岗位。
(8) 客服中心：负责人（含助理）及话务组长、事故与投诉专员、客服经理等。
(9) 事业部门或分公司：负责人（含助理）及店长、技师、网店专员等。

2. 家政服务公司的服务人员

家政服务公司的服务人员主要是指一线家政服务活动的工作人员，多以提供劳务服务和劳务产品为主。

(二) 家政服务公司人员招聘

1. 确定招聘需求

确定招聘需求是家政服务公司整个招聘活动的起点。招聘需求包括数量（空缺职位）和质量（所需要具备的任职资格和能力素质等）两个方面。招聘需求的确定要以公司中人力资源的规划、职位分析和所需的能力素质为基础，选择本公司真正需要的人才。

2. 制订招聘计划

根据招聘需求，人力资源部门需要会同用人部门共同制订招聘计划及具体措施。一般来说，招聘计划包括招聘规模、招聘范围、招聘时间和招聘预算等几个方面。

（1）招聘规模。应该根据公司的实际需求招募管理人员和家政服务人员，不能盲目招聘。如果盲目招聘，造成公司人员过多，就可能会出现冗员杂员等情况，造成人力资源的浪费，也给公司的管理带来麻烦。

（2）招聘范围。招聘范围是指公司要在多大的地域范围内进行招聘活动。一般而言，对于家政服务公司来说，管理人员的招聘范围越大，招聘效果相应会越好，但是随着范围的扩大，企业的招聘成本也会增加。因此，招聘的范围应当适度，既不能太大，也不能太小；对于一线服务人员的招聘，由于家政服务公司的地域限制和地域特点，选择在当地招聘的方式比较合适。

（3）招聘时间。由于招聘工作本身需要耗费一定的时间，再加上选拔录用和岗前培训，填补一个职位空缺往往需要相当长的时间。为了避免因缺少人员而影响正常的运转，家政服务公司要合理地确定自己的招聘时间，以保证及时填补职位空缺。

（4）招聘预算。在招聘计划中，还要对招聘预算做出评估。招聘成本一般由以下几项费用组成：人工费用，即公司招聘人员的工资、福利、差旅费、生活补助、加班费等；业务费用，包括通信费、专业咨询与服务费、广告费、资料费等；其他费用，包括设备折旧费、水电费等。

3. 进行招募

招聘计划完成以后，可准备进行招募，具体包括选择招聘的来源和渠道。

招聘的来源是指存在潜在应聘者的目标群体，招聘的渠道是指让潜在应聘者获知公司招聘信息的方式和途径。

家政服务公司应在有着明确目标的基础上，广泛收集和了解人力资源供求情况，并从招募成本、质量以及时间限制等几个方面加以综合考虑后决定合适的招募范围，选用某种或者某几种招聘渠道。

招聘渠道主要包括内部招聘和外部招聘：

（1）内部招聘对象的来源：晋升、工作轮换、工作调换、返聘或重新聘用。内部招聘的主要方法：布告法、人才储备法、推荐法（自荐或推荐）。

（2）外部招聘的主要方法：员工举荐、广告、校园招聘、网站招聘、人才市场招聘、外包等。

（三）家政服务公司员工培训

家政服务公司员工培训是指根据家政服务业的行业特点，结合员工自身的状况，对求职的劳动者和在职的工作人员进行的包括岗位理论基础知识、专业技术知识和实际操作技能在内的理论教育和实践专业技能训练。

1. 培训类型

（1）按就业前后的时间分类，可以分为就业前的岗位培训和在岗培训。

就业前的岗位培训是指对还没有进入家政服务公司就业的，但有进入意向的劳动者所进行的一种岗位培训。

在岗培训也可以称为在职培训，是指对已经在家政服务公司工作的各类人员进行的岗位培训。我国《劳动法》第六十八条明确规定："用人单位应当建立职业培训制度，按照国家规定提取和使用职业培训经费，根据本单位实际，有计划地对劳动者进行职业培训。"

（2）按培训需要分类，可以分为基本技能培训、专业职业技能培训和管理技能培训。

基本技能培训是指针对在职家政服务公司员工所进行的基础文化知识、基本理论知识和基本专业知识培训。

专业职业技能培训是指针对家政服务公司开展的服务项目与服务要求所进行的专业培训。如服务礼仪培训、服务流程培训、操作实务培训、工具材料的对应使用培训、法律常识培训等。

管理技能培训是指针对家政服务公司的中、基层管理者所进行的专门培训。如管理理论知识培训、国家法律法规及政策知识培训、部门与岗位成本核算知识培训、客户维护与客户价值管理培训等。

2. 培训方式

家政服务公司员工培训的方式主要包括：

（1）岗前短期培训。家政服务公司的人力资源部门或行政部门安排适当的时间，在几周或者几个月时间内通过函授教育（讲课、影视、示范、观察、模拟训练、跟岗训练等）的方式对培训人员进行短期培训。其目的是使培训人员能够在较短时间内了解和掌握工作的基本性质、特点、内容及操作规程，较快地适应岗位工作的需要。

（2）师傅带徒弟式的培训。家政服务公司根据新员工的岗位工作要求，指定和安排工作责任心性强、工作能力突出的老员工帮助新员工的工作和指导其成长。师傅带徒弟式的培训方式是一种比较传统的培训方式，应用范围广，培训成本低，见效快，常被公司采用。

3. 培训工作计划

任何一项工作的开展都要有计划地进行，家政服务公司对于员工的培训也应预先制订计划。培训工作计划的内容主要包括以下几个方面：

（1）培训目标。

（2）培训对象。

（3）培训形式。

（4）课程设置。

（5）课程安排与学时安排。

（6）课程内容。

（7）培训要求。

（8）考试、考核及发证。

（9）其他：需要注意的其他事项。

任务实施

经过知识学习之后，分小组调查和搜集有关家政服务公司人力资源管理的现实案例，分析其体现出了哪些人力资源管理内容，以小组形式进行讨论，并在课堂上进行分享。

任务考核

在课堂上，通过现场展示的方式，向同学布置小组任务，考核成绩学生互评分占比70%，教师评分占比30%。

综合实训

如果你是家政服务公司人力资源部门的管理者，你将如何筹备家政服务人员的招聘工作？

同步测试

一、选择题

1. 以下（　　）是家政服务公司人员招聘工作的起点。

A. 确定招聘需求　　　　　　　　B. 制定招聘计划

C. 核实招聘预算　　　　　　　　D. 进行招聘

2. 以下关于家政服务公司员工培训的说法，不正确的是（　　）。

A. 按就业前后的时间分类，可以分为就业前的岗位培训和在岗培训

B. 按培训需要分类，可以分为基本技能培训、专业职业技能培训和管理技能培训

C. 专业职业技能培训包括服务礼仪培训、服务流程培训、操作实务培训、工具材料的对应使用培训、法律常识培训等

D. 师傅带徒弟式的培训方式比较现代化，应用范围较窄，培训成本高，见效较慢

二、简答题

请简述在家政服务公司人员招聘中，招聘计划主要包括哪些内容。

任务六　家政服务公司管理信息系统建设与应用

任务描述

市场竞争的加剧和电子商务的发展将众多企业推上了寻求变革的风口，而互联网技术的快速更新又给企业的发展带来了时空界限的突破、贸易方式的变革以及经济活动的革命。当前社会，人民生活水平提高，家政服务需求不断增加，各家政服务公司业务发展迅速，拥有大量的客户和家政服务人员。为了提高对客户的服务水平以及建立对客户的快速反应机制，家政服务公司管理信息系统的建设与应用越来越凸显重要价值。

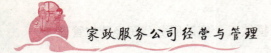

任务分析

1. 了解家政服务公司管理信息系统的基本概念与重要作用。
2. 认知并掌握家政服务公司管理信息系统的建设与应用。

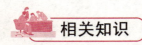

一、管理信息系统

（一）管理信息系统的概念

管理信息系统（Management Information System，简称 MIS）是一个以人为主导，利用计算机硬件、软件、网络通信设备以及其他办公设备，进行信息的收集、传输、加工、储存、更新和维护，以企业战略竞优、提高效益和效率为目的，支持企业的高层决策、中层控制、基层运作的集成化的人机系统。

（二）管理信息系统的特点

1. 能够支持管理者作出决策

管理信息系统是管理学思想方法、管理与决策行为理论之后的重要发展，通过量化方法、预测、计划优化支持管理、调节和控制。为管理和决策服务，必须能根据管理的需要，及时提供需要的信息，帮助决策者作出决策。

2. 综合性、交叉性和边缘性相结合

管理信息系统是一个对组织进行全面管理的综合系统，体现在多学科交叉、多种人才结合、软件和硬件的集成等多个方面。

3. 有预测能力和控制能力

管理信息系统使用数学模型，如运筹学模型和数理统计模型，来分析数据和信息，以便预测未来，提供决策支持。

4. 人机系统

硬件机器占据管理信息系统的一大部分，但人始终是管理系统建设的主体，它涉及到多方面的人员群体。所以，管理信息系统是一个人机结合的系统。

（三）管理信息系统的作用

1. 有利于促进企业的现代化、信息化发展

管理信息系统可促使企业向信息化方向发展，使企业处于一个信息灵敏、管理科学、决策准确的良性循环之中，为企业带来更高的经济效益。管理信息系统是企业现代化的重要标志，是企业发展的一条必由之路。

2. 有利于形成现代化管理，提高企业的管理效率

管理信息系统是为管理服务的，它的开发和建立使企业摆脱落后的管理方式，实现管理现代化的有效途径。管理信息系统将管理工作统一化、规范化、现代化，极大地提高了管理的效率，使现代化管理形成统一、高效的系统。

3. 有利于促进企业的科学决策与管理

管理信息系统将大量复杂的信息处理交给计算机，使人和计算机充分发挥各自的特长，组织一个和谐、有效的系统，增强了现代化管理的科学性。

面对越来越多的信息资源和越来越复杂的企业内外部环境，企业有必要建立高效、实用的管理信息系统，为企业管理决策和控制提供保障，这是企业管理的必然趋势。

二、家政服务公司管理信息系统建设与应用

随着社会的发展进步、家庭结构的变化和中青年一代生活方式的改变，家政服务行业作为朝阳产业，与信息化、现代化相融合已经成为家政服务公司发展的方向和趋势。建设并应用一套稳定可靠的家政服务公司管理信息系统，能够为企业发展提供相当大的竞争力量。

（一）家政服务公司管理信息系统建设的可行性分析

1. 需求分析

随着现代社会的不断发展，家政服务已成为相当大一部分人群的硬性需求。大量家政服务公司的涌现，客户和家政服务人员的数量也迅速增加。为了提高对客户的服务水平，建立对客户的快速反应机制，家政服务公司管理信息系统建设显得尤为重要。对于家政服务公司来说，建立管理信息系统的主要目的是方便与客户沟通以及人员信息管理系统化。

2. 技术可行性分析

管理信息系统在大小企业的日常运作中应用广泛，在现阶段的发展过程中，利用现有人力和物力是完全可以开发出来的。作为互联网技术阶段性的产品，随着技术的更新、与

家政服务公司融合的深入，具有更大的发展空间，实现方法逐步简单容易。

3. 经济可行性分析

开发、运行、维护管理信息系统所需的成本在5万元左右，对于大多数的家政服务公司来说，尚可以接受。另外，对于在管理上、运营上给家政服务公司产生的效益和节约的资源来说，其可获得的经济效益大大超过了开发和维护系统的成本。因此，在经济上，家政服务公司管理信息系统的建设是可行的。

（二）家政服务公司管理信息系统的建设与应用

随着人们生活的日益改善，家政服务这一概念渐渐走入许多家庭中。而面临着家政服务需求的日益增长，许多家政服务公司迫切需要管理信息系统来帮助达到管理的合理化和有序化。

一般而言，管理通过计划、组织、领导、控制等手段，为组织制定目标，应用组织的各种要素，以实现组织的目标。传统的管理活动中，把人、财、物作为企业的主要资源。但是随着社会化生产的不断扩大和社会对产品多样化的需求，人们越来越重视信息在生产经营及企业管理中的作用，并把它当作企业的一种极其重要的资源，称之为"信息资源"。

由于社会生产力的迅速发展和科学技术的突飞猛进，人们进行信息交流的深度和广度不断增加，管理所需要的信息量急剧增长，同时对信息的处理要求及时、准确，这导致了传统的信息处理方法和手段已经不能适应现代企业管理的需要。

家政服务公司管理信息系统基于这样的一个需求，提供给管理者、家政服务人员、客户相关服务信息，具备客户与公司、家政服务人员之间的协议等信息的录入、查询。可以使客户、管理者、家政服务人员快捷查找到自己的信息，对客户需求进行及时的响应和反馈，同时也避免了由于客户与家政服务人员数量的增长而导致的数据错误，以及运作过程中的麻烦。

综上所述，针对以上的实际应用分析，家政服务公司管理信息系统的建设与应用主要包括以下内容。

1. 家政服务公司数据库建设

家政服务公司数据库建设主要包括员工、管理者以及客户的相关信息。员工的基本信息用于在员工登录时进行核对验证，避免员工信息登录错误的情况；客户的基本信息用于在客户登录时进行核对验证，避免客户信息登录错误的情况；管理者的信息录入是为了方便核对校验，以达到信息的系统化，有序化。

（1）员工信息管理

对于家政服务公司员工而言，员工的信息录入主要包括：编号、姓名、性别、出生年月、籍贯、婚姻状况、民族、学历以及服务类型等。员工在工作之前把基础信息录入到管理信息系统之中，方便管理者以及员工自身进行信息的查询，客户在需要家政服务的时候，可以通过合同表与员工建立合同关系，达到信息的简单化、明晰化。

通过家政服务类型表，员工可以了解到自己所从事的服务类型；通过合同表，员工可以了解到自己所服务的客户，包括合同的开始日期及结束日期、合同的生效日期，有效地避免由于劳务关系导致的纠纷。

（2）客户信息管理

与客户有关的信息管理主要包括客户的基本信息和订单信息。

客户的基本信息一般包括：客户姓名、客户常用联系方式、家庭住址等。

订单信息一般包括：客户订单 ID 号、客户订单名称、订单种类或类型、要求出工时间、接单员工 ID 号、服务人员薪资情况、客户的优惠卡信息，如优惠卡类型、折扣方式、订单时间等。订单信息应详尽、准确描述订单数据，并有唯一的标示。

对客户信息进行有效的管理是家政服务公司业务良好的体现，要求家政服务公司应保证客户信息的准确性和安全性。

（3）管理者信息管理

对于管理者而言，可以更改数据库的内容，可添加、查询、修改、删除员工的信息，设置服务类型的相关内容。可以根据订单分配员工，达到效率的最优化。

在管理者界面，可以看到以下内容：管理者的属性包括编号、姓名、性别、管理项目；员工的属性包括编号、姓名、性别、出生日期、籍贯、婚姻状况、民族、学历、服务类型；家政服务类型的属性包括编号、类型名；客户的属性包括编号、姓名、性别、服务项目、住宅电话、服务员工编号；合同表的属性包括编号、起始日期、终止日期、客户编号、员工编号。同时，员工与管理者和服务类型有关联，合同表又将客户与员工联系在一起。

2. 协同办公管理

家政服务公司管理信息系统还可以提供一个企业级的实时通信平台，包括文本会话、文件传输、网络会议等，主要提供公司内部办公沟通服务。

通过实时通信平台，可以实现公司内部的即时沟通管理，提高工作效率，降低不必要的开支。沟通过程中的消息、文档会长久保存，切实保证信息的安全、完整。支持多人在线会议，可多人同时交谈。另外，也可以具有通知功能，通知公司相关员工重要信息。提供一个集成的工作台，以推送的方式把待办任务、计划、客户、订单等重要信息展示在桌面，点击即可办理相关业务。

任务中心可以查看公司范围内的任务情况，并能提取任务详情。如有任务超时未完成，会自动报警，将任务设置为红色。任务除了用列表的形式展示，也可按照自定义的条件进行过滤。

3. 人力资源管理

管理信息系统数据库的建立，也可以帮助公司进行人力资源管理相关的规划。根据数据库中的员工信息，以及业务发展的需要，科学地组织安排员工培训；根据客户信息管理和订单管理进行员工业绩考核，结合家政服务人员工作绩效进行工资、福利、保险管理以及人事变动管理。

此外，管理信息系统全面记录员工信息，可以新增和更改员工的信息，在组织机构的不同分支下增加员工信息。人事主管可以维护员工合同信息，系统自动记录合同信息的新增、修改、删除过程；可以处理试用员工的转正，在职员工的职位调动、休假、晋升、降级、工伤、退休、离职等情况。

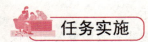

经过知识学习之后，分小组调查和搜集有关家政服务公司管理信息系统建设的现实案例，总结其特点，以小组形式进行讨论，并在课堂上进行分享。

在课堂上，通过现场展示的方式，向同学布置小组任务，考核成绩学生互评分占比70%，教师评分占比30%。

综合实训

如果你是家政服务公司的管理者，你希望本公司的管理信息系统包含哪些功能应用？

 同步测试

一、选择题

1. 以下（　　）不属于管理信息系统的特点。

A. 不能支持管理者作出决策

B. 综合性、交叉性和边缘性相结合

C. 有预测能力和控制能力

D. 人机系统

2. 以下关于家政服务公司管理信息系统的说法，不正确的是（　　）。

A. 面临着家政服务需求的日益增长，许多家政服务公司迫切需要管理信息系统来达到管理的合理化和有序化

B. 家政服务公司数据库建设主要包括员工、管理者以及客户的相关信息

C. 对于管理者而言，不可以更改数据库的内容

D. 对客户信息进行有效的管理是家政服务公司业务良好的体现，要求家政服务公司应保证客户信息的准确性和安全性

二、简答题

简述家政服务公司管理信息系统的建设为什么可行。

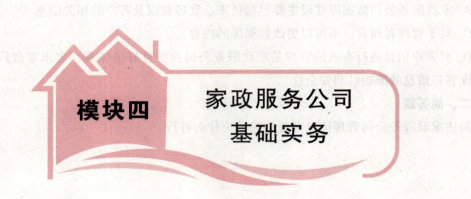

模块四　家政服务公司基础实务

项目一　家政服务公司开设调研

【项目介绍】

通过对身边家政服务公司的观察，结合公司的基本情况，通过课堂学习和课外学习，认知家政服务公司，了解家政公司的选址要求，以及家政公司的主营项目，对现代家政服务公司有基本认识。

【知识目标】

1. 知道公司选址的含义及要素。
2. 知道家政服务公司选址的原则及注意事项。
3. 知道家政服务公司的主营项目及工作内容。

【技能目标】

1. 能明确说出家政服务公司选址的基本原则。
2. 能列举家政服务公司的主营项目。

【素质目标（思政目标）】

1. 具有家政服务公司选址的基本认知。
2. 具有对我国现代家政服务公司市场的科学认识。

模块四 家政服务公司基础实务

案例引入

长春安泰家政服务有限公司成立于 2007 年 3 月,是经长春市各级政府部门批准,并经工商注册的大型家政服务机构,注册资金 30 万元人民币。公司设有家政部(钟点工、住家保姆、家教等)和保洁(日常清洁、洗地毯、地板、家具打蜡等),直属三家分公司为吉林分公司、白山分公司和延吉分公司,以及多家加盟单位。公司位于长春市南关区幸福街 27 号幸福嘉园 8 栋 2101 号,选址此地的原因主要包括:

1. 地点在繁华地带;
2. 交通便利,四通八达;
3. 周围环境好,知名度高;
4. 社区商业密集顾客群体多;
5. 便于上门服务,随叫随到;
6. 更进一步了解顾客的需要,吸取更多的宝贵意见;
7. 租金合适。

任务一 家政服务公司的选址

任务描述

随着时代的发展,市场上对家政的需求在不断的增长,这给我国的家政行业带来了广阔的发展空间,跻身该行业的投资者数不胜数,但是开店选址是必不可少的。一个家政公司选址的好坏往往会影响到公司的业务量,尤其是对一些刚刚成立没有知名度的家政公司更是如此。因此,如何选好公司地址对公司未来发展至关重要。因选址不当而失败的案例比比皆是。那么,家政公司如何选址?要遵循哪些基本原则?有哪些注意事项?

任务分析

1. 了解家政服务公司选址的基本原则及注意事项。

179

2. 认知身边的家政服务公司选址特点。

相关知识

一、选址的含义及要素

（一）含义

选址是指根据公司发展战略，对可能建店的地址进行调查、分析、比较和选定，并最终确定对该土地或房产使用权的一种行为。随着社会的发展进步，选址已经被运用到越来越多的行业企业中。

公司经营的成败很大程度上取决于店址的选择，店址的选择将显著影响实际运营的效益、成本以及日后公司规模的扩充与发展。因此，店址选择是一项长期性投资，关系着公司的发展前途。

（二）要素

家政服务公司面向居民提供家庭生活服务，以店面为中心，向外辐射式服务家庭客户。其选址需要考量诸多要素。

1. 地理区位

从地理位置评估店铺的地址，应该看从它的地理位置出发，是属于商业中心型、准商业中心型、郊外型和居民小区型四类中的哪一类。

（1）商业中心型店址。商业中心型店址位于全市性的繁华商业区，这里各类商业、娱乐、服务设施林立，人流量、车流量较大，店址的辐射力强，商圈范围也比较广泛。商业中心型店址虽优点颇多，缺点也十分显著，租金在各种区位中最高。

（2）准商业中心型店址。准商业中心型店址位于地区性商业中心，与重要的交通干线相联结，顾客流量较全市性商业中心少，尤其是流动顾客数量很少，租金相对较低。

（3）郊外型店址。郊外型店址是随着城市人口的外迁而设立的店址，其顾客少但固定，经营成本最低。

（4）居民小区型店址。居民小区型店址位于大型居民集中居住区内，为小区生活配套设施。此类店址最适合直接服务于社区居民生活的项目。

2. 交通状况

交通条件也是影响公司选址的一个重要因素，它决定了公司经营的顺利开展和顾客消费行为的顺利实现。为方便顾客消费，设在商业中心的店铺要分析与交通站点的距离和方向。一般距离越近，客流越多，消费越方便。开设地点还要考虑客流来去方向，如选在面向车站的位置，以下车的客流为主；选在邻近市内公共车站的位置，则以上车的客流为主。同时，还要分析市场交通管理状况所引起的有利与不利条件。如单行线街道、禁止车辆通行街道、与人行横道距离的远近，甚至停车位的多少，都会造成客流量不同程度的变化。

3. 竞争环境

店铺周围的竞争情况对同类经营的公司的成败会产生巨大影响，因此在公司地址选择时必须要分析竞争对手。一般来说，在开设地点附近如果竞争对手众多，自身经营就需要独具特色，才会吸引大量的客流，促进销售增长，增强店誉；反之，如果公司经营没有特色，与竞争对手相邻而设，将难以获得发展。

4. 顾客流量

客流量是公司选址正确与否的重要依据之一，客流量的分析必须有详尽的数据报告。在进行客流量分析时，不但要对其每天的人流量进行分析，而且要区分这些客流的有效性。特别是作为抽样调查，有时会因季节、交通、工作日与休息日、周边发展进程等因素的影响，会对数据的准确性有较大的影响。因此，在评估客流量时，要结合这些因素进行全面分析，以保证数据的准确性和有效性。

5. 公共服务

为客人考虑，附近是否有洗手间、停车场、休息区。甚至，整体周边环境是否更吸引客人前来；为自己考虑，评估保安、防火、垃圾废物处理等服务，同样要评估服务设施、费用及质量。

6. 发展趋势

对公司选址发展趋势的评估就是要分析城市规划。公司的开设地点选择要分析城市建设的规划，既包括短期规划，又包括长期规划。有的地点从当前分析是最佳位置，但随着城市的改造和发展将会出现新的变化而不适合；反之，有些地点从当前来看不是理想的开设地点，但从规划前景看会成为有发展前途的新商业机遇地点。因此，家政服务公司经营者必须长远考虑，在了解地区内的交通、街道、市政、绿化、公共设施、住宅及其他建设或改造项目规划的前提下，做出最佳地点的选择。

二、家政服务公司选址

（一）选址的基本原则

1. 费用原则

经济利益是公司考虑的首要因素。建设初期的固定费用，投入运行后的变动费用，营业以后的年收入，都与选址有关。对于家政创业者而言，房租是开店的主要经济负担之一，由于每个人的预算和未来规划都不一样，所以大家选址应该在制定规划时设定一个房租预算，然后有目的地去选择合适的地点。

对于初次开家政公司的人来说，最划算、稳健的方式是选择自己预算内最合适的位置，签订尽可能少租期的合同，比如签订1年或2年租期，以备自己选择失误后方便调整。

2. 交通因素

交通不方便比如地铁或者公交不能直达或者易堵等都会导致一部分客户不愿意到店，这不利于家政公司发展，所以在初期选址时就要考虑交通因素。只考虑交通因素的情况下，应该首选停车方便、靠近主要公路、地铁站或者公交站的地方，方便客户停车来访。选在小区商铺街、小区边缘楼宇或集中住宅区交通主路，容易得到较多到店客流。

3. 优先选择的原则

对于地理位置不够理想时，要选择中、高档社区或居民小区，建店地址设在小区外的商业干道，但不能选择菜场、小商品市场等旁边，因人群杂乱，环境污染给店面形象带来不好的影响。在社区或居民小区稀少、分散的条件下，一定要尽量选址居民居住较稠密的区域，同样不能选择菜场小商品市场等旁边。

4. 环境选择

（1）选择人群流动或居民上下班的必经之路，即有交通站台的附近。

（2）选择人群步行交通便利之处，如果人口稠密的城区，要控制在步行15分钟内。

（3）选择中、大型的商场、药店、妇幼保健院、计划生育站、医院、肯德基等人群消费便利的附近。

（4）选择附近有社区康复中心、老人院、社区服务站、大型婚介所、洗浴中心、书城、幼儿园、亲子园、学校、健身场所、体育馆、电影院、居民公共活动场所，如花园、公园、电影院、停车场等。

（二）选址的注意事项

（1）500米半径内居民不少于1万人，其中200米半径内不少于150户。

（2）位于社区的商业中心街道。东西走向街道最好坐北朝南；南北走向街道最好坐西朝东。尽可能位于十字路口的西北拐角。

（3）与集客力较强的品牌门店和公共场所相邻，并有责任为顾客提供舒适放心的周边环境。

（4）门面展开宽度不少于6米，能见度高，无道路隔离栏，门窗可改装为落地式大玻璃结构。附近具有该路段标志性的建筑物。

（5）可正常供暖，通水，通电，通网络，无城建规划限制。店铺价格对服务项目价格和投资回收期会产生直接影响，因此租金不要过于昂贵，并且产权清晰且至少可使用5年。店铺具备长期经营的条件才有利于家政服务公司的创办。

（6）店前空地不少于店内经营面积，可停放20辆以上自行车及摩托车（电动车），店前或附近50米内可停放小汽车。

（7）根据商圈大小，合理规划店铺的面积、建筑结构、形状等。店面、店侧及店前可以布置30平方米以上的广告牌。

（8）社区交通方便，通畅，与人流量较大的公共交通设施相邻。同时也要分析步行交通，以便确定步行者的特征是否与拟设这个位置的家政服务公司的目标市场相一致。

（9）社区居民文明素质较高，治安状况良好。社区地方政府执法文明，注重社区文化建设。

（10）符合环境保护要求。

从以上10个注意事项可以看出，这样的选址不但考虑到了人流量，比如规定半径内的居民数量，还考虑到了有效人流，比如规定最好在超市、学校家庭服务消费者集中的地方。它还考虑到了交通、治安、宣传、朝向等各个细节，这些规定尽可能地保证了选址的科学化和正规化。

（三）选址策略

1. 考虑选址的大体区域，从而确定商圈

（1）选择人流汇集的地段店铺群及大型集客场所，要求环境优美、街道整齐、交通便利、商业服务配套齐全而不嘈杂、适合签订服务合同等。

（2）选择目标市场人口密度高、人口数量多的居民小区底层商铺，政府重要的行政中心。

（3）选择一些新兴城市，城市边缘和郊区新城，打破常规，按未来发展趋势，在目前并不热门的地段抢先占领。这些地方会为家政服务公司提供抢驻市场的机遇。

2. 对商圈的市场机会、竞争环境以及商圈内的消费者特征进行分析

（1）分析商圈的稳定度和成熟度。了解该区域规划是否会涉及改造和拆迁，对于将来多年才能形成成熟商圈的地点，应尽量避开。

（2）分析商圈内的人口规模。主要了解该区域内固定人口的数量以及分布密度，这是今后较为稳定的顾客源，可从住房拥有率得到一些参考和帮助；至于流动人口，可在商圈内设置几个抽样点，进行抽样统计。

（3）分析商圈内的人口特点。首先要分析商圈内人口的年龄分布。家政服务受年龄影响较大，不同年龄阶段对家政服务需求倾向不同，了解需求是设计合理的服务项目的重要依据。

其次要弄清商圈内人口的受教育程度。教育程度高的顾客往往更愿意通过家政服务公司这种正规渠道得到家政帮助，从而有助于家政服务公司权衡该商圈是否适合拓宽某种服务项目。

另外还要分析商圈内人口可支配收入的总额和人均可支配收入。获取可支配收入的总额是为了便于估算该商圈的整体家政需求能力，获取人均可支配收入是为了制定各服务项目参考价格，将服务项目价格控制在该商圈内人口可接受范围内。

最后还要分析商圈内人口的职业分布和发展趋势。人口的职业可以决定他们闲暇时间的多少和休闲方式。而商圈内人口的发展趋势则是决定家政服务公司今后发展水平的一个基准。新的住宅区、购物场所、学校、机关等对商圈内人口的发展趋势会有很大的影响，学校建成说明学生及学生家长将增多，家教、接送学生、小餐桌、各种培训等服务项目的需求将增大。住宅区建成则说明钟点工、家教、接送学生、照顾老人等服务项目需求将增大。

（4）了解该商圈内的竞争程度。首先要掌握竞争者的数量与规模。通过对已开设的家政公司的数量规模进行调查，确定该地区家政市场的饱和程度；其次要分析竞争者的优势和劣势，通常在同一或类似行业聚集地，如果每家的定位不同，服务项目侧重点也不同，往往会吸引更多固定的消费者。通过分析竞争对手，更有利于形成自己的经营特色。

（5）分析商圈内地理位置及交通状况。首先要考虑该位置交通的便利性。交通便利是家政服务人员及时准确地到达家政需求点的重要保证，这是公司生存和发展的需要。同时交通便利也是顾客上门方便的重要保证，靠近主要公路、地铁站或者公交站的地方，方便客户停车，更容易吸引目标顾客。

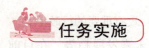

经过知识学习之后，分小组调查和搜集某家政服务公司资料，分析其位置特点。

任务考核

在课堂上，通过现场展示的方式，向同学布置小组任务，考核成绩学生互评分占比70%，教师评分占比30%。

模拟在当地选址开设一家家政服务公司

同步测试

一、选择题

1. 影响公司选址的要素有（　　）。
   A. 店面结构 B. 交通状况
   C. 竞争环境 D. 顾客流量

2. 家政服务公司选址的原则有（　　）。
   A. 费用原则 B. 优先选择原则
   C. 环境选择 D. 交通因素

二、简答题

简述家政服务公司选址的基本要求有哪些。

任务二 家政服务公司的主营项目

任务描述

中国家政服务业已初具规模，众多家政服务公司如雨后春笋般出现在各个城市，有些甚至已形成一定品牌，服务范围日益扩大，内部分工更加精细，服务内容开始分级。请认真观察了解一下，这些家政服务公司的经营项目有哪些？主要的工作内容是什么？

任务分析

1. 了解家政服务公司的经营范围。
2. 了解家政服务公司的主营项目及工作内容。

相关知识

一、家务服务

（一）工作内容

1. 家庭餐的制作

家庭餐的制作主要包括：家庭餐制作原辅料的采购、餐前准备（择菜、洗菜、切配等）、菜品制作、餐后整理、清洗加工水果等。

2. 家庭居室清洁与美化

家庭居室清洁与美化主要包括：清洁地毯、地面，擦拭室内墙壁、门窗、室内玻璃、家具及家电表面，清洁厨房和卫生间，指导进行居室美化等。

3. 洗涤衣物

洗涤衣物主要包括：衣物洗涤、熨烫、整理、收纳，拆洗被褥等。

4. 家庭照料

家庭照料主要包括：协助更换桶装饮用水、煤气罐，照料宠物，养护花卉，接送孩童上下学，协助看护幼儿、老人，提供简单家教等。

（二）服务等级

服务等级分为普通级、初级、中级、高级。

（三）服务流程

电话或现场登记需求信息—安排客户和服务员见面—洽谈—签约（有异议重新约见、洽谈）—办理相关手续—服务员上岗服务—公司双向回访—合同续签（不满意协商调换）—合同终止—满意度测评。

二、母婴生活服务

（一）工作内容

1. 照顾产妇

生活护理：根据产妇所需的饮食营养，给产妇做月子餐，合理调剂饭菜花样，给产妇洗衣服等。

专业护理：指导产妇掌握母乳喂养的方法及婴儿喂养常识，做好产妇的健康护理及产褥期常见病的预防，指导产妇学做产妇操，做好产妇的心理疏导等。

2. 照顾婴儿

生活护理：喂水、喂奶、洗澡、换洗尿布、洗婴儿衣物、拆洗被褥等。

专业护理：新生儿抚触、测体温、大小便观察、脐带护理、臀部护理等。

（二）服务等级

服务等级分为普通、1~5星级、金牌、首席金牌、首席技师等九个等级类型。

（三）服务流程

电话或现场登记需求信息—安排客户和服务员见面—洽谈—签约（有异议重新约见、洽谈）—办理相关手续—服务员上岗服务—公司双向回访—合同续签（不满意协商调换）—合同终止—满意度测评。

三、育婴服务

（一）工作内容

1. 生活照料

（1）对婴儿进行科学喂养，指导进行母乳喂养，调配奶粉，添加辅食，制作婴儿餐食，按要求为婴儿喂奶，并辅助婴儿进食进水。

（2）为婴儿穿脱衣服，更换尿布，洗澡、洗脸、洗头，照料婴儿睡眠。

（3）处理、训练婴儿大小便，为婴儿进行水浴、空气浴、日光浴。

2. 日常生活保健与护理

（1）测量、观察婴儿体温和身体健康状况。

（2）配合完成预防接种工作。

（3）协助家长做好常见病的预防。

（4）对患病婴儿进行科学护理。

3. 早期教育和智力开发

（1）会运用适当玩具，促进婴儿发展。

（2）对婴儿进行动作技能训练。

（3）进行婴儿语言开发。

(4) 社会行为及人格培养。

(5) 制定、实施有针对性的培训计划。

4. 简单家务

(1) 室内通风，清扫地面。

(2) 整理婴儿床铺、童车、衣物。

(3) 拆洗婴儿被褥、棉衣，洗涤尿布、衣物。

(4) 清洗消毒奶瓶、餐具、玩具等婴儿用品。

(二) 服务等级

服务等级分为普通级、一星级、二星级、三星级、四星级、育婴师、高级育婴师等类型。

(三) 服务流程

电话或现场登记需求信息—安排客户和服务员见面—洽谈—签约（有异议重新约见、洽谈）—办理相关手续—服务员上岗服务—公司双向回访—合同续签（不满意协商调换）—合同终止—满意度测评。

四、医院陪护服务

(一) 工作内容

(1) 晨间护理，包括协助病人起床、洗脸、洗手、口腔护理（刷牙、漱口）、梳头。

(2) 晚间护理，包括协助病人洗脸、漱口、洗脚或泡脚，协助病人入睡。

(3) 整理病床、床头桌的卫生，清理病人用品如便器等的卫生，洗涤病人衣物。

(4) 协助病人进餐、饮水、加餐、打开水、清洗餐具。

(5) 给病人擦澡或协助病人洗澡、洗头、修剪指（趾）甲等。

(6) 协助病人功能锻炼、床下活动，陪同病人散步，给不能自主活动的病人翻身等。

(7) 陪送病人检查，协助病人排泄大小便，帮助病人留取大小便标本等。

(8) 协助医护观察病情，如输液滴注的情况，病人有无发热异常等，发现异常情况及时通知医护人员。

(9) 在病人或家属同意的情况下为病人购买生活用品。

(10) 为病人提供一般的心理疏导。

（二）服务等级

服务等级分为普通级、星级等类型。

（三）服务流程

电话或现场登记需求信息—安排客户和服务员见面—洽谈—签约（有异议重新约见、洽谈）—办理相关手续—服务员上岗服务—公司双向回访—合同续签（不满意协商调换）—合同终止—满意度测评。

五、居家养老服务

（一）工作内容

居家养老服务对象分为能自理和不能自理两种。据此确定居家养老服务的内容。

1. 生活护理

（1）对于能自理的客户，提供洗衣、做饭、整理卫生、居室保洁、衣服熨烫、陪同看病、取药、代为购物等服务。

（2）对于不能自理的客户，除以上服务外，增加提供帮助清理个人卫生及大小便，照顾睡眠、饮食、给药等。

2. 保健护理

提供按摩、测血压、测体温、提醒吃药、肢体康复等服务。

3. 心理疏导

提供读报、聊天、倾听、沟通、交流等服务。

（二）服务等级

服务等级分为普通级、初级、中级、高级等类型。

（三）服务流程

电话或现场登记需求信息—安排客户和服务员见面—洽谈—签约（有异议重新约见、洽谈）—办理相关手续—服务员上岗服务—公司双向回访—合同续签（不满意协商调换）—合同终止—满意度测评。

六、专业保洁服务

（一）工作内容

（1）拓荒清洁：除胶、除漆、除蜡、除尘，清洁新居室门窗、简单灯具，清除室内残留物、杂物清洁洁具、厨具等。

（2）居室日常保洁：清洁桌面、沙发、座椅、家电、门窗、地面、镜面、墙面，整理杂物，清理卫生死角，清理卫生间，清洗消毒卫生洁具等。

（3）厨房清洁：清洗灶具、灶台、排烟油机，清洁、消毒厨具与餐具，清洁电冰箱等厨用电器，整理与清洁厨房台面、橱柜，清洁地面、墙面、顶棚，清理卫生死角及垃圾等。

（4）地板、地面清洁：木地板打蜡、起蜡及日常清洁，清洗、清洁与保养地毯、石材地面。

（5）家具的清洁：清洁木制家具及特殊材质家具。

（6）墙壁的清洁：粉刷墙壁，清洁壁纸壁布。

（7）管道维修疏通。

（二）服务等级

服务等级分普通级和星级等类型。

（三）服务流程

电话或现场登记需求信息—签署派工单—保洁员入户上岗—客户验收付费—公司回访。

七、钟点服务

钟点工是一种比保姆更加灵活的家政服务形式，其服务形式主要采取两种方式：一是以小时计算费用的临时性家庭服务用工，即一次性钟点工服务；二是长期固定钟点服务。

（一）工作内容

（1）打扫卫生，主要包括：清扫客户家庭的地毯、地面，擦拭室内墙壁、门窗、室内玻璃、家具及家电表面，清洁厨房和卫生间。

（2）简单清洗，主要包括：家庭成员的衣物洗涤与熨烫、整理、放置，拆洗被褥等。

（3）接送孩子，主要包括：按时接送，安全送达，并随时告知客户孩子所在地。

（二）工作时间

工作时间一般按客户要求商议确定。

八、家教型家政服务

（一）工作内容

（1）了解家长需求及儿童学习情况。
（2）编写相应的教学计划并提前做好试讲。
（3）按计划辅导儿童学习指定课程，完成课外作业。
（4）陪伴儿童聊天、娱乐。
（5）根据教学效果和家长意见制定教学改进措施。
（6）接送儿童参加兴趣班。
（7）承担简单家务。

（二）工作时间

工作时间按照课时或按客户要求

（三）上岗要求

具备大专以上学历或具备专业特长的同等学历者。

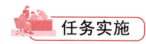

通过学习，分小组调查和搜集某家政服务公司资料，了解其服务项目。

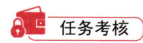

在课堂上，通过现场展示的方式，向同学布置小组任务，考核成绩学生互评分占比70%，教师评分占比30%。

模拟成立一家家政服务公司，编写服务项目手册。

家政服务公司经营与管理

 同步测试

一、单选题

1. 育婴服务的工作内容主要包括（　　）。

A. 生活照料　　　　　　　　　　B. 日常生活保健

C. 产妇护理　　　　　　　　　　D. 早教与智力开发

2. 居家养老服务的工作内容主要包括（　　）。

A. 生活护理　　　B. 保健护理　　　C. 心理疏导

二、简答题

简述家政服务公司服务项目的工作流程。

模块四　家政服务公司基础实务

项目二　家政服务公司财会实务

【项目介绍】

家政服务公司作为市场主体其核心是经营活动，经营活动的重心是企业的血液一般流动的资金，对基本资金流动的科学管理是家政公司健康生存，长远发展的基础。本项目围绕家政服务公司经营所需的基本财会业务，详细展示了相关业务的内容和流程。

【知识目标】

1. 熟知家政服务公司建账的相关内容。
2. 熟知家政服务公司货币资金管理的规则。
3. 熟知家政服务公司相关应交税费。

【技能目标】

1. 能为家政服务公司建立基本账目并简单记账、阅账。
2. 能依法依规处理家政服务公司货币资金和税费。

【素质目标（思政目标）】

1. 具有现代家政服务公司财务合法合规管理的基本意识。
2. 具有家政服务公司依法交纳税费的经营观念。

案例引入

家政服务作为一个面向广大普通民众的民生行业，其市场规模2021年超万亿元，从业机构212万多家，其中个体工商户占比55%，有限责任公司占比46%，注册资本在100万元以内的约有153万家，占比72%，注册资本在100万~500万元之间的约有37万家，占比18%，仅有10%的机构注册资本超过500万元。面对家政服务行业这样的市场主体现状，要了解掌握家政服务公司的经营管理活动，就需要把握占绝大多数的中小微型家政公司经营管理状况。各类公司活动中，财务活动是一个公司的核心活动之一。

家政服务公司经营与管理

任务一
家政服务公司的建账与记账

任务描述

家政服务公司,绝大多数是中小微型企业,这类公司财务业务是公司的主要活动,也是核心活动,财务活动的规范与否,直接影响着公司的运营状况,也是公司管理水平、管理质量的重要体现。作为一名家政服务专业的学习者,应当掌握家政服务公司账目管理的基本知识,明白建账与记账的过程,知晓其中的基本原理与规范。

任务分析

1. 知道家政服务公司账簿建立的过程。
2. 知道家政服务公司基本的记账规范。

相关知识

按照《中华人民共和国中小企业促进法》和《国务院关于进一步促进中小企业发展的若干意见》(国发〔2009〕36号),将中小企业划分为中型、小型和微型三种类型。

常用小微企业作为小型企业、微型企业、家庭作坊式企业和个体工商户的统称。

家政服务公司,其中半数以上属于小微企业,九成属于中型以下企业。因此,一般的家政服务公司建立公司账簿,适合依据《小企业会计准则》。在公司建立之初,根据公司具体业务要求和可能发生的会计业务情况,购置合适的账簿,然后以公司日常发生的业务情况为依据,依照会计处理程序登记账簿。

一、家政服务公司的建账

(一) 准备账簿

1. 建账的原则

(1) 与公司相适应。公司规模和业务量是成正比的,规模大的公司,业务量大,分工

194

也复杂，会计账簿需要的册数也多。公司规模小，业务量也小，作为小微企业，一个会计可以处理所有经济业务，设置账簿时就可以将各类明细合成一本或两本。

（2）与公司业务需要适应。根据公司管理需要建账，为公司管理活动提供会计信息，因此建账时要以满足管理为前提，避免重复设账、记账。

（3）与账务处理程序相适应。公司业务量大小不同，采用的账务处理程序也不同。公司建账与账务处理程序相匹配，例如公司采用记账凭证账务处理程序，公司的总账就要根据记账凭证序时登记，即需要准备一本序时登记总账。

2. 家政服务公司应设置的账簿

（1）现金日记账，没有外币业务只设一本本币现金日记账即可，若有外币，则按照不同比重分别设现金日记账。形式选用订本账，页数按业务量选择。

（2）银行存款日记账，根据每个银行账号单独设立一本账。一般家政公司仅有企业基本账户，则设一本基本账户银行存款日记账即可。形式选用订本账，页数按业务量选择。

（3）总分类账，家政公司需要设置一本总分类账。形式选择订本账，页数按业务量需要选购，该总分类账包含公司所设置的全部账户的总括信息。

（4）明细分类账，明细分类账采用活页形式。存货类的明细账要用数量金额式的账页；收入、费用、成本类的明细账要用多栏式的账页；应交增值税的明细账有单独账页；其他的基本全用三栏式账页。

（二）科目选择

家政服务公司建账设置科目，可依据会计准则中跨级科目即主要账务规范处理，结合自己公司作为服务业企业管理所需，以此从资产类、负债类、所有者权益类、成本类、损益类中选择出应设置的会计科目。

（三）填写制作账簿

1. 封皮

（1）填写公司名称。依照工商注册名称，规范填写。

（2）填写账簿名称。依照会计准则规范填写。

2. 扉页，或使用登记表，明细账中称经管人员一览表

（1）公司名称或使用者名称，即会计主体名称，与公章内容一致。印鉴，即公司公章。

（2）使用账簿页数，在本年度结束（12月31日）据实填写。

（3）经管人员，盖相关人员个人名章。另外记账人员更换时，应在交接记录中填写交接人员姓名、经管及交出时间和监交人员职务、姓名。

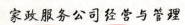

（4）粘贴印花税票并划双横线，除实收资本、资本公积按万分之五贴花，其他账簿均5元每本贴花。

3. 总分类账的账户目录

（1）总分类账目外形采用订本式，印刷时已事先在每页的左上角或右上角印好页码。但由于所有账户均须在一本总账上体现，故应给每个账户预先留好页码。如"库存现金"用第1、2页，"银行存款"用第3、4、5、6页，根据公司具体情况设置，并要把科目名称及其页次填在账户目录中。

（2）明细分类账由于采用活页式账页，在年底归档前可以增减账页，故不用非常严格的预留账页。

（3）现金或银行存款日记账各自登记在一本上，故不存在预留账页的情况。

4. 账页（不存在期初余额）

现金和银行存款日记账不用对账页特别设置。

（1）总账账页，按资产、负债、所有者权益、成本、收入、费用的顺序把所需会计科目名称写在左上角或右上角的横线上，或直接加盖科目章。

（2）明细账账页，按资产、负债、所有者权益、成本、收入、费用的顺序把所需会计科目名称写在左上角、右上角、中间的横线上或直接加盖科目章，包括根据公司具体情况分别设置的明细科目名称。另外对于成本、收入、费用类明细账还需以多栏式分项目列示，如"管理费用"借方要分成：办公费、交通费、电话费、水电费、工资等项列示，具体的按企业管理需要，即费用的分析项目列示，各个公司并不完全相同。

另外，为了查找、登记方便，在设置明细账账页时，每一账户的第一张账页外侧粘贴口取纸，并各个账户错开粘贴，在口取纸上写出会计科目名称。一般只写一级科目。另外，也可将资产、负债、所有者权益、收入、费用按红、蓝等不同颜色区分开。

二、家政服务公司的记账

（一）原始凭证

原始凭证，又称单据，是指在经济业务发生或完成时取得或填制的，用以记录或证明经济业务发生或完成情况的原始凭据。

1. 原始凭证的分类

（1）按来源不同，原始凭证分为外来原始凭证和自制原始凭证，登记内容如表4-1所示。

表 4-1　原始凭证内容

项目	具体内容
凭证的名称	表明原始凭证所记录业务内容的种类，反映原始凭证的用途，如"发票""领用单"等
填制凭证的日期	填制原始凭证的日期一般为业务发生或完成的日期，如果在业务发生或完成时未能及时填制原始凭证，则应以实际填制日期为准
填制凭证单位名称或者填制人姓名	原始凭证上必须填写填制凭证的单位和填制人姓名，其中填制凭证单位名称必须是全称
经办人员的签名或者盖章	经办人员的签名或者盖章是为了明确该项内容的经济责任
接受凭证单位的名称	表明经济业务的来龙去脉
经济业务内容	表明经济业务的项目、名称及有关附注说明
数量、单价和金额	表明经济业务的计量，这是原始凭证的核心

外来原始凭证：购买物品等取得的增值税专用发票、对外单位支付款项时取得的收据、员工出差取得的飞机票和火车票等。

自制原始凭证：收货单、领物单、入库单、出库单、借款单、工资发放明细表等。

（2）按填制手续及内容不同，原始凭证分为：

一次凭证：收据、领料单、收料单、发货票、借款单、银行结算凭证。

累计凭证：限额领用单。

汇总凭证：工资结算汇总表、差旅费报销单等。

（3）按格式不同，原始凭证分为：

通用凭证：某省（市）统一印制的发票、收据，人民银行制作的银行转账结算凭证。

专用凭证：领用单、差旅费用报销单、折旧计算表、工资费用分配表等。

（4）按经济业务的类别不同，原始凭证分为：

款项收付业务凭证：现金借据、现金收据、领款单、零星购物发票、车船飞机票、医药费单据、银行支票、付款委托书、托收承付结算凭证等。

出入库业务凭证：入库单、领用单、提货单等。

成本费用凭证：工资单、工资费用汇总表、折旧费用分配表、制造费用分配表、产品成本计算单等。

购销业务凭证：提货单、发货单、派工单、缴款单、运费单等。

固定资产业务凭证：固定资产调拨单、固定资产移交清册、固定资产报废单和盘盈、盘亏报告单等。

2. 原始凭证的登记内容

（1）审核原始凭证的真实性，审核原始凭证上所有项目是否填全，有关人员或部门是否签章,摘要、金额是否填写清楚,金额计算是否正确,金额大小是否一致等。

(2) 审核原始凭证的合法性、合规性和合理性,审核原始凭证所反映的经济业务是否符合国家颁布的相关财经法规、财会制度,是否存在违法乱纪等行为。

经审核的原始凭证应根据不同情况加以处理:

1) 对于完全符合要求的原始凭证,应及时据此编制记账凭证入账。

2) 对于真实、合法、合理,但内容不够完整、填写有错误的原始凭证,应退回相关经办人员,由其负责将相关凭证补充完整、更正错误或重新开具后,再办理正式会计手续。

3) 对于不真实、不合法的原始凭证,会计机构、会计人员有权不予接受,并向公司负责人报告。

(二) 记账凭证

1. 记账凭证的登记内容

记账凭证是登记账簿的依据,因反映经济业务的内容不同、公司规模大小及对会计核算繁简程度的要求不同,其内容也有所差异,但应当具备以下基本内容:

(1) 填制凭证的日期;

(2) 凭证编号;

(3) 经济业务摘要;

(4) 会计科目;

(5) 金额;

(6) 所附原始凭证张数;

(7) 填制凭证人员、稽核人员、记账人员、会计机构负责人、会计主管人员签名或盖章。

收款和付款记账凭证还应当由出纳人员签名或者盖章。以自制的原始凭证或者原始凭证汇总表代替记账凭证的,也必须具备记账凭证应有的项目。

2. 记账凭证的填制要求

(1) 记账凭证填制的基本要求,包括以下内容:

1) 审核无误,在对原始凭证审核无误的基础上填制记账凭证,这是内部控制制度的重要环节。

2) 内容完整,记账凭证应该包括的内容都要具备。应该注意记账凭证的日期一般为编制记账凭证当天的日期,按权责发生制原则计算收益、分配费用、结转成本利润等调整分录和结账分录的记账凭证,虽然需要到下个月才能编制,仍应填写当月月末的日期,在当月的账内进行登记。

3）分类正确，根据经济业务的内容，正确区分不同类型的原始凭证，正确应用会计科目。在此基础上，记账凭证可以根据每一张原始凭证填制，或者根据若干张同类原始凭证汇总编制，也可以根据原始凭证汇总表填制，但不能将不同内容和类别的原始凭证汇总填制在一张记账凭证上。

4）连续编号，记账凭证应连续编号，这有利于分清会计事项处理的先后，便于记账凭证与会计账簿之间的核对，确保记账凭证的完整。

（2）记账凭证填制的具体要求，包括以下内容：

1）除结账和更正错误，记账凭证必须附有原始凭证并注明原始凭证张数。

2）一张原始凭证所列的支出需要由两个以上的单位共同负担时，应当由保存该原始凭证的单位为其他应负担单位开具原始凭证分割单。

3）记账凭证编号的方法有多种，可以按现金收付、银行存款收付和转账业务三类编号，即"现字第×号""银字第×号""转字第×号"；也可以按现金收入、现金支出、银行存款收入、银行存款支出和转账五类进行编号，即"现收字第×号""银收字第×号""现付字第×号""银付字第×号""转字第×号"。公司根据业务繁简程度、人员数量和分工情况来选择便于记账、查账、内部稽核且简单严密的编号方法。无论选择哪一种编号方法，都按月顺序编号，即每月都从1号编起，顺序编至月末。

4）若记账之前发现记账凭证有错误，则应重新编制，并将错误凭证作废或撕毁。已经登记入账的记账凭证，在当年内发现填写错误时，应用红字填写一张与原内容相同的记账凭证，在摘要栏注明"注销某月某日某号凭证"，同时再用蓝字重新填制一张正确的记账凭证，注明"订正某月某日某号凭证"。如果会计科目没有错误，只是金额错误，也可以将正确数字与错误数字之间的差额，另编一张调整的记账凭证，调增金额用蓝字，调减金额用红字。发现以前年度的错误，应用蓝字填制一张更正的记账凭证。

5）销售产品时，如果一部分货款已收到，而另一部分货款没有收到，应该同时编制收款凭证和转账凭证两种凭证；业务人员出差回来后报销差旅费，余款退回，应该同时编制收款凭证和转账凭证两种凭证。

6）实行会计电算化的公司，其机制记账凭证应当复合对记账凭证的一般要求，并应认证审核，做到会计账目使用正确，数字准确无误。打印出来的机制记账凭证上，要加盖制单人员、审核人员、记账人员和会计主管人员印章或者签字，以明确责任。

7）记账凭证填制完经济业务事项后，如有空行，应当在金额栏自最后一笔金额数字下空行处至合计数上的空行处划线注销。

8）正确编制会计分录并保证借贷平衡。

9）摘要应与原始凭证内容一致，能正确反映经济业务的主要内容，表述简单精练。

10）只涉及现金和银行存款之间收入和支出的经济业务，应以付款业务为主，只填制付款凭证，不填制收款凭证，以免重复。

（3）收款、付款、转账凭证填制示例，收款凭证、付款凭证、转账凭证如表4-2~表4-4。

表 4-2　收款凭证

借方科目：银行存款　　　　　　2022 年 1 月 20 日　　　　　　银收字第 030 号

摘要	贷方科目		记账	金额									
	总账科目	明细科目		千	百	十	万	千	百	十	元	角	分
收到投资	实收资本	金柱	√		2	0	0	0	0	0	0	0	0
				¥	2	0	0	0	0	0	0	0	0

附件 2 张

财务主管：李一　　　记账：张三　　　出纳：赵四　　　审核：王二　　　制单：刘武

表 4-3　付款凭证

借方科目：银行贷款　　　　　　2022 年 1 月 20 日　　　　　　银付字第 35 号

摘要	贷方科目		记账	金额									
	总账科目	明细科目		千	百	十	万	千	百	十	元	角	分
收到投资	现金		√				1	0	0	0	0	0	0
				¥			1	0	0	0	0	0	0

附件 2 张

财务主管：李一　　　记账：张三　　　出纳：赵四　　　审核：王二　　　制单：刘武

表 4-4　转账凭证

2022 年 2 月 4 日　　　　　　转字第 5 号

摘要	总账科目	明细科目	记账	借方金额								贷方金额							
				十	万	千	百	十	元	角	分	十	万	千	百	十	元	角	分
领用办公文具	管理成本	办公费	√			9	0	0	0	0	0								
														9	0	0	0	0	0
				¥		9	0	0	0	0	0	¥		9	0	0	0	0	0

附件 2 张

会计主管：李一　　　记账：张三　　　审核：王二　　　制单：刘武

3. 记账凭证的审核

对记账凭证的审核，除了需要对原始凭证进行复审外，还应注意审核以下几点：

（1）内容是否真实。记账凭证是否附有原始凭证，原始凭证是否齐全、内容是否合法，记账凭证所记录的经济业务与所附原始凭证所反映的经济业务是否相符。

（2）项目是否齐全。记账凭证各项目的填写是否齐全，如日期、凭证编号、摘要、会计科目、金额、所附原始凭证张数及有关人员签章等。

（3）科目是否正确。记账凭证的应借、应贷会计科目是否正确，账户对应关系是否清晰，使用的会计科目极其核算内容是否符合国家统一的会计制度规定等。

（4）金额是否准确。记账凭证与原始凭证的有关金额是否一致，计算是否准确，记账凭证汇总表的金额与记账凭证的金额是否相符等。

（5）书写是否正确。文字、数字是否工整、清晰，是否按规定进行更正等。在审核过程中，如果记账前发现记账凭证填制有错误，或者不符合要求，则需要由填制人员重新填制。若已记账，应查明原因，按规定的方法及时更正。

三、家政服务公司的账簿登记

（一）账簿登记规则

（1）必须使用蓝黑色墨水钢笔水写，不许用圆珠笔或铅笔记账。

（2）应当将会计凭证的日期、编号、业务内容摘要、业务金额和其他有关资料逐项记入账内。注明登账标记，避免重登或漏登。

（3）应按账户页次顺序连续登记，不得跳行、隔页。如果发生跳行、隔页现象，应在空行、空页处用红色墨水划对角线注销，注明"此页空白"或"此行空白"字样，并由记账人员签章。

（4）账簿中书写的文字或数字不能顶格书写，一般只应占格距的二分之一，以便留有改错的空间。

（5）记账除结账、改错、冲销记录外，不能用红色墨水。因为红色数字表示对蓝色数字的冲销或表示负数。

（6）对于登记错误的记录，应采用正确的错账更正规则进行更正，不得使用刮擦、挖补、涂改或用药水消除字迹等手段更正错误，也不允许重抄。

（7）各账户在一张账页登记完毕结转下页时，应当结出本页合计数和余额，写在本页最后一行和下页第一行有关栏内，并在本页最后一行的摘要栏内注明"转次页"字样。对转次页的本页合计数计算一般分为三种情况：

1）需要结出本月发生额的账户，结计转次页的本页合计数应当为自本月初起至本月末止的发生额合计数，如现金日记账及采用账结法下的各损益类账户；

2）需要结计本年累计发生额的账户，结计转次页的本页合计数应当为自年初起至本页末止的累计数，如采用表结法下的各损益类账户；

3）既不需要结计本月发生额也不需要结计本年累积发生额的账户，可以只将每页的余额结转次页，如债权、债务结算类账户和财产物资类账户等。

（二）日记账的登记

日记账可以用来连续记录家政服务公司的全部经济业务完成情况，也可以用来连续记录某一类经济业务的完成情况。为了逐日反映库存现金和银行存款的收付情况，一般通过库存现金日记账和银行存款日记账分别记录库存现金和银行存款的收入、支出、结存情况。日记账的登记应注意以下事项：

（1）根据复合无误的收、付款记账凭证记账。现金出纳人员在办理收、付款时，应当对收款凭证和付款凭证进行仔细的复核，并以经过复核无误的收、付款记账凭证和其所附原始凭证作为登记日子账的依据。如果原始凭证上注明"代记账凭证"字样，经有关人员签章后，也可以作为记账的依据。

（2）所记载的内容必须同会计凭证相一致，不得随便增减。每一笔账都要写明记账凭证的日期、编号、摘要、金额和对应的科目等。经济业务的摘要不能过于简略，应以能够清楚地表述业务内容为度，便于事后查对。日记账应逐笔分行记录，不得将收款凭证和付款凭证合并登记，也不得将收款与付款相抵后以差额登记。登记完毕，应当逐项复核，复核无误后在记账凭证上的"账页"一栏内标注过账符号"√"，表示已经登记入账。

（3）逐笔、随时登记日记账，做到日清月结。为了及时掌握现金收、付和结余情况，库存现金日记账必须当日账务当日记录，并于当日结出余额。有些现金收、付业务频繁的单位，还应随时结出余额，以掌握收、支计划的执行情况。

（4）必须连续登记，不得跳行、隔页，不得随便更换和撕去账页。现金日记账采用订本式账簿，其账页不得以任何理由撕去，作废的账页也应留在账簿中。在一个会计年度内，账簿尚未用完时，不得以任何借口更换账簿或重抄账页。记账时必须按页次、行次、位次顺序登记，不得跳行或隔页登记，如不慎发生跳行、隔页时，应在空页或空行中间划线加以注销，或注明"此行空白""此页空白"字样，并由记账人员盖章，以示负责。

（5）文字和数字必须整洁清晰，准确无误。在登记书写时，不要滥造简化字，不得使用同音异义字，字迹工整；摘要文字紧靠左线；数字写在金额栏内，不得越格错位、参差不齐；文字、数字字体大小适中，仅靠下线书写，上面要留有适当空距，一般应占格宽的二分之一，以备按规定方法改错。记录金额时，如为没有角分的整数，应分别在角分栏内写上"0"，或以"-"号代替，不得省略不写。阿拉伯数字一般可自左向右适当倾斜，以使账簿记录整齐、清晰。为防止字迹模糊，墨迹未干时不要翻动账页；夏天记账时，可在手臂下垫一块软质布或纸板等书写，以防汗浸。

(6）使用钢笔，以蓝、黑墨水书写，不得使用圆珠笔（银行复写账簿除外）或铅笔书写。红字冲账凭证冲销错误记录及会计制度中规定用红字登记的业务用红色墨水记账。

(7）每一账页记完后，必须按照规定转页。为便于计算了解日记账中连续记录的累计数额，并使前后账页的合计数据相互衔接，在每一账页登记完毕转结下页时，应结出本页发生额计数及余额，写在本页最后一行和下页第一行的相关栏内，并在摘要栏注明"过次页""承前页"字样，不再在本页最后一行写过次页的发生额和余额。

(8）现金日记账必须逐日结出余额，每月月末必须按规定结账。现金日记账不得出现贷方余额（或红字余额）。

(9）记录发生错误时，必须按规定方法更正。为了提供在法律上有证明效力的核算资料，保证日记账的合法性，账簿记录不得随意涂改，严禁刮、擦、挖、补，或使用化学药物清除字迹。发现差错必须根据差错的具体情况采用划线更正、红字更正、补充登记等方法更正。

（三）明细分类账的登记

明细分类账是指按照明细分类账户进行分类登记的账簿，是根据单位开展经济管理的需要，对经济业务的详细内容进行的核算，是对总分类账进行的补充反映。根据各种明细分类账所记录的经济业务的特点划分，常用格式主要有以下四种。

1. 三栏式明细分类账

三栏式明细分类账是在账页内只设借方、贷方、余额三个金额栏的明细账。它适用于只要求提供价值指标的账户，如：应收账款、应付账款、实收资本等账户的明细分类账，如表4-5所示。涉及借、贷分录的记账，遵守借贷记账法的基本原则即借贷平衡，有借必有贷，借贷必相等。不同科目记入借、贷分录时，总体依照公式"资产＝负债＋所有者权益"衍生出的科目记录规则，此处不再展开。

表4-5 保洁材料费用明细账
总账（三栏式）

会计科目：保洁材料

2022年		凭证		摘要	借方	贷方	借或贷	余额
月	日	种类	号数					
3	1			月初余额			借	30 000
	1	转	1	材料入库	10 000		借	40 000
	2	转	2	发出材料		5 000	借	35 000
				（以下略）				
3	31			本月合计	50 000	35 000		45 000

2. 多栏式明细分类账

多栏式明细分类账是根据经营管理的需要和经济业务的特点，在借方或贷方栏下设置多个栏目用以记录某一会计科目所属的各明细科目的内容。一般适用于成本、费用类的明细账，如管理费用、生产成本、制造费用、营业外收入、利润分配等账户的明细分类账，如表 4-6 所示。

表 4-6　经营费用明细账

经营费用明细账（只按借方发生额设置专栏的多栏式）

2022 年		凭证号数	摘要	工资	福利费	办公费	……	合计
月	日							
3	1		月初余额	30 000	4 200	200		34 400
	3	转 5	分配工资	55 000				89 400
	7	转 6	提取福利		7 700			97 100
	10	转 7	采购办公用品			300		97 400
	31	转 33	分配	85 000	11 900	500		97 400

3. 数量金额式明细分类账

数量金额式明细分类账是在账页的借方、贷方、余额各栏中再分别设置数量、单价、金额栏目的明细账。它适用于既要提供价值指标又要提供数量指标的账户，如保洁材料、库存货物等，如表 4-7 所示。

表 4-7　保洁材料明细表

保洁材料明细表

材料类别：清洁剂　　　　　　　　　　　　　　　　　计算单位：瓶
材料名称或规格：消毒剂　　　　　　　　　　　　　　存放地点：1 号库
材料编号：01　　　　　　　　　　　　　　　　　　　储备定额：200 瓶

2022 年		凭证编号	摘要	借方（收入）			贷方（发出）			借或贷	余额（结余）		
月	日			数量	单价	金额	数量	单价	金额		数量	单价	金额
3	1		月初余额							借	50	1.5	75
	7	转 3	入库	150	2	300					50 150	1.5 2	75 300
	10	转 5	发出				30	1.5	45		20 150	1.5 2	30 300
3	31	—	本月合计	150	—	300	30	—	45	借	180	1.9	345

4. 横线登记式明细分类账

横线登记式明细分类账是将相关业务登记在一行，从而可依据每一行各个栏目的登记是否齐全来判断该项业务的进展情况。此明细分类账适用于登记材料采购业务、应收票据和一次性备用金业务。

（四）总分类账的登记

总分类账的登记方法因登记的依据不同而有所不同。一般家政服务公司经济业务较少，总分类账可以根据记账凭证逐笔登记，若经济业务较多，总分类账则可以根据记账凭证汇总表（又称科目汇总表）或汇总记账凭证等定期登记。

（五）会计账簿的对账与结账

1. 对账

在月末和年终时，应将账簿记录核对清楚，使账簿资料如实反映情况，为编制会计报表提供可靠的资料。核对账目是保证账簿记录正确的一项重要工作。

（1）账证核对。账证核对是指将账簿记录同记账凭证及其所附的原始凭证进行核对。账证核对在日常记账过程中就应进行，以便及时发现错账并进行更正，这是保证账账相符、账实相符的基础。

（2）账账核对。账账核对是指将各种账簿之间的相关数字进行核对。其核对内容主要包括：

1）核对总分类账各账户本期借方发生额合计与贷方发生额合计是否相等，核对总分类账各账户借方余额合计与贷方余额合计是否相符。

2）核对各种明细账及现金、银行存款日记账的本期发生额及期末余额同总分类账中有关账户的金额是否相等。

以上核对工作一般通过编制总分类账户发生额及余额表与明细账户发生额及余额表进行。

2. 账实核对

账实核对是指将账面结存数同财产物资、款项等的实际结存数进行核对。这种核对是通过财产清查进行的。内容包括：

1）银行存款日记账的余额同开户银行送来的对账单是否相符。

2）现金日记账的余额与现金实际库存数是否相符。

3）财产物资明细账的结存数量与其实存数量是否相符。

3. 结账

所谓结账，就是在把一定时间内所发生的经济业务全部登记入账的基础上，将各种账簿的记录结算清楚，以便根据账簿记录编制会计报表。结账应当包括以下几项工作：

（1）检查本期内发生的所有经济业务是否均已填制或取得了会计凭证，并据此登记入账。

（2）按照权责发生制原则，对应计算的有关收入和费用进行调整。

（3）检查各种费用成本和收入成果是否均已与有关账户之间完成了结转。

完成上述几项工作后，就可以计算各账户的本期发生额及期末余额，并根据总分类账和明细分类账的本期发生额和期末余额记录，分别进行试算平衡。

月度结账时，将借、贷方发生额和月末余额填列于最后一笔记录之下，并在数字的上、下端划单红线。年度结账时，在12月份记录的下一行填列全年的发生额合计数，在"摘要"栏内注明"全年发生额及年末余额"字样，并在下面划两道红线。年度结账后将年末余额转入下年，结束各账户。

任务实施

经过知识学习之后，分小组调研和查阅某家政服务公司账簿，学习并研讨建账、记账过程。

任务考核

在课堂上，通过现场展示的方式，向同学布置小组任务，考核成绩学生互评分占比70%，教师评分占比30%。

综合实训

寻找小组调研中同学展示账簿问题较多的一个，讨论归纳记账问题产生的原因，如何避免。

同步测试

一、选择题

1. 关于家政服务公司的规模，下列说法正确的是（　　）。
   A. 一般是大型企业　　　　　　　　B. 一般是中型企业
   C. 一般是个体户　　　　　　　　　D. 一般是小微企业

2. 家政服务公司建立会计账簿，基本原则不包括下列（　　）。
   A. 与公司相适应　　　　　　　　　B. 与公司管理者意愿相适应
   C. 与公司业务需要相适应　　　　　D. 与账务处理程序相适应

3. 下列可以使用活页账簿的是（　　）。
   A. 现金日记账　　B. 银行日记账　　C. 明细分类账　　D. 总分类账

4. 记账凭证中，下列不属于原始凭证的是（　　）。
   A. 增值税专用发票　　B. 火车票　　C. 领物单　　D. 工资结算汇总

二、简答题

请说出家政服务公司会计账目登记的原则。

任务二 家政服务公司的货币资金管理

任务描述

家政服务公司，作为把服务当成产品的企业，用客户支付家政服务员的报酬收取的服务费，支付公司的日常经营成本，是最主要的经济活动。这些经济活动，在会计业务上，集中体现为货币资金的流动。这些所有涉及资金流动的活动，在会计业务上，相应的都可以通过记账反映，借助记账汇算管理，同时确保资金使用的规范有序。也通过这种规范有序的会计资金管理，协助公司健康发展。

任务分析

1. 知道家政服务公司货币资金的管理规范。
2. 知道家政服务公司货币资金的会计业务流程。

相关知识

货币资金是家政服务公司经营过程中处于货币形态的资金，按其形态和用途的不同分为库存现金、银行存款及其他货币资金。货币资金流动性强，是企业中最活跃的资金，也是企业的重要支付手段和流通手段，因而是流动资产的审查重点。其他货币资金包括外埠存款、银行汇票存款、银行本票存款、信用证保证金存款、信用卡存款和存出投资款等。

一、库存现金

（一）库存现金的使用范围

（1）支付给员工的工资、津贴。

（2）个人劳务报酬，包括稿酬及其他专门工作报酬。

（3）根据国家规定颁发给个人的科学技术、文化学术、体育等各种奖金。

（4）各种劳保、福利费用以及国家规定的对个人的其他支出。

（5）向个人收购农副产品和其他物资的价款。

（6）出差人员必须随身携带的差旅费。

（7）零星支出。

（8）中国人民银行确定需要支付现金的其他支出。

（二）库存现金的管理与控制

1. 库存现金限额的规定

库存现金限额是指为保证各企业日常零星支出，按规定允许留存的现金的最高数额。库存现金的限额由开户银行根据开户单位的实际需要和距离银行远近等情况核定，一般为企业3~5天的日常零星开支所需要的库存现金。

库存限额一经核定，要求企业必须严格遵守，不能任意超过，超过限额的现金应及时存入银行。库存现金低于限额时，可以签发现金支票从银行提取现金，补足限额。

2. 禁止坐支现金的规定

企业用收入的现金直接支付支出的行为称为坐支。企业如因特殊情况需要坐支现金的，应事先报经开户银行审查批准，由开户银行核定坐支范围和限额。

3. 库存现金的内部控制制度

库存现金的内部控制制度包括现金收入控制、现金支出控制和现金存量内部控制。

（1）现金收入控制是指签发现金收款收据与收款应由不同人员经办；现金收入都应开具收款收据，领用收据时必须由领用人签收领用数量和起讫编号，开出收据的存根应与已入账的收据联按编号逐张核对金额，核对无误后予以注销，确保现金收入全部入账；一切现金收入必须当日入账，尽可能再当日送存银行。

（2）现金支出控制是指现金支出必须经过适当授权；采购、出纳和记账工作应分别由不同的经办人员负责；任何一项需要付款的业务都必须有原始凭证，由经管人员签字证明，分管主管同意，并经有关会计人员审核后，出纳人员才能据以付款；付款的凭证要加盖"银行付讫"或"现金付讫"图章，予以注销，并定期装订成册，由专人保管；现金支出凭证要连续编号，现金支出要及时完整地入账。

（3）现金存量内部控制包括现金的日清月结制度、现金总账与现金日记账分设核对账制度、现金的定期盘点和不定期稽核制度。

现金日记账和现金盘点表如表4-8和表4-9所示。

表 4-8　现金日记账

凭证字	凭证号	摘要	科目	金额（千百十万千百十元角分）	金额（千百十万千百十元角分）	金额（千百十万千百十元角分）
		月初余额				4　0　0　0　0　0
收	1	服务费	业务收入	1　0　0　0　0　0		
付	1	办公用品	管理费用		4　0　0　0　0	
		本日小计		1　0　0　0　0　0	4　0　0　0　0	
		⋮	⋮			
		本月合计				

表 4-9　现金盘点表

库存现金盘点表					
年　　月　　日　　　　　　编制人：					
清点现金			核对账目		
货币面额	张数	金额	项目	金额	备注
100 元					
50 元					
20 元					
10 元					
5 元					
2 元					
1 元					
5 角					
2 角					
1 角					
5 分					
2 分					
1 分					
实点	合计		折合人民币		
会计人员			出纳人员		

二、银行存款

（一）银行存款的核算内容

银行存款是企业存放在银行或者其他金融机构的货币资金，包括人民币存款和外币存款，银行存款日记账如表4-10所示。

表4-10　银行存款日记账

年 月 日	凭证编号	结算方式类	结算号码	摘要	√	借方 百十万千百十元角分	√	贷方 百十万千百十元角分	√	余额 百十万千百十元角分	√

（二）银行存款管理与控制

企业在银行开立人民币存款账户，必须遵守中国人民银行《银行账户管理办法》的以下规定：

（1）一个单位只能选择一家银行的一个分支机构开立一个基本存款账户，办理存款、取款和转账结算。企业不得在多家银行机构开立多个基本存款账户，也不得在同一个银行的多个分支机构开立一般存款账户。

（2）加强库存现金库存限额管理，企业必须在银行核定的库存限额内支付现金，不得任意超过库存现金的限额，超过部分应及时存入银行。不属于现金开支范围的业务一律通过银行办理转账结算。

（3）企业必须按规定合理使用银行账户，不得出租或出借银行账户；企业应指定专人签发银行支票，不得签发与预留银行印章不符的支票；不得签发空头支票和远期支票。

（三）银行结算方式

银行结算方式包括支票结算、汇票结算、银行本票结算、汇兑结算、委托收款结算、托收承付结算和信用卡结算等方式。

1. 支票结算

支票是出票人签发，委托办理支票业务的银行在见票时无条件支付确定的金额给收款人或者持票人的票据。

2. 汇票结算

汇票结算分为银行汇票和商业汇票两种。

（1）银行汇票是汇款人将款项交存当地出票银行，由出票银行签发，其在见票时，按照实际结算金额无条件支付给收款人或持票人的票据。

（2）商业汇票是出票人签发，委托付款人在指定日期无条件支付确定的金额给收款人或者持票人的票据。

商业汇票按承兑人的不同分为商业承兑汇票和银行承兑汇票两种。商业承兑汇票是指由收款人签发、付款人承兑，或由付款人签发并承兑的票据。商业承兑汇票的承兑人是付款人，也是交易中的购货单位；银行承兑汇票是指由在承兑银行开立存款账户的存款人（承兑申请人）签发，并由承兑申请人向开户银行申请，经银行审查同意承兑的票据。

3. 银行本票结算

银行本票是由银行签发，承诺在见票时无条件支付确定的金额给收款人或者持票人的票据。

4. 汇兑结算

汇兑是汇款人委托银行将其款项支付给收款人的结算方式。汇兑分为信汇和电汇两种，汇兑结算方式适用于异地之间的各种款项结算。

5. 委托收款结算

委托收款是收款人委托银行向付款人收取款项的结算方式。委托收款按结算款项划回方式不同，分为邮寄和电报两种，由收款人选用。

6. 托收承付结算

托收承付是根据购销合同由收款人发货后委托银行向异地付款人收取款项，并由付款人向银行承诺付款的结算方式。

7. 信用卡结算

信用卡是指商业银行向个人和单位发行的，凭此向特约单位购物、消费和向银行取现金，且具有消费信用的特制载体卡片。

（四）银行存款的会计处理

企业应定期将银行存款日记账与银行对账单进行核对，至少每月核对一次。企业账面结余与银行对账单余额之间如有差额，必须逐笔查明原因，并按月编制银行存款余额调节表调节相符。月末，银行存款日记账的余额必须与银行存款总账科目的余额核对相符。

企业应加强对银行存款的管理，并定期对银行存款进行检查，如果有确凿证据表明存在银行或其他机构的部分款项已经不能收回，或者全部不能收回的，应当作为当期损失，冲减银行存款，借记"营业外支出"科目，贷记"银行存款"科目。例如吸收存款的单位已宣告破产，其破产财产不足以清偿的部分，或者全部不能清偿的。

（五）银行存款的余额调节

月末银行通常会根据企业的要求向企业出具银行对账单，反映企业本期在该银行中的银行存款增减变化和结存情况，如果双方账面不符，原因通常有两种，一种是出现了未达账项，一种是记账有错误。

企业与银行之间的未达账项有以下两类：

（1）银行已记账，企业尚未收到的款项，包括银行已收到、企业尚未收到的款项，以及银行已支付、企业尚未支付的款项。

（2）企业已记账，银行尚未记账的款项，包括企业已收到，银行尚未收到的款项，以及企业已支付、银行尚未支付的款项。

三、其他货币资金

（一）其他货币资金的核算内容

其他货币资金是企业除库存现金、银行存款以外的各种货币资金，包括外埠存款、银行汇票存款、银行本票存款、信用卡存款、信用保证金存款和存出投资款等。

（二）其他货币资金的会计处理

家政服务公司基本为本地经营，货币资金使用量较小，上述其他货币资金种类中此处仅详述比较常用的信用卡存款。

信用卡存款是指企业为取得信用卡按照规定存入银行的款项。

信用卡存款的会计处理包括以下两种：

（1）企业在取得信用卡时，应按规定填制申请表，连同支票和有关资料一起送交发卡行，根据银行退回的进账单处理。

借：其他货币资金——信用卡存款

　　贷：银行存款

（2）企业用信用卡购物或支付有关费用时的处理。

借：有关账户

　　贷：其他货币资金——信用卡存款

四、应收账款

应收账款指核算企业因销售商品、材料或提供劳务等，应向购货单位或接受劳务的单位收取的款项，以及代垫运杂费和承兑到期而未能收到款的商业承兑汇票。根据家政服务公司的经济业务特点，选取部分业务说明。

（一）应收账款的会计处理

常见普通应收账款的会计处理：

（1）企业销售商品、产品或提供劳务时的处理。

借：应收账款

　　贷：主营业务收入

（2）收回应收账款的处理。

借：银行存款

　　贷：应收账款

（3）收回代垫款项时的处理。

借：银行存款

　　贷：应收账款

（4）应收账款使用商业汇票结算的，收到商业汇票时的处理。

借：应收票据

　　贷：应收账款

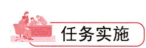

经过知识学习之后，分小组调研和查阅某家政服务公司账簿，学习研讨货币资金账务

处理的过程。

任务考核

在课堂上，通过现场展示的方式，向同学布置小组任务，考核成绩学生互评分占比 70%，教师评分占比 30%。

综合实训

寻找小组调研中同学展示账簿问题较多的一个，讨论货币资金账务问题产生的原因，如何避免。

同步测试

一、选择题

1. 关于家政服务公司的库存现金使用，不可以用于下列（   ）。
   A. 支付批量采购款　　　　　　　B. 支付工资
   C. 预支差旅费　　　　　　　　　D. 发员工福利

2. 下列有关家政服务公司库存现金的说法，正确的是（   ）。
   A. 可用于公司日常各类支出
   B. 库存现金额的确定主要以安全为考量
   C. 库存现金的量一般满足 3~5 天需求
   D. 超出定额的库存现金方便时存入银行即可

3. 家政服务公司在银行开立存款账户，下列说法不正确的是（   ）。
   A. 可以在任何商业银行开立
   B. 可以开设不止一个基本账户
   C. 可凭公司支票从基本账户支取现金
   D. 可通过基本账户与交易对方进行经济结算

4. 银行能够为公司提供的结算方式，不包括的是（   ）。
   A. 信用卡结算　　B. 支票结算　　C. 汇兑结算　　D. 现金结算

二、简答题

家政服务公司会计账务上常遇到的应收账款是怎样处理的？

模块四　家政服务公司基础实务

任务三
家政服务公司的税费

任务描述

　　家政服务公司，虽然多数规模较小，以提供劳务服务为主营业务，但是作为和其他企业一样的市场主体，按照国家税务法规、工商管理法规，所要承担的社会经济责任并不少。依法依规，需要缴纳各项税费，这是作为市场经济主体的法定义务，也是企业塑造诚信守法的形象，建立科学规范的企业经营制度的途径。合法合规交纳各种公司应交的税费，是家政服务公司日常经营中会计财务活动重要的组成部分。

 任务分析

1. 知道家政服务公司应交税费种类。
2. 知道家政服务公司税费交纳的会计业务流程。

 相关知识

一、应交税费的内容

　　根据《中华人民共和国税法》规定，企业应缴纳的税金包括增值税、消费税、营业税、资源税、所得税、土地增值税、房产税、车船使用税、土地使用税、印花税、城市维护建设税、耕地占用税、代扣代交的职工个人所得税。除了应交税费外，企业还要缴纳与税金相关的教育费附加、矿产资源补偿费等。
　　为了反映各种税金的缴纳情况，家政服务公司应该设置"应交税费"科目。但企业应交的印花税、耕地占用税，由于属于一次性缴纳，不需要通过"应交税费"科目核算。

215

二、应交税费的账务处理

（一）应交增值税

1. 定义

增值税是以商品（含应税劳务）在流转过程中产生的增值额作为计税依据而征收的一种流转税。

从计税原理上说，增值税是对销售货物或者提供加工、修理、修配劳务以及进口货物的单位和个人就其实现的增值额征收的一个税种。

2. 特点

增值税的纳税人包括一般纳税人和小规模纳税人两种。一般纳税人的税率为17%、13%、11%或6%，小规模纳税人为3%，出口货物适用零税率。

17%是现行标准税率，13%是相对的低税率，在此基础上，增加11%和6%两档低税率。租赁有形动产等适用17%税率，交通运输和建筑业等适用11%税率，其他部分现代服务业适用6%税率。

3. 小微企业增值税的优惠政策

根据《国家税务总局关于小微企业免征增值税和营业税有关问题的公告》（国家税务总局公告2014年第57号）规定，增值税小规模纳税人月销售额不超过3万元（含3万元，下同）的，免征增值税。其中，以一个季度为纳税期限的增值税小规模纳税人，季度销售额或营业额不超过9万元的，免征增值税。

4. 家政服务公司增值税账务处理

例：某家政服务公司本月收入总额68 500元（含税），增值税征收率为6%，下月公司通过银行存款上交增值税，编制会计分录。

$$不含税收入 = 68\,500/(1+6\%) = 64\,622.64（元）$$
$$应交增值税 = 64\,622.64 \times 6\% = 3\,877.36（元）$$

借：应交税费——应交增值税　　　　　　　　　　　　　　　3 877.36
　　贷：银行存款　　　　　　　　　　　　　　　　　　　　3 877.36

（二）应交营业税

1. 营业税的内容及纳税范围

营业税是对提供应税劳务、转让无形资产或销售不动产的单位和个人征收的税种。

应税劳务的行业包括交通运输业、建筑业、金融保险业、邮电通信业、文化体育业、娱乐业、服务业（不包括加工、修理和修配等劳务）等。

2. 小微企业营业税优惠政策

根据《国家税务总局关于小微企业免征增值税和营业税有关问题的公告》（国家税务总局 2014 年第 57 号）规定，增值税小规模纳税人月销售额不超过 3 万元的，免征营业税。

3. 计算方法

$$应交营业税 = 应税收入额 \times 适用税率$$

4. 账务处理

本处只介绍家政服务公司都有的主营业务或其他业务应交的营业税（提供应税劳务应交营业税）。企业提供应税劳务，按主营业务收入和其他业务收入计算应交营业税，记入"营业税金及附加"科目核算，月末计提应交的营业税。

借：营业税金及附加

　贷：应交税费——应交营业税

例：某家政服务公司本月营业收入总额为 185 000 元，月末按规定税率 5% 计提应交营业税。

$$应交营业税 = 185\,000 \times 5\% = 9\,250（元）$$

借：营业税金及附加　　　　　　　　　　　　　　　　　　　　　　9 250

　贷：应交税费——应交营业税　　　　　　　　　　　　　　　　　9 250

（三）应交城市维护建设税和教育费附加

1. 城市维护建设税和教育费附加的内容与纳税范围

城市维护建设税和教育费附加都是以实际应交的增值税、消费税、营业税为计税依据征收的一种税费，其纳税人为缴纳增值税、消费税、营业税的单位和个人。

2. 计税方法

$$应交城建税 = (实交增值税 + 营业税 + 消费税) \times 规定税率$$
$$应交教育费附加 = (实交增值税 + 营业税 + 消费税) \times 规定附加率$$

3. 账务处理

月末计提应交城建税和教育费附加

借：营业税金及附加

　贷：应交税费——应交城建税

　　　　　　　——应交教育费附加

例：某家政服务公司本月营业收入总额为 48 500 元，月末按规定税率5%计提应交营业税，税率7%计提应交城建税，税率3%计提应交教育费附加。

应交营业税＝48 500×5%＝2 425（元）

应交城建税＝2 425×7%＝169.75（元）

应交教育费附加＝2 425×3%＝72.75（元）

借：营业税金及附加　　　　　　　　　　　　　　　　　2 667.5

　　贷：应交税费——应交营业税　　　　　　　　　　　　　2 425

　　　　　　——应交城建税　　　　　　　　　　　　　　169.75

　　　　　　——应交教育费附加　　　　　　　　　　　　　72.75

三、个体工商户的税费

（一）个体户的税费种类

1. 增值税

小规模纳税人，月营业额未达到征税标准的免征增值税。但免征并不等于不需要申报，零增值税也需要申报。

2. 附加费

个体户涉及的附加费有城市建设税、教育费附加和地方教育费附加，未达到计征营业额的免征。

3. 个人所得税

根据《个体工商户个人所得税计税办法》第四条规定："个体工商户以业主为个人所得税义务人。"因此，个体工商户不交纳企业所得税，需要交纳个人所得税。

4. 税率的变化调整

税率是国家调整经济的重要工具，时时反映社会经济的变化，比如2020年因疫情，国家税务总局就将当年的增值税由3%降到1%，税率持续到2020年底12月31日。类似的税率调整依照国家对经济的宏观目标，比如对行业发展的鼓励、限制等政策目标而发生变化。

（二）个体户的记账报税

按照《中华人民共和国税收征管法》第二十二条：从事生产、经营的纳税人应当自领取营业执照或者发生纳税义务之日起15日内，按照国家有关规定设置账簿。

因此，个体户也得建立账本，而且和公司建立账本一样。如果达不到建账标准，需经过税务机关批准，建立收支凭证粘贴簿、进货销货登记簿。个体生产经营所得税税率表如表 4-11 所示。

表 4-11 个体生产经营所得税税率表

级数	全年应纳税所得额	税率	速算扣除数
1	不超过 3 万元	5%	0
2	超过 3 万元至 9 万元的部分	10%	1 500
3	超过 9 万元至 30 万元的部分	20%	10 500
4	超过 30 万元至 50 万元的部分	30%	40 500
5	超过 50 万元的部分	35%	65 500

属于个体工商户的家政服务公司报税方式：

1. 上门申报

申报主体在规定申报期限内直接到税务机关指定的办税服务场所，报送纳税申报表及有关资料进行纳税申报。

2. 网上申报

申报主体可以在网上电子税务局和自然人收入管理系统扣缴客户端，进行申报增值税、附加税和生产经营所得税。

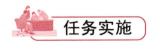

经过知识学习之后，分小组调研和查阅某家政服务公司账簿，学习研讨税费账务处理的过程。

在课堂上，通过现场展示的方式，向同学布置小组任务，考核成绩学生互评分占比 70%，教师评分占比 30%。

综合实训

寻找小组调研中同学展示账簿问题较多的一个，讨论税费账务问题产生的原因，如何避免。

同步测试

一、选择题

1. 关于家政服务公司应交的税费，下列一般不会有的是（　　）。

   A. 增值税　　　　B. 营业税　　　　C. 资源税　　　　D. 所得税

2. 属于个体工商户的家政服务公司税费，没有下列（　　）。

   A. 营业税　　　　B. 增值税　　　　C. 所得税　　　　D. 附加费

二、简答题

简述属于个体工商户的家政服务公司报税途径。

项目三 家政服务公司的家政服务员培训

【项目介绍】

家政服务员培训是提高家政服务工作人员自身素质,提升工作技能的重要途径,也是家政服务企业进行规范化管理的重要举措。通过本项目线上和线下学习,认知家政服务员培训的类型、方法及内容,掌握家政服务员相关操作流程和具体规范,了解家政服务培训对于提升家政服务公司服务质量及品牌形象的重要性。

【知识目标】

1. 知道家政服务员培训的流程。
2. 知道家政服务员培训的方法和类型。
3. 知道家政服务员培训的具体内容。

【技能目标】

1. 能为家政服务员设计合理的培训内容。
2. 能科学合理策划与组织一场家政服务员培训。
3. 能灵活应对家政服务员培训过程中的问题。

【素质目标(思政目标)】

1. 具有创新型思维,能够策划不同类型的培训方案。
2. 树立家政服务员正确的职业价值观,弘扬优秀的家政企业文化。
3. 能够维护家政服务公司积极的企业形象,提升自身职业技能和素养。

案例引入

家政服务公司有一名刚大学毕业的学生,想从事家政服务行业,经家政服务员岗位培训合格后被分配到雇主家里,雇主家里有一个 8 个月的小宝宝,即便是学了服务技能的相关理论知识,家政服务员仍感觉对小孩无从下手,遇到实际问题不知如何处理。家政服务公司对雇主进行三天回访的过程中发现问题,及时帮助家政服务员讲解如何带小孩按时睡午觉,按时按量喂奶,如何多亲近孩子,抚慰他,跟他做简单的游戏等,在连续一个月的技能培训后，这名家政服务员已完全可以单独照顾孩子了，白天、夜里孩子都是跟着家政服务员，替雇主解决了来回奔波的辛苦，赢得了雇主的好评。

任务一　家政服务公司家政服务人员入职岗位培训

任务描述

家政服务人员入职岗位培训，是对有意向从事家政服务员的劳动者，根据劳动者的劳动状况，围绕家政服务员需要掌握的岗位职业道德、服务礼仪、服务流程、基本操作理论知识以及相关法律常识等内容进行培训，能够让劳动者了解家政服务员从业基本概况。通过本任务的学习，请大家掌握入职培训的流程、培训的方式和方法以及入职培训的主要内容和相关注意事项。

任务分析

1. 掌握入职岗位培训的流程、培训方式以及培训的主要内容。
2. 能够帮助有意向的劳动者科学安排入职培训。

相关知识

一、家政服务员入职岗位培训概述

（一）家政服务员入职岗位培训的概念

家政服务员入职岗位培训是对于将要从事家政服务员岗位或有意愿从事家政服务员岗位的劳动者，以及曾经在家政服务员岗位上但并没有取得相关上岗资格证书的人员，严格按照政策法规及行业相关标准所进行的专业培训。

（二）家政服务员入职岗位培训的类型

（1）根据员工的需求，家政服务员培训可分为基本技能培训、专业职业技能培训和岗位素养培训。

基本技能培训主要是对新入职家政服务员进行基础文化知识培训、基本理论知识和基本专业知识培训；专业职业技能培训是根据将要从事的岗位进行特殊培训，要求掌握一些特殊的岗位技能和操作实务；岗位素养培训主要包括服务礼仪、服务流程、职业道德、企业文化以及相关法律常识的培训。其中，岗位素养培训是家政服务员入职岗位培训的核心。

（2）根据培训承接单位可分为家政企业培训、家政学校专业培训以及社会培训。

家政企业培训是指家政企业根据自身岗位需求和特点，由家政企业自身或与专业培训学校、其他培训机构进行联合的方式，对新入职员工进行岗位培训。这种方式较为灵活，培训内容对于家政服务企业理念能够更好地吻合。家政学校专业培训是家政企业把人员送到专业的家政学校，借助家政学校优质的师资条件和实验教学设施进行专业理论知识和技能的培训，遵循科学合理的培训标准和培训内容，培训质量较高。社会培训是把培训人员安排到由政府授予合法培训资质的社会培训机构进行培训，属于非学历教育的一种，培训规模较大，人数较多，社会效果显著。

（三）家政服务员入职培训实施过程

科学安排劳动者进行家政服务员培训，家政服务公司必须了解入职培训的实施流程，了解培训如何策划、组织和实施，如何达到让培训人员满意的培训效果。

1. 确定培训人员

家政服务企业岗位培训首先要明确培训谁，也就是说，参加培训的人有哪些，同时，要充分了解培训人员的知识水平、工作经验等详细情况，便于后期合理设计培训内容，能够让参与培训的人员通过学习培训达到入职的基本标准。

2. 确定执教者

一个好的执教者可以直接影响整个培训的成败，因此，执教者的培训理念、教学水平、授课方式、教学风格等因素尤为重要。一般家政企业可以从专业的大学教师，行业和企业的领导、专家以及在一线工作中有突出技能的家政服务员中选取。执教者的选择要根据具体的培训内容和要求以及经费支持来综合考虑。

3. 确定培训时间

家政服务员入职培训一般采取全脱产的方式进行，即有意愿的劳动者集中在一起，全天候进行培训，一般周期为7天，不得超过半个月。全脱产学习时间比较集中，培训的效果比较明显。

4. 确定培训地点

家政服务公司要根据培训标准与要求、培训者的需要、培训经费、国家及相关指导部门对家政服务入职培训的相关规定，合理选择培训地点。一般可以在本公司内进行，也可借用专门的培训机构场地以及宾馆的大型会议室，但一定要保障培训场地的消防和安全问题，防止出现重大隐患。

5. 根据培训内容确定培训方式

家政服务员培训层次可分为入门级、初级、中级、高级和技师五种，一般新入职员工要进行入门级培训，包括了解家政服务公司的基本架构、家政服务礼仪、家政公司品牌文化、基本法律常识以及家政服务员入门基本理论和技能等内容。执教者必须根据具体的授课内容将理论讲授、案例研究、情景教学、示范教学、小组型学习等多种教学模式运用到课堂中，提升培训最终效果。

6. 确定培训的考核标准及要求

家政服务人员考核是根据培训内容对培训者在培训期满后所掌握的理论及相关技能情况进行评判，一般家政服务员入职类培训可以根据行业通用的标准要求和家政服务公司岗位的实际情况确定考核内容与要求，也可组织行业专家、客户代表来进行最终考核。

二、家政服务员入职岗位培训内容

（一）职业道德知识培训

职业道德的概念有广义和狭义之分。广义的职业道德是指从业人员在职业活动中应该遵循的行为准则，涵盖了从业人员与服务对象、职业与职工、职业与职业之间的关系。狭义的职业道德是指在一定职业活动中应遵循的、体现一定职业特征的、调整一定职业关系的职业行为准则和规范。每个行业或岗位都有自身的职业道德，家政服务员职业道德在社会公认的一般道德观念和道德规范基础上，结合本行业特点和具体要求建立起来。主要包括以下几个方面：

1. 爱岗敬业

家政服务行业工作较为烦琐，家政服务员在工作时需要不断学习、不断实践。由于直接面对面地与客户进行接触，需要学会处理复杂的社会关系，承担较多的家庭责任。家政服务人员要树立高度的责任心和耐心，热爱本职工作，用这份热情抵挡工作的劳累，才能尽职尽责地完成客户交代的任务；要有一颗宽容的心，正确对待客户的抱怨与偏见，才能不断开拓、不断创新；要勤奋好学，向行业前辈、行业精英进行学习，才能将服务做到精益求精，赢得雇主的好评，赢得人们的尊敬。

2. 遵纪守法

首先要求家政服务人员一定要知法、懂法。所谓的知法，就是要有法律的意识，在不侵犯他人合法权益的前提下，关键时刻能用法律手段保护自己的合法权益。懂法就是要求家政服务员掌握基本的法律常识，包括合同法、劳动保障法等具体相关内容。其次，家政服务员要遵守家政服务公司的规章制度，能够做到不迟到、不早退，合理安排服务时间，认真服务每一位顾客，时刻维护公司的良好企业形象。

3. 诚实守信

中国古代杰出思想家、教育家孔子曾说过："人而无信，不知其可也。"一个人没有诚信，将会失去朋友，失去亲人，失去工作。作为家庭服务企业人员，诚信待人要对两个主体做到诚信：

（1）对家政企业诚信。不能利用工作之便揽做私活，或者兼有中介性质的工作，更不能出现"跳单"等问题；

（2）对客户诚信。首先，尊重客户，保护客人的隐私，不对客户说三道四，评头论足，为人要本分厚道。其次，对客户家所有成员一视同仁。不厚此薄彼，不嫌贫爱富。再者，当客户不在家时，要做到"慎独"，不做对客户不利的事，不偷拿客户家的东西；最后，不得对客户乱收费用，也不得随意抬高价格或恶意加价。

4. 热情服务

要给客户带来优质良好的服务，必须时刻谨记"客户至上、助人为乐"的信条。任何一个家庭服务工作人员，时刻要对客户要做到：

（1）面带微笑，服务过程中要笑容满面地服务，满腔热忱地处理客户提出的各种要求，给客户踏实稳重的感觉。

（2）礼貌待客，始终保持良好的服务态度，文雅的谈吐，大方、端庄的仪表；

（3）服务周到，注重细节，主动、热情、耐心、周到地为客户服务，处处为客户着想，急客户所急，想客户所想；

（4）换位思考，站在客户的角度上，虚心听取客户的意见和想法，不断改进；

（5）学会包容，即使是与客户出现了矛盾，也不能与客户吵吵闹闹，要学会沟通和交流，处处做到为客户着想，并晓之以理，动之以情。

（二）家政服务礼仪培训

1. 言谈举止

家政服务员在一个家庭中，无论是个人卫生，还是仪容仪态、举手投足、言谈话语，都要有礼节，大方得体。要求做到以下几个方面：

（1）日常用语要求：称呼得体，符合身份。可按照客户家庭内年龄和辈分称呼其家庭成员，对年长的夫妇可称呼叔叔、阿姨；稍微年轻的夫妇可称大哥、大姐。见面时，要积极热情地打招呼，自然并面带微笑地说您好、早上好等问候语；向别人请教或请别人帮忙时要说请问、拜托、麻烦等请托语，态度应委婉，切忌命令式语气。

（2）站姿要求：眼睛平视，下颌微收，挺胸收腹，两肩平行，双手相握，双腿并拢或略微分开，重心放稳，不左右反复移动；不抖动双脚，不抓耳挠腮；不抱双臂，不叉腰，不抄口袋；不倚靠门框、墙壁，不撑桌面；站着说话时，手势自然，不过于夸张，切忌用手指头指人，要用整个手掌或手掌心向下指人。

（3）坐姿要求：轻拉椅子，从容入座，上身微向前倾，双腿轻轻并拢，两个脚跟微微提起。落座在椅子上时，挺直背部，两肩自然下垂，双手放在膝盖位置。切忌将脚跷在椅子上，随意抖动双腿；女性切忌两腿叉开、跷二郎腿、掀起裙子露出大腿等。

（4）走路要求：步伐稳健，不拖沓。走姿应抬头挺胸收腹，头不可前倾，两臂自然摆动，脚步轻快。走路时不要发出太大声音，尽量穿鞋底声音较小的家居鞋，尤其是家里有人休息的时候，要格外放轻脚步。如果雇主家里家具摆设多，空间不宽敞，走路要小心，避免造成磕绊，造成损失。

（5）与客户交谈时的要求：耐心倾听，适当插话，但不能长久沉默，及时进行回应。声音要平和，音量适中，手势得当。不打听客户的隐私，如果是比较重要的事情，应放下手中的活，走到雇主面前眼睛看着对方，清晰地传递信息或表达意思，也可用纸和笔做简单的记录，以免雇主因为没在意或没听清楚产生误会。

2. 仪容仪表

家政服务员的仪表应整洁文明，着装要得体大方。要做到四勤：勤洗手、勤剪指甲、勤冲凉、勤换洗衣服。家政服务员上岗时应做到以下几点：

（1）着装要整洁大方，与工作场景相适应，不宜过分亮丽。服务时可穿公司统一安排的工装，切忌穿过于单薄或透亮的衣服。外套、内衣都要经常洗换。下厨工作时最好戴上工作帽和围裙；清扫工作时，应穿保护服、工作帽以及鞋套。不得穿带有污渍的衣服抱小孩。同时切忌佩戴各种饰物，避免伤害小孩子，出现安全隐患。鞋要保持清洁，不能有异味。

（2）不宜浓妆艳抹，尽量不化妆，保持面部清洁，若化淡妆，避免使用气味浓烈的化妆品。不宜留长指甲，不宜涂抹指甲油，家政服务员每周至少应剪一次指甲。要求做到饭前便后洗手。洗手时，必须严格按照"七步洗手法"进行操作，必要时用刷子蘸肥皂水，按照腕部、手掌、手背、指甲、指甲缝等顺序进行刷洗。

（3）坚持每天刷牙、饭后漱口，保持口腔清洁，防止口臭，与人交谈前一般不要食用葱、蒜、韭菜等有刺激性气味的食物。打喷嚏或咳嗽时，可用适当的纸巾掩住口鼻，切忌面对他人和食物打喷嚏或咳嗽。

3. 社交礼仪

（1）电话礼仪：接听电话时，要在电话响2~3声时接听，接听过晚，拿起听筒后先说对不起，让您久等了。电话交流时，要注意声音温柔、音调自然、口齿清楚、态度礼貌、逻辑清晰。如果接电话代转口信，要记清来电时间、对方姓名、电话号码、主要事项、是否需要回电等事项。最好拿纸笔记下来，以免忘记，并告知对方等客户回到家中立即转达。尽量不要用雇主家的电话打私人电话。

（2）做客礼仪：如果有事要去别人家，最好事先预约，准时赴约。去之前整理仪表，到别人家门口，即使门没有关也应敲门再进。进门后先问候，如果房间里还有其他人，也要打个招呼或点头示意。对方请你人座，才能坐下。在别人家即使主人不在面前，也不能随意走动，更不可乱翻物品。事情办完后，要及时告辞。

（3）待客礼仪：客户要接待客人时，应提前做好接待工作，如打扫门庭，准备茶点等。衣着整齐，迎候嘉宾。客人来时，要热情、礼貌、大方。听到门铃响起，应立即回应，问清访客姓名后，开门迎客，并通知雇主。如果客人来时，雇主不在家，应该在客人进门时说清楚，客人如有信息需要转达，要记清楚，或拿纸笔记下来。如果不是常客，应请客人留下姓名和联系方式。出迎三步，手势大方自然，请客入座，双手敬茶。如果主人一时有事，不能作陪，为了避免客人独坐尴尬，可以热情招呼客人饮茶吃点心，略做交谈，但应注意分寸。客人走时，身送七步，主动为客人取下衣服，待客人离座后，主动和雇主一起起身相送，并用合适的语言道别。

（三）基本法律法规培训

1. 家政服务员用工合同相关法律法规

按照《中华人民共和国劳动法》第十七条规定，劳动合同应当具备以下条款：
（1）用人单位的名称、住所和法定代表人或者主要负责人；
（2）劳动者的姓名、住址和居民身份证或者其他有效身份证件号码；
（3）劳动合同期限；
（4）工作内容和工作地点；
（5）工作时间和休息休假；
（6）劳动报酬；
（7）社会保险；
（8）劳动保护、劳动条件和职业危害防护；
（9）法律、法规规定应当纳入劳动合同的其他事项。
劳动合同除前款规定的必备条款外，用人单位与劳动者可以约定试用期、培训、保守秘密、补充保险和福利待遇等其他事项。

2. 家政服务员劳动权益相关法律法规

按照《中华人民共和国劳动法》第四章工作时间和休息休假的内容有以下规定：

第三十六条　国家实行劳动者每日工作时间不超过八小时、平均每周工作时间不超过四十四小时的工时制度。

第三十八条　用人单位应当保证劳动者每周至少休息一日。

第四十条　用人单位在下列节日期间应当依法安排劳动者休假。

（1）元旦；

（2）春节；

（3）国际劳动节；

（4）国庆节；

（5）法律、法规规定的其他休假节日。

按照《中华人民共和国劳动法》第四十四条规定

有下列情形之一的，用人单位应当按照下列标准支付高于劳动者正常工作时间工资的工资报酬：

（1）安排劳动者延长工作时间的，支付不低于工资的百分之一百五十的工资报酬；

（2）休息日安排劳动者工作又不能安排补休的，支付不低于工资的百分之二百的工资报酬；

（3）法定休假日安排劳动者工作的，支付不低于工资的百分之三百的工资报酬。

按照《中华人民共和国劳动法》第十章劳动争议，有关规定如下：

第七十七条　用人单位与劳动者发生劳动争议，当事人可以依法申请调解、仲裁、提起诉讼，也可以协商解决。

第七十九条　劳动争议发生后，当事人可以向本单位劳动争议调解委员会申请调解；调解不成，当事人一方要求仲裁的，可以向劳动争议仲裁委员会申请仲裁。当事人一方也可以直接向劳动争议仲裁委员会申请仲裁。对仲裁裁决不服的，可以向人民法院提起诉讼。

第八十二条　提出仲裁要求的一方应当自劳动争议发生之日起六十日内向劳动争议仲裁委员会提出书面申请。仲裁裁决一般应在收到仲裁申请的六十日内作出。对仲裁裁决无异议的，当事人必须履行。

第八十三条　劳动争议当事人对仲裁裁决不服的，可以自收到仲裁裁决书之日起十五日内向人民法院提起诉讼。一方当事人在法定期限内不起诉又不履行仲裁裁决的，另一方当事人可以申请人民法院强制执行。

3. 妇女权益保障法相关法律法规

按照《中华人民共和国妇女权益保障法》第四章劳动和保障权益的内容有以下规定：

第二十二条　国家保障妇女享有与男子平等的劳动权利和社会保障权利。

第二十三条　各单位在录用职工时，除不适合妇女的工种或者岗位外，不得以性别为由拒绝录用妇女或者提高对妇女的录用标准。

各单位在录用女职工时，应当依法与其签订劳动（聘用）合同或者服务协议，劳动（聘用）合同或者服务协议中不得规定限制女职工结婚、生育的内容。

禁止录用未满十六周岁的女性未成年人，国家另有规定的除外。

第二十四条　实行男女同工同酬。妇女在享受福利待遇方面享有与男子平等的权利。

第二十五条　在晋职、晋级、评定专业技术职务等方面，应当坚持男女平等的原则，不得歧视妇女。

第二十六条　任何单位均应根据妇女的特点，依法保护妇女在工作和劳动时的安全和健康，不得安排不适合妇女从事的工作和劳动。

妇女在经期、孕期、产期、哺乳期受特殊保护。

第二十七条　任何单位不得因结婚、怀孕、产假、哺乳等情形，降低女职工的工资，辞退女职工，单方解除劳动（聘用）合同或者服务协议。但是，女职工要求终止劳动（聘用）合同或者服务协议的除外。

各单位在执行国家退休制度时，不得以性别为由歧视妇女。

第二十八条　国家发展社会保险、社会救助、社会福利和医疗卫生事业，保障妇女享有社会保险、社会救助、社会福利和卫生保健等权益。

国家提倡和鼓励为帮助妇女开展的社会公益活动。

（四）服务流程及要求培训

1. 服务准备过程及要求

家政服务员接到服务单后，要认真了解客户家庭的地址、客户姓名、是男性还是女性，确定服务时间、了解基本的服务内容。根据服务内容，配备服务工具、材料，认真检查工具是否完好无损，检查工具是否完全清洁，检查工具箱是否干净、完好。赶赴客户家服务前，要了解基本的路程所需要的时间，并提前15分钟时间出发。出发前再次检查工具是否齐全、有无损坏。

家政服务员要注意交通安全，尽量乘坐公共汽车前往服务地点。服务员上路后，要严格遵守交通法规，不得逆向行驶、不得闯红灯、不得与汽车抢道，违反这些规定发生交通事故，一概由服务人员自行承担全部责任。服务员要在约定的时间提前10分钟到达客户家，一般不许迟到，如有特殊原因，应向客户致电提前说明原因。

家政服务员到达客户家门口，要认真检查自己的衣服是否整齐、头发是否紊乱，整理完毕后，轻轻敲门或轻按门铃，敲门声音要适中，一次最多敲三下；按门铃间隔时间在20秒左右。当客户问谁时要轻声回答："您好，我是××家庭服务公司的家庭服务员，请您开门。"客户开门后，服务员要再次通报："您好，某先生（女士、大姐），我是××家庭服务公司的服务员，很高兴能为您提供服务。"服务员在再次通报时，要先亮出胸牌，以免引起客户的误会。

2. 服务过程及要求

家政服务员开始服务前，打开工具箱，将首先要使用的工具、材料拿出放到确定先做的位置，并严格按照"从上到下、从里到外"的家庭护理原则执行。通常情况下，服务人员进入客户家庭后，没有客户的要求，家政服务员不得擅自打开客户的任何橱门、柜门和抽屉。不得擅自触摸和移动客户家的下列物品：

（1）家政服务员不得擅自拿客户的牙膏、牙刷及其杯子。
（2）家政服务员不得擅自整理客户的床铺及其他床上物品。
（3）家政服务员不得擅自移位客户的手机，也无须为客户擦拭手机。
（4）家政服务员不得擅自提客户的各类包，并移动位置。
（5）家政服务员不得擅自拿客户的衣服、裤子并移动位置。
（6）家政服务员不得擅自整理客户的碗筷等餐饮用具。
（7）家政服务员不得擅自移动客户随处放着的各种食品。

3. 服务结束后要求

家政服务员对自己的服务必须完全满意并确认所有的服务全面完成后，应提请客户对服务区域进行全面检查，若客户对部分检查部位不甚满意，家政服务员必须无条件地迅速返工直至客户绝对满意为止。将服务过程中收集起来的垃圾，全部清理好，并在出门时一并带走扔掉。请客户在服务单据上签字确认。最后家政服务员必须面带微笑地说："非常高兴为您服务，希望下次能继续为您提供服务。谢谢，再见。"

任务实施

经过知识学习之后，能够为某家政公司新入职员工制定科学合理的培训方案。

任务考核

在课堂上，通过现场展示的方式，向同学布置小组任务，考核成绩学生互评分占比70%，教师评分占比30%。

模块四　家政服务公司基础实务

综合实训

实地寻找一家政服务公司，为其策划与组织一场关于职业技能的专项培训。

同步测试

一、选择题

1. 客人到访时，家政服务员不应（　　）。
   A. 面带微笑　　　　　　　　B. 提前打扫门庭
   C. 单手倒茶　　　　　　　　D. 衣着整洁
2. 家政服务员与客户交流时，应（　　）。
   A. 耐心倾听　　B. 随意插嘴　　C. 表达不清　　D. 声音洪亮
3. 家政服务员到达客户家里时，最多敲门敲（　　）下。
   A. 1　　　　　　B. 2　　　　　　C. 3　　　　　　D. 4
4. 法定休假日安排劳动者工作的，支付不低于工资的（　　）。
   A. 百分之二百　B. 百分之三百　C. 百分之四百　D. 百分之五百

二、简答题

简述家政服务员在服务过程中的注意事项及要求。

任务二　家政服务公司家政服务人员业务培训

任务描述

　　家政服务人员业务培训是根据家政服务员入职后需要掌握的基本理论知识和操作技能进行科学规范的培训，以保证家政服务员的服务质量，为客户提供更加优质的服务。通过本任务的学习，希望大家掌握家政服务员基础的理论知识和操作技能，能够将操作技能运用到具体的服务过程中，并不断实践创新，提升服务质量和水平。

家政服务公司经营与管理

> **任务分析**

1. 掌握家政服务员基本理论知识和操作流程。
2. 能够合理选择家政服务工具与材料。

> **相关知识**

一、家居清洁相关理论知识及操作实务

（一）一般钟点工清洁所用的工具与材料

随着社会生活的进步，家政保洁工具也不断发展。目前，一般家庭钟点工清洁，家政公司可自行设计保洁专用收纳背包，收纳包一般可配备一套七色毛巾、一次性鞋套、一次性口罩、一次性手套、多头拖把、折叠盆、折叠桶、瓷砖刷、除尘掸、伸缩杆、桌面簸箕扫帚、多功能边角铲、窄缝钢铲、硬毛刷铲、刮水器、垃圾袋、瓷砖刷、防水垫、云石铲刀、涂水器、钢丝球、簸箕刷、T型小刷子、黄色海绵擦、万能清洁剂等工具。

（二）玻璃专业清洗所用工具及流程

使用工具及材料：双层玻璃器、铲刀、毛巾两条、折叠盆、折叠桶、刮水器、玻璃涂水器、玻璃专用清洁剂、手持吸尘器

操作方法：

（1）用手持吸尘器将需要擦拭的玻璃窗框及窗缝进行全面牵尘。

（2）用玻璃涂水器蘸玻璃清洁剂从上到下均匀擦洗玻璃表面。

（3）用玻璃刮子将玻璃上的溶液刮净。

（4）用玻璃涂水器蘸清水洗涤玻璃表面。

（5）用玻璃刮子将玻璃上的水刮净。

（6）用抹布将玻璃表面未刮净的水迹和边框上的水迹抹净。

（7）如仍有斑迹可在局部用清洁剂或铲刀去除。

清洁标准：无明显污迹、印痕、用手触摸无灰尘。

注意事项：保洁员进行擦玻璃作业时必须带好安全带，尤其是高层作业时，要配合高空作业绳，伸缩杆等工具进行操作。

（三）地面清洁所用工具及流程

在地面清洁之前，要根据地面的材质合理选择所用工具和材料。现在家居场景中，地面一般材质包括地砖和木地板。

1. 地砖专业清洗所用工具及流程

使用工具及材料：扫把、拖把、铲刀、垃圾袋、地砖专用清洁剂、毛巾等。

操作方法：日常清洁拖地时，请尽量使用干拖，少用湿拖。清洗后最好马上打开门窗，让空气流通，吹干瓷砖墙面水气。在夏天潮湿天气里，可用干布再擦一次，然后开空调除湿。对于一般污渍，可用家用清洁剂如洗洁精、洗衣粉或用除污剂进行清洗。玻化砖可直接用干布或沾水擦拭。对于黏着胶状或固体污渍，不宜用硬刷类清洁工具，如铲子、钢刷等进行强行清除。应根据污渍的性质，选择合适的清洁剂进行清除。

清洁标准：地砖无尘土、无漆点、无水泥渍，有光泽。

注意事项：常见渗污的几种处理方法，如茶渍、果渍、咖啡、酱醋、皮鞋印等污渍使用次氯酸钠稀释液（漂白剂），使用时浸泡20~30分钟后用布擦净，有些渗入砖内时间较长的污渍，浸泡时间需几个小时；墨水、防污蜡霉变形成的霉点，使用次氯酸钠稀释液（漂白剂），使用时只要将漂白剂涂在污渍处浸泡几分钟即可擦干净；水泥、水垢、水锈、锈斑使用盐酸或磷酸溶液，多擦几遍即可；油漆、油污、油性记号笔，表面防污蜡层使用碱性清洁剂或有机溶剂（并5酮、三乙烯），去漆去油污剂。

2. 木地板专业清洁所用工具及流程

使用工具及材料：扫把、抹布、簸箕、木地板专用洗洁精、吸尘器等。

操作方法：使用吸尘器或者柔软的扫把进行定期清洁，在二次清洁去除木地板上的污渍时，要把抹布或拖把尽量拧干，也可以抹布蘸取淘米水或专业木地板清洁剂，拧干后进行擦拭。

清洁标准：木地板无胶渍、洁净。

注意事项：在日常使用过程中，我们最好不要穿着硬底的鞋子走在木地板上，这很容易刮花木地板，可以选择布拖鞋或者光脚行走。

（四）沙发清洁所用工具及流程

沙发清洁一般包括布艺沙发清洗和真皮沙发保养。

1. 布艺沙发清洗所用工具及流程

使用工具及材料：吸尘器、布艺沙发专业清洁剂等。

操作方法：一般清洗可以选用专用的布艺清洁剂。首先用干净的白布蘸上少量清洁剂，在弄脏了的地方反复擦拭，直到污渍去掉。为免留下印迹，最好是从污渍的外围抹

家政服务公司经营与管理

起。切忌大量用水擦洗，以免水渗入沙发的内层，造成沙发里边框受潮、变形、沙发布缩水，影响沙发的整体外观造型。

除此之外，还应对布艺沙发进行定期清洁，有两种方式：一是用专业布艺沙发清洗剂进行清洗，二是对布艺沙发进行拆洗。拆洗分为水抽洗和干泡清洗，水抽洗的用料是高泡除渍剂；干泡清洗的用料是使用沙发除渍剂和沙发保养剂。具体操作流程如下：首先把沙发垫子布外套上的拉链打开。其次把沙发垫子对折，对折后要稍用力按住，先不要松手，垫子里面是高弹海绵，弹性十足，松手就会自动弹回平整状态。再者把对拆的垫子内侧的套布往外拉出来，用一只手继续抓住对折着的海绵不放开，另一只手就可以很轻松就把外套布扯下来了。

清洁标准：表面无灰尘、干净整洁、无褪色。

注意事项：有大面积的污渍，应该请专业布艺沙发清洁队伍上门服务。高档的布艺沙发正常情况下应该每十个月左右就清洗一次，以保持布艺沙发的清洁。

2. 真皮沙发保养所用工具及流程

使用工具及材料：软布、肥皂、真皮沙发专用清洗剂、冰袋、蒸汽机等。

操作方法：对真皮沙发进行普通清洁，可先用干净的软布将灰尘除净，再将软布用1∶10肥皂水或1∶20的洗发水溶液浸湿拧干后，轻轻擦拭污渍处。真皮沙发污染严重时，不仅失去原有的光泽，而且污垢会渗入到真皮毛细孔里。要将这些污垢清洗干净，需要用清洗沙发的专用蒸汽机和专用的清洗剂。使用沙发蒸汽机清洗沙发时，先在不显眼处做一个试验，看其皮质是否褪色，如褪色就得用其他方法。清洗过后，应给沙发上一层防护液，以防止污垢再次渗入皮质毛细孔里造成二次污染。防护液最好用真皮沙发专用液体软性蜡，否则皮质会变硬迅速老化。

清洁标准：沙发表面无灰尘、皮质无破损、干净整洁。

注意事项：去除胶物质（如口香糖），可用冰袋或冰水冷却后，拿细绸布轻轻擦拭掉。去除圆珠笔或墨水痕迹，可用较软的橡皮擦拭，为防止掉色，可在污痕处先滴几滴清水。切忌使用含酒精和腐蚀性的化学溶液。

二、家庭餐制作相关理论与知识

（一）食物的选择

1. 蔬菜的选择与加工

（1）蔬菜的选择

我们常见的蔬菜瓜果，分为根茎、瓜果、叶类蔬菜三种。不同的蔬菜挑选规则也不尽相同，但大致可分为下面几个方面：

1）外形及表皮。一般情况参考外形是否光滑饱满、自然，是否有奇形怪状，比如表皮有疤。

2）大小。蔬菜不同的生长阶段，肯定大小不一，但同时口感也有巨大的区别。绝大部分的蔬菜，以中等个头为营养与口感最佳。

3）硬度或脆度。根茎和果实类蔬菜，看硬度或者说脆嫩感。以辣椒为例，用手捏不会明显的瘪下去，一般都是代表着新鲜。

（2）蔬菜的初加工

用盐水浸泡，一般蔬菜先用清水冲洗至少3~6遍，然后放入淡盐水中浸泡1个小时，再用清水冲洗1遍。对包心类蔬菜，可先切开，放入清水中浸泡两个小时。第二步：用清水冲洗，以清除残留农药。菜叶小虫受到盐的刺激，便很快和菜叶分开，由于盐水的比重较大，小虫会浮在水面上，很容易从盆中倒出。第三步：碱水浸泡，大多数有机磷类杀虫剂在碱性环境下，可迅速分解，所以用碱水浸泡的方法，是去除蔬菜水果残留农药污染的有效方法之一。一般在500毫升清水中加入食用碱5~10克配制成碱水。第四步：将初步冲洗后的果蔬置入碱水中，根据菜量多少配足碱水，浸泡5~15分钟后，用清水冲洗果蔬，重复洗涤3次左右效果更好。第五步：用开水烫，由于氨基甲酸酯类杀虫剂会随着温度升高而加快分解，所以对一些其他方法难以处理的果蔬，可通过加热法除去部分残留农药。一般将清洗后的果蔬放置于沸水中2~5分钟后立即捞出，然后用清水洗一两遍后，置于锅中烹饪成菜肴。

2. 肉类的选择

第一步：看保质期。选购肉类，要了解各种肉的保质期，比如畜肉的保质期相对长，禽肉的保质期相对短，所以，一次性买的时候畜肉可以多买点，禽肉要少买，回家立即要放入冰箱冷冻室冷冻。第二步：看颜色。选购的时候，用眼仔细观察，新鲜的肉类有光泽，颜色不发暗不发黑，表面湿润，组织均匀，皮色光亮。太干的肉不新鲜，太湿的肉有可能是注水肉。第三步：闻。新鲜的肉类没有异味。第四步：摸。用手摸一摸，鲜香的肉类表面不发沾，也不发干，有很自然的水分。第五步：按。用手按压肉类，新鲜的肉类有弹性，按压后立即回复原状。第六步：活杀的刀口平整，表皮细腻均匀，富有弹性，肉质有光泽；死宰的颜色暗淡，表皮粗糙，肉质颜色不均匀，有血斑等现象。

（二）蒸、煮、炒、炸等烹饪技法

1. 蒸

蒸是以湿热空气导热为主的烹调方法，主要是利用水沸后形成的水蒸气来加热菜肴或主食。在菜肴烹调中，蒸的使用比较普遍，它不仅用于烹制菜肴，而且还用于原料的初步加工和菜肴的保温回笼等。蒸制菜肴是将原料装入盛器中，加好调味品、汤汁或清水后上笼蒸制。菜肴所用的火候，随原料的性质和烹调要求而有所不同。

一般只要蒸熟不要蒸酥的菜，应使用旺火，在锅水沸滚时上笼速蒸，断生即可出笼，以保持鲜嫩。对某些经过细致加工的各种花色菜，则需用温火蒸制，以保持菜肴形式、色泽的整齐美观。蒸制菜肴是为了使菜肴本身汁浆不像用水加热那样容易溶于水中，同时由于蒸笼中空气的温度已达到饱和点，菜肴的汤汁也不象用油加热那样被大量蒸发。因此，一般较细致的菜肴，大多是采用蒸的方法。

2. 煮

煮是将原料放入水中，用大火加热至水沸，改中火加热使原料成熟的加热方法。要领是：严格掌握火候，有的原料较嫩，煮时水烧开后，即改用小火；有的原料可离火慢慢地"焐"。以下是经常使用的技巧：

煮挂面：不要等水沸后下面，当锅有小气泡往上冒时就下面，搅动几下，盖锅煮沸，适量加冷水，再盖锅煮沸就熟了。这样煮的挂面柔软而且汤清。

煮饺子：俗话说："敞锅煮皮盖锅煮馅，"敞开锅煮，水温只能接近100 ℃，由于水的沸腾作用，饺子不停地转动，皮熟得均匀，不易破裂。皮熟后，再盖锅煮，温度上升，馅易熟透。

煮稀饭：煮稀饭最使人头痛的是开锅后溢出锅外，如果往锅里滴几滴芝麻油，沸后把火关小一点儿，这样不管煮多长时间也不会外溢。

3. 炒

炒是将经过加工的小型原料先经过上浆滑油，再用少量油在旺火上急速翻炒勾芡成菜的方法，或直接将原料投入锅中炒制成菜的方法，前者称为滑炒，后者称为煸炒。用于炒的动物性原料一般要上浆，植物性原料一般不上浆。炒的要领有如下三个方面：滑油时，油量宜多一些，火力要旺，但油温可低一些；炒前所用原料要全部准备好，炒的时间要短；炒菜前锅一定要擦洗干净。

炒菜分为以下几种类型：

生炒：就是材料不需要上浆或挂糊，直接放入油锅中，用大火迅速翻炒。

熟炒：就是将食材用水烫、蒸或油炸等方式加工至半熟后再炒。多用酱料调味。

清炒：就是将食材经过上浆、滑油处理，再用大火迅速翻炒，最后加入芡汁。

爆炒：是将食材水烫、油炸后，使用中量的油，在大火热油中快速加热完成，可以细分为葱爆、油爆、酱爆等。

煸炒：也称干炒或干煸，利用大火和少量的油炒干食材中的水分，产生脆的口感，和生炒有些相似。

软炒：是将液体或用蛋汁、牛奶、淀粉、汤水等将蓉状进行炒制。

4. 炸

炸是将经过处理（包括生料加工、腌渍入味、熟料预制、浆糊处理等）的原料用大油锅旺火加热，使原料酥松干香的成菜方法，炸既是油烹法的基础技法，也是很多具体方法的总称。炸法以食用油为传热介质，特点是火力旺，油量大。炸可分为清炸、干炸、软炸、酥炸、卷包炸和特殊炸等。其基本的要领是：油量要多；对一些老的、大的原料，下锅时油温可稍微低一点，七、八成即可；有的嫩原料，一旦发现油温过高，可以离火炸熟。

从面点炸制的情况看，炸油油温分为两类：

（1）温油：一般指80~150℃的油温，即行业上的三至五成油温。温油适于炸制层酥制品，且多用猪油炸制，能够较好地保证制品原有的色泽、形态，如猪油炸制的百合酥、玉兰酥等洁白如玉，形态色泽逼真。

（2）热油：一般指180℃以上的油温，即七成油温。热油制品多用植物油作炸油，制品色泽金黄，口感或酥脆化渣，或外酥内嫩，馅心香甜、鲜美。

无论温油还是热油炸制，具体的油温都应按品种需要而定。油温偏高、偏低都会影响成品质量。

三、洗涤与收纳衣物相关理论与知识

（一）识别衣物标识

一般服装的标签上，都标明服装的重要信息，通常包含服装的生产国别、生产商、品牌、所用面料成分、洗涤保养符号等内容。其中面料成分、洗涤保养符号是服装洗涤保养的重要参考。可根据衣物用料的不同，进行详细识别和划分：

1. 一般梭织物（单裙、连衣裙、裤子、外套等）

洗涤要求：常规程序，最高洗涤温度40℃，不可漂白，悬挂晾干，熨斗底板最高温度110℃，可低温干洗。

轻柔水洗40℃

不可氯漂

单独洗涤

低温仅反面熨烫

低温干洗

2. 针织衫、针织裙套装、棉袄

洗涤要求：常规程序，最高洗涤温度40℃，不可漂白，悬挂晾干，熨斗底板最高温度110℃，可低温干洗。

轻柔水洗40℃　　　　不可氯漂　　　　单独洗涤　　　　低温仅反面熨烫　　　　低温干洗

3. 毛衫

洗涤要求：手洗，最高洗涤温度 40 ℃，不可漂白，熨斗底板最高温度 110 ℃，可低温干洗。

水洗　　　　不可氯漂　　　　平摊晾干　　　　低温仅反面熨烫　　　　低温干洗

4. 羊毛外套

洗涤要求：不可水洗，不可漂白，在阴凉处悬挂晾干，熨斗底板最高温度 110 ℃，可低温干洗。

不可水洗　　　　不可氯漂　　　　在阴凉处悬挂晾干　　　　低温仅反面熨烫　　　　低温干洗

5. 皮衣

洗涤要求：不可水洗，不可漂白，在阴凉处晾干，不可熨烫，可低温干洗。

不可水洗　　　　不可氯漂　　　　在阴凉处悬挂晾干　　　　不可熨烫　　　　低温干洗

6. 羽绒服

洗涤要求：常规程序，最高洗涤温度 40℃，不可漂白，悬挂晾干，不可熨烫，不可干洗。

轻柔水洗40℃　　　　不可氯漂　　　　单独洗涤　　　　不可熨烫　　　　不可干洗

（二）手工洗涤衣物方法

1. 拎

用手将浸在洗涤液中的衣服拎起放下，使衣服与洗衣液发生摩擦，衣服上的污垢被溶解除去。拎的摩擦力非常小，适合洗涤娇嫩的、仅有浮尘、不太脏的服装，在过水时大多采用拎的手法。

2. 擦

用双手轻轻地来回擦搓衣服，以加强洗涤液与衣服的摩擦，使衣服上的污垢易于除去，一般适用于不宜重搓的衣服。

3. 搓

用双手将带有洗涤液的衣服在洗衣擦板上搓擦，便于衣服的污垢除去，适用于洗涤较脏的衣服。

4. 刷

刷是利用板刷的刷丝全面接触衣服进行单向刷洗的方法。一般用于刷洗大面积沾有污垢的部分。衣服的局部去渍，常用刷的方法，只是所用的刷子是小刷子。刷洗时摩擦力要根据衣服的脏污程度自由掌握。

5. 揩

用毛巾或干净布蘸洗涤剂或去渍药水。在衣服的局部污渍处进行揩洗。

（三）洗衣机洗涤衣物的方法

（1）使用前要阅读说明书，弄清产品的性能及使用要求。检查电源是否正常，洗衣机放置位置是否平稳。

（2）连接好洗衣机与自来水龙头并打开水龙头，放好排水管，插上电源插头，接通电源。

（3）将待洗衣物根据材质、颜色进行分类。白色衣物尽量不与其他颜色同时洗涤，有金属扣子和金属拉链的衣物，应将扣子扣好，拉链拉好，并将衣物翻转过来。同时，将所有衣物口袋中的物品拿出。

（4）对于领口、袖口、裤脚口等易脏的部位，用手搓洗后按内衣、外衣，颜色深浅，衣物的面料质量和脏污程度分别放入洗衣机。毛衣、尼龙绸等细薄衣物及其他小件物品可放入有孔眼的洗衣网袋中，再进行洗涤。

（5）按衣服面料、数量在分配盒内投放适量洗衣粉（中性或酸性洗涤剂）调理剂。设定浸泡时间、洗涤时的水温和洗涤程序，按下"启动"按钮，开始洗涤。

(6) 洗衣结束，切断电源，关闭水龙头，打开机门，取出衣物。放尽排水管余水，用干净抹布擦干洗衣机内外，待彻底晾干后关闭机门。

（四）衣物收纳

（1）首先把衣柜中的衣服全部拿出来，然后进行断舍离，一般以1年为周期，1年内没有穿过的衣物可以扔掉，送人或者捐赠，也可以废物再利用，把破旧衣物进行改造或者用剪刀剪成方形用作抹布，或剪成条状制作成拖把。

（2）将衣物根据季节进行分类，从非当季衣物进行整理，非当季衣服更容易取舍，将非当季衣物放在柜子的上方或下方，取出当季衣物叠放或挂放在柜子的中间部位，便于寻找和拿取。

（3）合理规划布局衣柜空间，最上方可留出宽大的空隙放置棉被等冬季衣物，下方可采用不同规则的收纳盒或收纳柜放置小的衣物，比如袜子、内衣、帽子、围巾等物品。尽可能多的运用收纳工具，比如收纳箱、收纳盒以及各种样式的衣架等收纳物品。

（4）根据不同的衣物采用不同的叠置方法进行放置，下面列举几例叠衣方法：

1）长款大衣，将袖子交叉放在胸前，领子往内折叠，下摆部分折叠到胳膊处，将上半部分藏在下摆内即可；

2）羽绒服，将袖子对折在胸前，将下摆部分往上翻折到腋下部分，将帽子向下对折将下摆外翻包住即可；

3）牛仔裤，将裤子对折一条裤腿从膝盖处九十度折起，从裤腰向下卷到裤脚处，将折起的裤腿外翻，包住牛仔裤即可；

4）衬衣，先将衬衫扣子扣好再平铺整理好，然后将衬衫翻一面，将衬衫两边的袖子沿着肩膀纵向对折，最后将衣服底部1/3处向上对折，再将衣领1/3向下对折与之重叠放置；

5）毛衣，将毛衣底部向上对折1/4，将领口部也对折1/4，然后横向对折，重叠在一起，将左右对称对折，最后将衣袖部分对折两次，塞入衣服中即可。

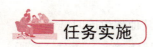

经过知识学习之后，能够掌握家政服务员岗位服务基本内容和相关技巧。

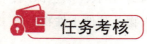

在课堂上，通过现场展示的方式，向同学布置小组任务，考核成绩学生互评分占比70%，教师评分占比30%。

模块四 家政服务公司基础实务

综合实训

能够在家庭生活中，利用本节所学知识进行实际操作。

同步测试

一、选择题

1. 清理地面上的茶渍、果渍、咖啡、酱醋、皮鞋印等污渍时，可使用次氯酸钠稀释液（漂白剂）浸泡（　　）后再用布擦净。
   A. 20~30 分钟　　B. 30~40 分钟　　C. 10~20 分钟　　D. 40~50 分钟

2. 衣柜空间最上方可留出宽大的空隙放置（　　）衣物最合适。
   A. 春季衣物　　B. 夏季衣物　　C. 秋季衣物　　D. 冬季衣物

3. 下列（　　）不属于羽绒服的洗涤要求。
   A. 最高洗涤温度 60 ℃　　　　　　B. 不可漂白
   C. 悬挂晾干　　　　　　　　　　D. 不可干洗

4. 去除圆珠笔或墨水痕迹，可用（　　）物品擦拭。
   A. 酒精　　B. 化学试剂　　C. 较软的橡皮　　D. 清水

二、简答题

简述家政服务员手工洗涤衣物的方法。

项目四 家政服务公司的"互联网+"运营

【项目介绍】

随着社会发展水平的提高及家政行业的不断扩张,家政服务公司的信息化建设和"互联网+"运营逐步引起广泛重视。通过对家政行业融入互联网的现实需求进行讨论,结合家政服务公司管理实务的基本知识,融合教材学习、课堂学习和课外学习,认知和了解家政服务公司管理的"互联网+"运营相关知识,掌握家政服务公司信息化建设和电子商务管理等内容。

【知识目标】

1. 了解家政服务公司信息化建设的相关内容。
2. 认知家政服务公司与电子商务相融合的主要知识。

【技能目标】

1. 能将家政服务公司"互联网+"运营的理论知识与现实实践相联系。
2. 能准确掌握家政服务公司信息化建设与电子商务所要求的基本能力。

【素质目标(思政目标)】

1. 形成对我国现代家政服务公司"互联网+"运营的科学认识。
2. 具有将理论知识与现实实践相结合进行思考和探索的素质和认知。

案例引入

近年来,"互联网+"家政服务逐渐成为家政服务业转型升级、提升整体发展水平的助推器。

2004年,济南阳光大姐家政服务有限公司率先开发并运行了家政信息系统,逐步开发了具有业务管理、呼叫中心、标准化管理、智慧养老、智能社区、电子商务功能的"便民服务信息平台"。

2014年底以来,阳光大姐又相继推出阳光大姐APP、微信、微博、"阳光大姐全家服"手机服务平台。其负责人表示,今后每个企业都将会使用互联网,互联网也会是为企业服务的工具,纯粹的互联网企业只有与实体企业紧密结合才能实现可持续发展。

模块四　家政服务公司基础实务

但是在另一方面,"互联网+"家政服务也面临着相当多的困难。2018年8月1日,北京晚报报道,互联网家政存在临时加价、服务水平参差不齐、退款难等问题。

任务一　家政服务公司的信息化建设

任务描述

"互联网+"是创新2.0下互联网发展的新业态,自2012年移动互联网博览会提出以来就成了一个社会性热点话题。"互联网+"的本质是互联网传统行业产品和服务的组合,涵盖了工业、服务业、金融、教育、农业等众多领域。随着社会现代化步伐的加快,家政服务行业不断发展,同时也面临着诸多问题,如何利用"互联网+"实现家政服务公司的信息化建设成为一个值得思考的论题。请认真思考一下,家政服务公司应该如何做好自身的信息化建设?

任务分析

1. 了解家政服务公司信息化建设所包含的基本概念和内容。
2. 认知并掌握家政服务公司信息化建设及应用面临的制约和主要策略。

相关知识

一、公司信息化建设的概念与作用

随着社会与科技的发展,各类企业信息化建设的进程日益加快,家政行业信息化建设的讨论也很是火热。作为以中小型企业为主的家政服务公司,如何抓住这一发展势头来提高自身服务质量和内容,值得关注和思考。

243

(一) 公司信息化建设的概念

公司信息化建设,一般也可称为企业信息化建设,是利用计算机信息技术加强企业管理的一种手段,在一定程度上利用计算机网络技术、现代通信技术、软件技术以及数据库技术等,综合利用帮助公司管理和运用所产生的信息,以提高公司经济效益、管理效率和市场竞争力。

公司信息化建设是一个随着时代和技术发展而变化的动态过程,应实时更新,并不是一成不变的。

(二) 公司信息化建设的作用

1. 促进公司组织结构优化,提高管理与应变能力

在当前的发展现状中,大多数家政服务公司属于中小企业,其组织结构及专业化分工仍不完善,存在"现有已设立的组织机构较为臃肿冗杂""需要设立的部分机构还有待完善"等问题。这种组织机构容易产生部门之间沟通困难、对外界环境变化适应力低下等弊端,不能够良好适应目前的市场环境。

通过信息化建设,家政服务公司可以简化自身内部组织经营的方式和手段,实现"上达下通、便捷高效"的处事方式,建立信息沟通畅通、效率高、敏捷度强的"扁平"型组织结构,提高家政服务公司对市场的快速反应能力,以更好地适应竞争日益激烈的市场环境。

2. 提高运营和管理效率,有效降低公司成本

信息化建设的应用范围涉及家政服务公司的各项活动,可以有效地、大幅度地提高管理效率,降低公司的管理成本。例如,获取市场信息、营销信息、相关竞争信息等方面的成本降低;信息技术的应用尤其是电子商务的推广降低了家政服务公司的交易成本;"互联网+"平台的使用降低了宣传和广告成本等。

3. 提高公司的市场掌握能力,加快服务和产品的创新

通过信息化建设的应用,家政服务公司在把握行业市场和消费者方面,缩短了公司与消费者之间的距离和程序,使家政服务公司与客户建立起高效、快速的服务购买关系,提高了公司了解市场和消费者的直接性和有效性,使家政服务公司能迅速根据消费者的需求变化有针对地进行服务和产品的研究与开发,向家政服务市场提供质量更好、品种更多、更适合消费者需求的产品和服务。

4. 提升公司决策的科学性、正确性,实现科学管理

全面有效的信息是一个公司经营决策的基础。信息化建设改变了公司获取信息、收集信息和传递信息的方式,使管理者对内部和外部信息的掌握更加完备、及时和准确,增强了决策者的信息处理能力和方案评价选择能力，以便更高效、更科学地做出决策，减少了决策过程中的不确定性、随意性和主观性，增加了决策的理智性、科学性和高效性，提高了决策的效益和效率。

此外，公司信息化建设不只是计算机硬件本身的优化，更重要的是与日常管理的有机结合。通过信息化建设与管理的融合，转变传统的管理观念，把先进的管理理念、管理规范、管理制度和方法融入管理流程中，进行管理创新，以实现科学管理。

5. 对员工能力提出新的要求，提升了公司人力资源素质。

21世纪正处在知识经济的新时代，除了资本、资源及发展机遇之外，公司的竞争很大程度上是人才的竞争，是员工能力和素质的竞争，人力资源这一要素在竞争优势中至关重要。家政服务公司的信息化建设可以使管理层至全体员工提升自身的知识水平、信息意识与信息利用能力，优化公司的人力资源素质及文化环境，以增强自身实力和竞争力，使公司更加充满活力，获得持续健康的发展。

二、家政服务公司的"互联网+"发展

（一）"互联网+"理念

2015年3月，全国两会上，全国人大代表马化腾提交《关于以"互联网+"为驱动，推进我国经济社会创新发展的建议》的议案，呼吁持续以"互联网+"为驱动，鼓励产业创新、促进跨界融合、惠及社会民生。其表示，"互联网+"是指利用互联网的平台、信息通信技术把互联网和包括传统行业在内的各行各业结合起来，从而在新领域创造一种新生态。2015年3月5日，在十二届全国人民代表大会三次会议上，李克强总理在政府工作报告中首次提出"互联网+"行动计划，推动移动互联网、云计算、大数据、物联网等与现代制造业结合，促进电子商务、工业互联网和互联网金融健康发展。

"互联网+"这一理念将互联网作为当前信息化发展的核心特征，与工业、商业、金融业、服务业等进行全面融合。这其中的关键是创新，只有创新才能让这个"+"真正有价值、有意义。

通俗来说，"互联网+"就是"互联网+各个传统行业"，这并不是简单的两者相加，而是利用信息通信技术以及互联网平台，让互联网与传统行业进行深度融合，创造新的发展生态。"互联网+"理念是一种跨界融合，"+"就是跨界，也是一种结构的重塑和变革，信息化、全球化以及互联网打破了原有的社会结构、经济结构、地缘结构、文化结构。在这个过程中，需要创新去驱动，用互联网思维来求变、创新，实现自我革命。

(二)"互联网+家政"的基本含义

根据"互联网+"理念的基本分析,对"互联网+家政"的最直接理解即为互联网+家政服务行业,是指利用互联网平台、大数据和信息通信技术等,使互联网与家政服务行业进行跨界融合和创新发展,以提升和优化家政服务行业的发展业态和前景规划。

近二十年来,伴随社会经济的发展、社会分工的细化及人们物质文化需求的日益丰富,居民生活水平不断提高,家政服务业作为新兴行业逐渐发展壮大,成为我国重点发展的现代服务业之一。但在服务供给与消费者需求之间,依然存在一定的差距。一方面,家政服务行业是非常被看好的潜在市场;另一方面,整个行业又缺乏科学监管制度和统一规范标准,发展面临很多困境。在信息化与网络化时代,家政服务公司要想在激烈的竞争中取胜就必须结合自己的实际情况,摸索出一条适合自身发展的"互联网+家政"之路,通过互联网技术、信息平台等补齐短板、提升质量,以便更好地满足居民对于美好生活的需要。

(三)家政服务公司"互联网+家政"的现有案例

随着"互联网+"的广泛运用和"5G时代"的到来,家政服务业智能化、数字化已经是大势所趋。"互联网+家政"的综合应用,为人们提供了高质量、更快捷、更加个性化的家政服务和产品,告别了之前电话预约与跑腿签单的模式,利用手机也能够发起下单并进行预约到家服务。例如,云南家政"智能+"服务平台、斑马电商云、巾帼家政、阳光大姐"全家服"、e家洁、找保姆、家政云系统等。

三、家政服务公司信息化建设的影响因素

(一)内部环境因素

1. 家政服务公司管理水平较低,信息化建设起步较难

对于现有大多数家政服务公司而言,普遍采取的管理方式是粗放式管理,管理层的经验、阅历和态度是影响管理的重要因素。在一些家政服务公司的管理者看来,信息化建设投入资金较多,效益又不能立马见效,看不到信息化建设对于公司长期发展的战略性意义,认为不进行信息化建设,公司也能照常运行和发展,因此很难实施建设起步。另一方面,对于一些下定决心进行信息化建设的家政服务公司,更多是重视信息化硬件设施和技术更新的投入,忽略了与信息化建设相对应的管理模式、管理理念、管理方式等的转变,收效甚微。

2. 家政服务人员技能和素质较低，职业保障问题突出

传统的家政服务人员，大多是学历较低、年龄偏大、就业困难、收入较少的群体，这类群体社会保障较差，在提供服务时一般处于相对弱势的地位。近年来，家政服务行业的信息化发展对家政服务人员的技能要求越来越高，很多家政服务人员不能满足不断日新月异的技能和素质需求。此外，家政服务人员的工资待遇、社会保障、劳动权益等职业保障问题，在信息化建设与发展之下也越来越突出。

3. 部分家政服务公司对自身企业文化建设重视不够

目前我国的家政服务公司多是中小型企业，有些管理者认为企业文化是大企业的事，对自身公司的企业文化重视度不强。然而，无论什么类型的公司，每个企业都存在一种文化氛围，这种实际存在的文化建设，要么是有益的，要么就是有害的，这是每个企业都不能回避的管理问题。不重视企业文化的建设，可能会给公司带来长远的、根本性的伤害。尤其在"互联网+"的大环境中，家政服务公司如何去更好地实现信息化建设，除了技术支持、资金支持外，符合时代发展、顺应大环境变化、勇于创新和变革的企业文化也是重要因素之一。

（二）外部环境因素

1. 线上和线下的需求冲突

互联网与信息化的产品思维是独特新颖的，以用户需求为核心并不断迭代更新，且以准确的用户数据为导向进行决策。传统的线下家政服务提供和管理会更加重视经验而不是数据，在服务和产品的模式成熟之后不会一直更新，更加重视与客户直接沟通后取得的反馈，相信营销的直接效果。正因为家政服务线上和线下两者之间服务思维的显著差异，传统家政服务公司的信息化建设仍处于不成熟阶段。如何去协调好线上线下之间的关系，作出高瞻远瞩的最终决策，是一个不小的挑战。

2. 家政服务行业整体发展水平较低，对互联网的利用不深入

现阶段我国家政服务行业仍做不到全面标准化发展，中介型家政服务公司仍占据市场的大多数，而此类型的家政服务公司对客户和家政服务人员的了解都不够深入，管理较为宽松。此外，很多家政服务公司的经营模式比较落后，对于互联网的利用没有深入到本质，只是运用其开展一些简单的管理工作，信息化建设和互联网的价值没有得到真正的发挥和体现，家政服务人员在这种形式下难以找到正确及规范化的服务标准，服务质量难以保障。

3. 公司信息化基础工作落后，支持体系不健全

在推动信息化产业和信息化技术发展方面，国家出台了相关的政策法规，但当真正落

实到以中小企业为主的家政服务公司上，又不能及时地抓住变革机遇以促进自身发展。归根到底，仍与家政服务公司自身较为落后的信息化工作息息相关。此外，实现公司信息化建设是一件投入较大、收益较高同时风险也较高的事情，家政服务公司需要多方面的支持和协助，不仅需要政府出台一定的激励性政策，也需要市场和第三方技术团体提供基础设施、基础技术维护和专业人才等方面的支持。

四、家政服务公司信息化建设与发展的措施

（一）打破信息不对称的市场壁垒

随着社会生活水平的不断提高，我国社会服务领域市场空间巨大，可提供相当多的就业机会和就业岗位。据统计，家政、养老领域就业缺口达上千万。信息化建设以及互联网平台的优势，可以实现家政服务人员和客户信息的全面在线化，解决家政服务行业圈子小、规范散、服务乱的问题。此外，通过大数据分析，描绘出客户和家政服务人员的"精准画像"，实现家政服务需求和供给的精准对接和高效匹配。另一方面，家政服务公司也应有效利用信息化建设的信息甄别和监督管理作用，通过线上管理、信息监测等，建立对客户、家政服务人员及第三方的评价体系，进行风险预警。

（二）重点解决服务质量不平衡的问题

家政服务行业既需要服务标准化，又需要兼顾客户的个性化需求。一方面，家政服务行业从业门槛较低，家政服务人员自身素质、技能水准、服务态度相当不平衡，尤其是在信息化技能方面参差不齐。实现家政服务公司乃至整个行业的信息化建设，需要建立家政服务的行业标准和服务标准，通过网上培训和实操培训相结合，提高家政服务人员的服务能力、职业态度及信息化技能。另一方面，客户的服务需求是多元化及个性化的，家政服务行业需要有效利用信息化建设和互联网平台，探索更加多元的服务模式和服务产品。

（三）公司内部做好信息化建设的支持工作，最大程度利用现有资源

对于家政服务公司内部而言，从管理者到一线员工都应充分认识到信息化建设的重要意义，从自身做起利用现有资源支持信息化建设工作。例如，利用公司硬件资源，提高计算机和网络资源的使用，实现无纸化办公，提高工作效率，充分发挥了计算机的实质意义；利用经验资源，通过老员工的工作经验和熟练技能帮助新进员工快速进入工作状态；利用知识资源，将优秀员工、优秀思想、优秀方式、优秀资料提供给员工共享学习，实现知识与工作经验的积累共享与再利用，使每位员工都可以在信息化建设中快速获得各种知识，提高业务水平。

模块四　家政服务公司基础实务

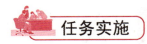 **任务实施**

经过知识学习之后，分小组查阅和搜集家政服务公司信息化建设及"互联网+家政"的现实案例，总结概括其现状和特点，以小组形式进行讨论，并在课堂上进行分享。

 **任务考核**

在课堂上，各小组通过现场展示的方式，向同学们布置小组任务，考核成绩学生互评分占比70%，教师评分占比30%。

综合实训

如果你是家政服务公司的管理者，认识到了互联网对于家政服务行业的巨大影响，并且想要计划实施本公司的信息化建设，你认为建设过程中可能会面临哪些问题和困难？

同步测试

一、选择题

1. "互联网+"理念是在（　　）被准确提出。
   A. 2015年　　　　B. 2016年　　　　C. 2017年　　　　D. 2018年
2. 以下关于家政服务公司信息化建设影响因素的说法，错误的是（　　）。
   A. 家政服务公司管理水平较低，信息化建设起步较难
   B. 家政服务人员技能和素质较低，职业保障问题突出
   C. 部分家政服务公司对自身企业文化建设重视不够
   D. 线上和线下的需求不存在冲突，能够进行良好融合

二、简答题

请简述公司信息化建设的基本概念。

家政服务公司经营与管理

任务二
家政服务公司的电子商务

任务描述

"互联网+"风潮兴起后,"互联网+家政"一度也成为热词,各类专门家政电商公司层出不穷。其中,不仅有58到家、河狸家等服务平台加入,也有e家政、家政云、阳光大姐"全家服"等家政服务公司积极拓展自身的电子商务业务。尽管资本热情涌向家政电子商务市场,但现实发展情况仍然存在一定的问题,例如,客户对家政服务人员的认知仍旧依赖于面谈,在行业规范尚未统一的情况下,客户无法通过网络上的信息全面了解家政服务人员的情况,互联网平台也很难做到二者之间的高度匹配。那么,家政服务公司电子商务业务的真实情况究竟如何,O2O模式是不是行业发展的机遇,值得业界关注和思考。

任务分析

1. 了解家政服务公司电子商务运营管理相关的基本概念。
2. 认知并掌握家政服务公司O2O电商模式的主要知识。

相关知识

当前,我国居民生活水平提高,对生活品质的需求也越来越高,这催生了家政服务行业的不断扩容。然而,传统的家政服务行业面临着日益严峻的竞争和发展压力,其管理和运营已经不能满足市场需求。近年来,随着互联网行业的快速发展,家政服务行业的电子商务业务如雨后春笋般出现,尤其是O2O电商模式成为家政服务行业发展的主要方向。

一、电子商务的基本概念

通常来讲,电子商务是以信息网络技术为基础,以商品交换为中心,并以电子交易方式为手段进行交易以及开展相关服务的活动。即，电子商务是传统商业活动各环节的电子化、网络化、信息化。

电子商务从根本上说也是一种商务活动，它的构成要素也具有普通商务活动的特点，简单来说包括商城、消费者、商品和物流等基本要素。商城即电子商务能够运营的网络技术平台，它是电子商务最基础的要素；消费者作为整个电子商务活动的需求者，决定着交易的成败，在准确把握消费者偏好的前提下，电子商务活动才能够得以发展壮大；商品是电子商务的基本构成要素，从最初的物物交换到当前的电子商务交易，其实质都是商品之间的交换，只是传递信息和交换的手段发生了变化；物流是电子商务活动中重要的关联部分，因为消费者和供应者不能一手交钱一手交货，所以需要物流系统的支持，同时物流的速度和服务质量也会影响电子商务的扩展。

二、电子商务的主要模式

电子商务模式是指电子商务的运作方式和盈利模式，根据不同分类标准可以划分为不同的类型。比如按照贸易类型可以分为一对多商城形式、多对多平台模式以及网上中介模式等，按照参与对象的不同可以分为 B2B、B2C、C2B、C2C、G2B、G2C 以及 O2O 模式。在本书中，将详细介绍按照参与对象的不同所划分的几种类型，即 B2B、B2C、C2B、C2C、G2B、G2C、O2O 模式。

（一）B2B 模式

B2B 模式（Business To Business）是一种商家对商家的电子商务模式，不同的商家通过电子系统分享自家的产品和服务信息，从而降低中介费用，实现互补性增长。B2B 模式是电子商务中发展较早和发展相对较完善的一种模式，它将上下游企业之间的供销活动通过网上系统联系起来，从而实现商场上下游的直接对接。它的利润来源于相对低廉的信息成本带来的各种费用的下降，以及供应链和价值链整合的好处。例如阿里巴巴，零售商通过线上选择性价比最高的商品，随时订货，减少库存，降低了自身的采购成本和库存成本，同时供应商也可以通过电子系统扩大自身的销量，电子商务平台可以从中赚取中介费用和销售收入比例提成。

（二）B2C 模式

B2C 模式（Business To Customer）是一种商家对消费者的电子商务模式，即商场通过网络系统直接销售商品给最终的消费者，在此模式下商家可以节省开设实体商店的相关费用，消费者也可以对同类商品进行对比和选择。例如淘宝，消费者通过线上选择和线上支付，商家通过物流系统将商品传递给消费者，而电子商务平台主要通过服务费、推广费等获取利润。

（三）C2B 模式

C2B 模式（Customer To Business）是一种消费者对商家的电子商务模式，主要指消费者提出自己的需求要约，说明自己对产品的需求和能够接受的价格水平，商家根据消费者的要约选择是否接受。此种模式下，消费者占据主动地位，改变了传统模式下消费者作为价格接受者的被动地位，电子商务平台可以从中赚取服务费用。

（四）C2C 模式

C2C 模式（Customer To Customer）是一种消费者对消费者的电子商务模式，每一个消费者都可以变成产品的供给者，即消费者可以将自己不再需要的商品放在网上公开拍卖，有需求的消费者可以在此平台中选择自己合适的商品，并和售卖者进行议价，最终达成交易的一种模式。例如，闲鱼、易趣网（ebay）等。

（五）G2B 模式

G2B 模式（Government To Business）是指政府与企业之间的电子政务，即政府通过电子网络系统进行电子采购与招标，精简管理业务流程，快捷迅速地为企业提供各种信息服务。在 G2B 模式中，政府主要通过电子化网络系统为企业提供公共服务。

（六）G2C 模式

G2C 模式（Government To Citizen）是指政府与公众之间的电子政务，政府通过电子网络系统为公民提供各种服务，如公众信息服务、电子身份认证、电子税务、电子社会保障服务、电子民主管理、电子医疗服务、电子就业服务、电子教育、培训服务、电子交通管理等。

（七）O2O 模式

O2O 模式（Online To Offline）是指将线下的商务机会与线上互联网结合，让互联网成为线下交易的前台，即线上线下相结合的一种电子商务模式。O2O 的概念非常广泛，只要产业链中既可涉及线上，又可涉及线下，就可通称为 O2O，该模式将更多的实体企业纳入了电子商务系统之内。O2O 模式充分利用了互联网跨地域、无边界、海量信息、海量用户的优势，同时充分挖掘线下资源，进而促成线上用户与线下商品和服务的交易，例如 O2O 的典型代表——团购。

三、家政服务公司发展电子商务的主要原因

（一）家政服务行业市场价格和服务质量较为混乱

一直以来，家政服务行业门槛较低，市场监管存在较大困难，家政服务普遍存在定价不透明、价格高低不同等问题，且相同的价格也会存在不同的服务质量。家政服务行业若要向规模化和品牌化方向发展，需要通过互联网信息技术和电子商务平台提高价格的透明性和定价的合理性，并通过规模化统一家政服务流程，使家政服务人员的服务质量更加规范。

（二）传统家政服务行业效率较低，时间成本高

在家政服务行业的传统模式中，家政服务人员在中介门店等待工作，或者在家等待电话，在此之间时间被大量浪费。即使等到出工时间，很多时候也会面临工作地点较远等问题。在互联网电子商务模式下，家政服务公司建设了自身的网站和 APP 客户端，客户可以通过网站和手机预约服务，家政服务人员在约定时间内上门开展服务即可，一定程度上减少了家政服务人员的等待时间，可以提高管理效率和服务效率。

（三）传统模式下客户与家政服务人员存在信任危机

家政服务不同于其他服务，服务地点在客户的家里，属于个人私密空间，客户和家政服务人员需要建立一定程度的信任感才能达成服务交易，客户最关心家政服务人员的身份安全和服务水平。在传统服务模式下，家政服务人员的信息较难获取，客户在试工之后才能逐渐了解。通过家政服务公司的信息化和电子商务建设，能够有效帮助家政服务公司创建家政服务人员的信息档案，提供身份认证以及职业技能证书录入、审核、培训等相关功能。

（四）客户与家政服务人员之间存在中介隔阂，人力资源利用率低

在传统的家政服务行业中，相当多一部分家政服务公司以中介的方式存在，家政服务人员的资源集中在各个中介手中，客户如果要选择家政服务人员则需要在各个中介中挑选。客户期望获得优质的家政服务，但很多时候中介公司并不能真正满足客户的需求。而对于电子商务平台而言，以用户的角度出发，需要提升客户的使用体验，也需要帮助家政服务人员获得更多的利益。互联网技术支持下的电子商务平台能够打破中介对家政服务人员的限制，直接面向客户提供清晰明确的服务，信息交流更加方便，家政服务交易的达成更加方便快捷，家政服务人员资源得到更合理的利用。

四、家政服务O2O模式

（一）家政服务O2O模式的基本含义

家政服务通常指面向家庭成员提供各类解决家庭事务的服务，以满足家庭生活需要的服务过程，家政服务的内容包括家庭保洁、婴幼儿看护、老人护理、家具保养等，内容种类繁多。

家政服务O2O模式是互联网技术、电子商务平台等与传统家政服务行业相结合，通过线上互联网平台向客户提供家政服务，客户在线下消费家政服务人员服务的一种新模式。其目标是解决传统家政服务行业的困境，提高家政服务行业在业务销售、客户管理、信息匹配、市场推广等方面的效率，从而提升整个行业的服务质量和水平，成为家政服务行业市场运作的主要趋势。

（二）家政服务O2O模式的主要类型

1. C2C直营型

家政服务人员依附于平台，平台统一安排着装、工具和工作等，客户选择服务内容和上门时间，但无法选择具体的家政服务人员。该模式采取去中介化的方式，把中介人员和中介机构剔除，让客户和家政服务人员直接对接，通过平台进行需求匹配。例如，e家洁、阿姨帮等。

2. B2P2C经纪人式直营型

家政服务人员依附于平台，平台统一安排服装、工具和服务标准，平台有专门的经纪人负责客户的需求匹配，客户可以自己挑选家政服务人员。在该模式下，经纪人介入客户和家政服务人员的需求匹配，迅速为客户找到符合需求的家政服务人员，也可以帮助客户与家政服务人员进行沟通，使其保持长期可持续的良好服务，从而为客户提供差异化、高质量的服务。例如，阿姨来了、管家帮等。

3. B2B2C平台型

家政服务人员由中介掌控，平台作为中立方，只负责家政服务人员的身份认证和分派任务给中介。在该模式下，需要一个大的中介平台，类似于家政服务行业的淘宝网，让传统中介机构或新兴机构全部加入。例如，云家政。

4. C2C+B2B2C直营型

家政服务人员依附于平台，统一服装、工具和服务标准，平台根据客户服务地址推送附近的家政服务人员，家政服务人员直接上门试工，让客户根据家政服务人员的排名和试工效果进行筛选。该模式没有一步到位"去中介化"，而是以标准化的方式提升自身的优势，培养属于自己的家政服务人员队伍，以便更好地把控服务质量。例如，家政无忧。

（三）家政服务 O2O 模式的主要优势

1. 信息对称优势

在传统模式下，客户在亲自面试后才能够真正地了解家政服务人员的详细信息，很多客户在雇佣后才觉得家政服务人员不合适，这样容易产生客户与家政服务公司之间的信用缺失问题。家政服务 O2O 模式能够把家政服务人员的基本信息呈现给客户，同时也把客户对家政服务人员的评价、被雇佣次数等直观真实地体现出来，使客户更容易选择合适自己及家庭的家政服务人员。

2. 主动选择优势

家政服务 O2O 模式能够实现将所有家政服务人员的基本信息在互联网平台上进行展示，让客户自行选择心仪的家政服务人员。通过基本信息的了解，再进行线下选择，如果线上线下都没有问题，则可实现"家政服务网上购"，有效解决家政服务供给与需求之间的关系。

3. 价格匹配优势

家政服务 O2O 模式通过家政服务电子商务平台缓解家政服务市场的价格无序化，更加便捷地提供优质高性价比的服务。平台可以制定一套适合当时市场状况的价格体系，并有相应的浮动范围，价格在合理的范围内浮动。家政服务人员的价格可以由自己来决定，对于客户来说，如果家政服务人员的历史评价是优秀的，服务内容适合自己的家庭，价格略高也是可以接受的。在这个过程中，平台也可对价格予以把控，防止造成行业混乱。

4. 资源配置优势

在目前的家政服务市场中，很多家政服务人员由于信息不对称、宣传范围有限等原因不能获得理想的工作量，从而影响收入。尤其是类似钟点工性质的家政服务人员，由于服务时间和服务内容有限，使自身的工作时间和工作安排处于良好状态较为困难。家政服务 O2O 模式可以给家政服务人员提供更大的平台和更多有家政服务需求的客户，以家政服务人员的工作时间为切入点去帮助家政服务人员寻找需要这一时间段家政服务的客户，从而实现家政服务人员工作时间的较好利用和工作报酬的最大化获得。

任务实施

经过知识学习之后，分小组查阅和搜集家政服务 O2O 模式主要类型的案例，分析总结其特点，以小组形式进行讨论，并在课堂上进行分享。

在课堂上，通过现场展示的方式，向同学布置小组任务，考核成绩学生互评分占比70%，教师评分占比30%。

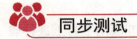

如果你是一名家政服务公司的管理者，想要开拓本公司的电子商务业务，你更倾向于家政服务 O2O 模式的哪一种类型？理由是什么？

同步测试

一、选择题

1. 以下（　　）模式，不属于电子商务的主要模式。

A. B2B 模式　　　　B. C2C 模式　　　　C. O2O 模式　　　　D. B2G 模式

2. 下列有关家政服务 O2O 模式的表述，不正确的是（　　）。

A. 家政服务 O2O 模式是互联网技术、电子商务平台等与传统家政服务行业相结合，通过线上互联网平台向客户提供家政服务，客户在线下消费家政服务人员服务的一种新模式

B. 在 C2C 直营型模式下，家政服务人员依附于平台，平台统一安排着装、工具和工作等，客户选择服务内容和上门时间，但无法选择具体的家政服务人员

C. 家政服务 O2O 模式在资源配置方面并不存在一定的优势

D. 在 B2B2C 平台型模式下，家政服务人员由中介掌控，平台作为中立方，只负责家政服务人员的身份认证和分派任务给中介

二、简答题

请简述家政服务 O2O 模式不同类型之间的主要区别。

参考答案

参 考 文 献

[1] 卢进勇,郜志雄,等. 跨国公司经营与管理(第2版)[M]. 北京:机械工业出版社,2020.
[2] 肖智润. 企业战略管理方法、案例与实践(第3版)[M]. 北京:机械工业出版社,2021.
[3] 威廉·J. 史蒂文森. 运营管理(原书第13版)[M]. 北京:机械工业出版社,2019.
[4] 袁淑清,包忠明. 企业管理事务[M]. 北京:中国纺织出版社,2016.
[5] 刘淼. 现代企业制度与企业管理[M]. 广州:暨南大学出版社,2010.
[6] 宋源. 人力资源管理[M]. 上海:上海社会科学院出版社,2017.
[7] 胡建波,徐建国. 供应链管理实务[M]. 成都:西南财经大学出版社,2016.
[8] 朱亚萍. 家庭服务企业的管理与物品护理[M]. 杭州:浙江大学出版社,2012.
[9] 相成久. 现代企业经营管理[M]. 北京:中国人民大学出版社,2016.
[10] 林宏. 企业管理理论与实务[M]. 杭州:浙江大学出版社,2013.
[11] 陈晔,彭靖. 管理学基础[M]. 北京:科学出版社,2020.
[12] 周福根. 企业经营计划的制定[J]. 企业战略,2013(10).
[13] 张凌云. CON公司经营计划分析及制订研究[D]. 天津:河北工业大学,2013.
[14] 周红波. 北仑啤酒经销公司营销计划、执行和控制研究[D]. 南宁:广西大学,2008.
[15] 陈子清. 营销管理的执行力及其对策分析[J]. 中国农业银行武汉培训学院学报,2007.
[16] 主民亮,张廷芹. 现代企业管理基础与方法[M]. 北京:石油工业出版社,2009.
[17] 庞翠. 家政企业管理[M]. 东营:中国石油大学出版社,2017.